U0022988

MAP
地圖附錄 別冊

2024-25最新版
曼谷
達人天書

 wow.com.hk

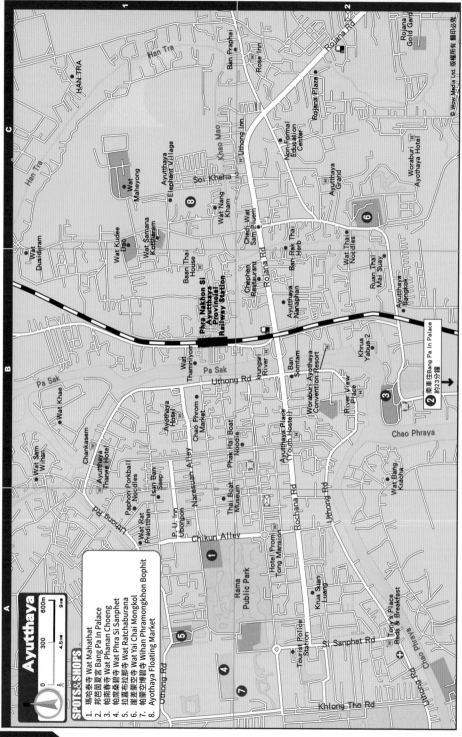

Ayutthaya

0 300 600m

比例尺

4.5厘米

9厘米

SPOTS&SHOPS

1. 瑪哈泰寺 Wat Mahathat
2. 邦芭茵宮 Bang Pa In Palace
3. 帕南春寺 Wat Phanan Choeng
4. 帕席桑碧寺 Wat Phra Si Sanphet
5. 拉嘉布拉那寺 Wat Ratchaburana
6. 蒙空博空寺 Wat Yai Chai Mongkol
7. 帕蒙空博碧寺 Wihan Phramongkhon Bophit
8. Ayothaya Floating Market

2 乘車往Bang Pa In Palace
約23分鐘

© Wow Media 版權所有 翻印必究

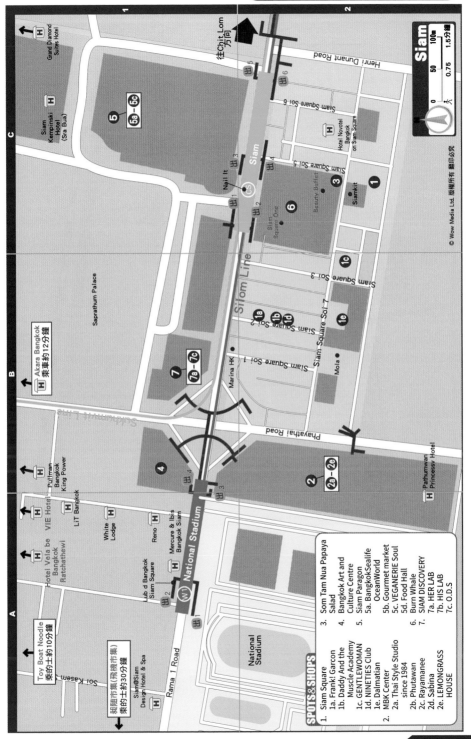

Siam

0 50 100m
尺 0.75 1.5公里

© Wow Media Ltd. 版權所有 翻印必究

往Chit Lom 方向

Henri Dunant Road

Grand Diamond Suites Hotel

Siam Kempinski Hotel (Sra Bua)

5 | 5a – 5c

Nail It

Siam

出 5
出 3
出 1
出 2
出 6

Siam Square Soi 6

Siam Square Soi 5

Hotel Novotel Bangkok on Siam Square

出 4

Beauty Buffet

3

Siamkit

1

6

Siam Square One

Silom Line

Siam Square Soi 3

1c

Saprathum Palace

Akara Bangkok
乘車約12分鐘

7 | 7a – 7c

Siam Square Soi 2

Siam Square Soi 7

1a 1b 1d

1e

Marina HK

Mola

Sukhumvit Line

Phayathai Road

4

2 | 2a – 2e

Pathumwan Princeasy Hotel

Toy Boat Noodle
乘的士約10分鐘

Hotel Vela be Bangkok Ratchathewi

Pullman Bangkok King Power

VIE Hotel

LiT Bangkok

White Lodge

Mercure & Ibis Bangkok Siam

Reno

租賃市集(飛機市集)
乘的士約30分鐘

Sol Kasem

Lub d Bangkok Siam Square

Siam@Siam Design Hotel & Spa

出 2
出 4
出 1
出 3

National Stadium

Rama 1 Road

National Stadium

別冊M03

SPOTS&SHOPS

1. Siam Square
   1a. Frank! Garcon
   1b. Daddy And the Muscle Academy
   1c. GENTLEWOMAN
   1d. NINETIES Club
   1e. Dalmatian
2. MBK Center
   2a. Thai Style Studio since 1984
   2b. Phutawan
   2c. Rayamanee
   2d. Sabina
   2e. LEMONGRASS HOUSE

3. Som Tam Nua Papaya Salad
4. Bangkok Art and Culture Centre
5. Siam Paragon
   5a. BangkokSealife OceanWorld
   5b. Gourmet market
   5c. VEGANERIE Soul
   5d. Food Hall
6. Burn Whale
7. SIAM DISCOVERY
   7a. HER LAB
   7b. HIS LAB
   7c. O.D.S

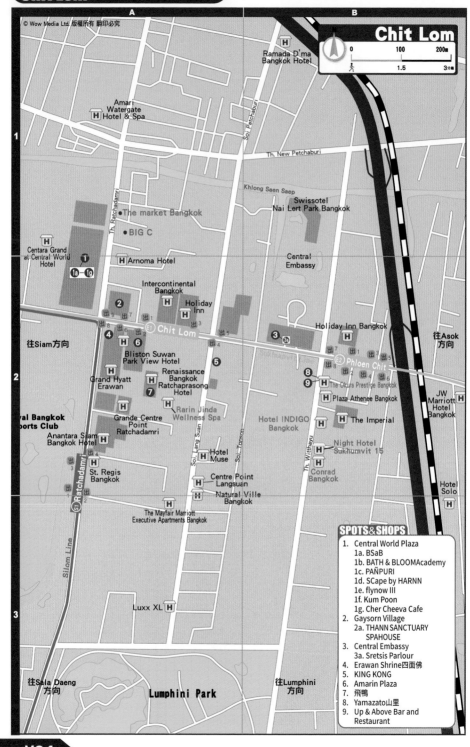

© Wow Media Ltd. 版權所有 翻印必究

Chit Lom

0   100   200m

1.5   3分鐘

Ramada D'ma Bangkok Hotel

Amari Watergate Hotel & Spa

Th. New Petchaburi

Khlong Saen Saep

The market Bangkok

BIG C

Swissotel Nai Lert Park Bangkok

Centara Grand at Central World Hotel

1a~1g

Arnoma Hotel

Central Embassy

Intercontinental Bangkok

Holiday Inn

Chit Lom

Holiday Inn Bangkok

往Siam方向

Phloen Chit

往Asok方向

Bliston Suwan Park View Hotel

Grand Hyatt Erawan

Renaissance Bangkok Ratchaprasong Hotel

The Okura Prestige Bangkok

Plaza Athenee Bangkok

JW Marriott Hotel Bangkok

Rarin Jinda Wellness Spa

al Bangkok orts Club

Grande Centre Point Ratchadamri

Anantara Siam Bangkok Hotel

The Imperial

Hotel INDIGO Bangkok

Hotel Muse

Night Hotel Sukhumvit 15

St. Regis Bangkok

Conrad Bangkok

Centre Point Langsuan

Natural Ville Bangkok

Hotel Solo

The Mayfair Marriott Executive Apartments Bangkok

Luxx XL

往Sala Daeng 方向

Lumphini Park

往Lumphini 方向

SPOTS & SHOPS

1. Central World Plaza
   1a. BSaB
   1b. BATH & BLOOMAcademy
   1c. PAÑPURI
   1d. SCape by HARNN
   1e. flynow III
   1f. Kum Poon
   1g. Cher Cheeva Cafe
2. Gaysorn Village
   2a. THANN SANCTUARY SPAHOUSE
3. Central Embassy
   3a. Sretsis Parlour
4. Erawan Shrine四面佛
5. KING KONG
6. Amarin Plaza
7. 飛鴨
8. Yamazato山里
9. Up & Above Bar and Restaurant

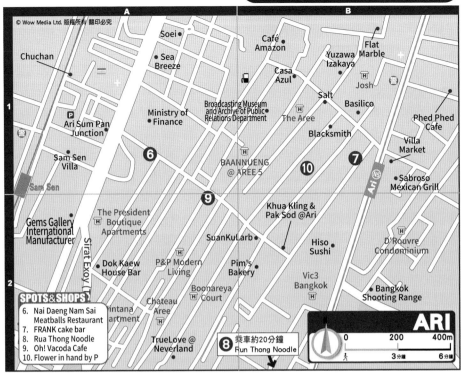

© Wow Media Ltd. 版權所有 翻印必究

Chuchan
Soei
Sea Breeze
Café Amazon
Casa Azul
Yuzawa Izakaya
Flat Marble
Josh
Ari Sum Pan Junction
Ministry of Finance
Broadcasting Museum and Archive of Public Relations Department
Salt
Basilico
The Aree
Blacksmith
Phed Phed Cafe
Sam Sen Villa
6
BAANNUENG @ AREE 5
10
7
Villa Market
Ari NS
Sabroso Mexican Grill
Sam Sen
9
Gems Gallery International Manufacturer
The President Boutique Apartments
Khua Kling & Pak Sod @Ari
SuanKuLarb
Hiso Sushi
D'Rouvre Condominium
Sirat Exwy
Dok Kaew House Bar
P&P Modern Living
Pim's Bakery
Vic3 Bangkok
Bangkok Shooting Range
intana Apartment
Chateau Aree
Boonareya Court
TrueLove @ Neverland

8 乘車約20分鐘 Run Thong Noodle

ARI

0   200   400m

3分鐘   6分鐘

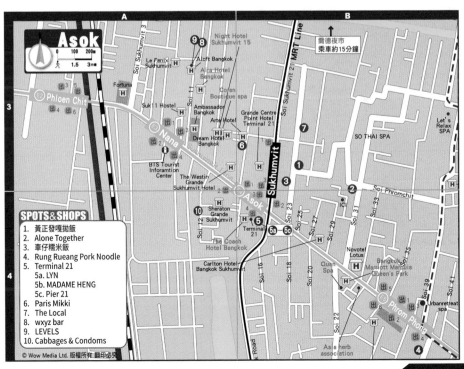

Asok

0   100   200m

1.5   3分鐘

© Wow Media Ltd. 版權所有 翻印必究

Sukhumvit 3
Le Fenix Sukhumvit
Night Hotel Sukhumvit 15
9 8
Aloft Bangkok
MRT Line
喬德夜市 乘車約15分鐘
Fortuna
Phloen Chit
Suk 11 Hostel
Aira Hotel Bangkok
Co/an Boutique spa
Soi Sukhumvit 21
Nana
Ambassador Bangkok
Arte Hotel
Grande Centre Point Hotel Terminal 21
7
SO THAI SPA
Let's Relax SPA
Dream Hotel Bangkok
6
Sukhumvit
1
BTS Tourist Inforamtion Center
3
2
Soi Phromchit
The Westin Grande Sukhumvit Hotel
Asok
ICI
Soi 33
Soi 35
10
Sheraton Grande Sukhumvit
Soi 23
Soi 25
Soi 31
Novotel Lotus
Bangkok Marriott Queen's Park
Terminal 21
5
6b 5c
Soi 29
Quan Spa
The Coach Hotel Bangkok
Soi 21
Carlton Hotel Bangkok Sukhumvit
Soi 16
Soi 18
Soi 20
Soi 39
Urbanretreat spa
Rama IV Road
Soi 22
Phrom Phong
Soi 41
Asia herb association

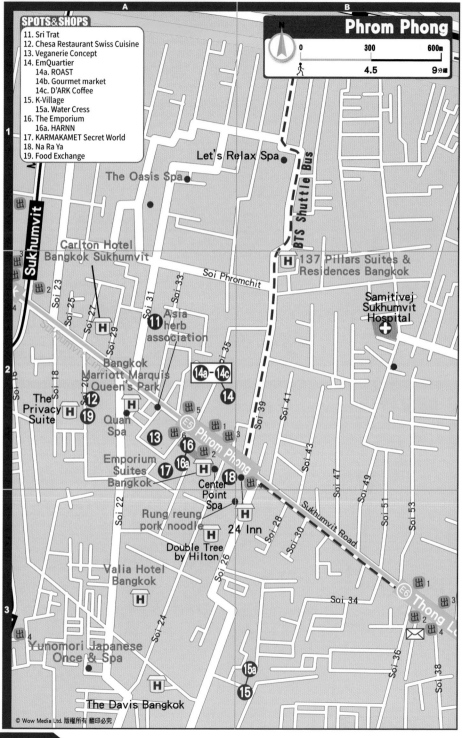

SPOTS&SHOPS

11. Sri Trat
12. Chesa Restaurant Swiss Cuisine
13. Veganerie Concept
14. EmQuartier
   14a. ROAST
   14b. Gourmet market
   14c. D'ARK Coffee
15. K-Village
   15a. Water Cress
16. The Emporium
   16a. HARNN
17. KARMAKAMET Secret World
18. Na Ra Ya
19. Food Exchange

Phrom Phong

300 600m

4.5 9分鐘

Let's Relax Spa

The Oasis Spa

BTS Shuttle Bus

Carlton Hotel
Bangkok Sukhumvit

Sukhumvit

Soi Phromchit

137 Pillars Suites &
Residences Bangkok

Samitivej
Sukhumvit
Hospital

Soi 23
Soi 25
Soi 27
Soi 29
Soi 31
Soi 33
Soi 35

Asia
herb
association

11

14a-14c
14

Bangkok
Marriott Marquis
Queen's Park

Soi 18
Soi 20

The
Privacy
Suite

12
19

Quan
Spa

13

Phrom Phong

Soi 39
Soi 41
Soi 43
Soi 45
Soi 47
Soi 49
Soi 51
Soi 53

16

17 16a

18

Emporium
Suites
Bangkok

Soi 22

Center
Point
Spa

Rung reung
pork noodle

24 Inn

Double Tree
by Hilton

Sukhumvit Road

Soi 24
Soi 26
Soi 28
Soi 30

Valia Hotel
Bangkok

Soi 34

Thong Lo

Yunomori Japanese
Once & Spa

Soi 36
Soi 38

15a

15

The Davis Bangkok

© Wow Media Ltd. 版權所有 翻印必究

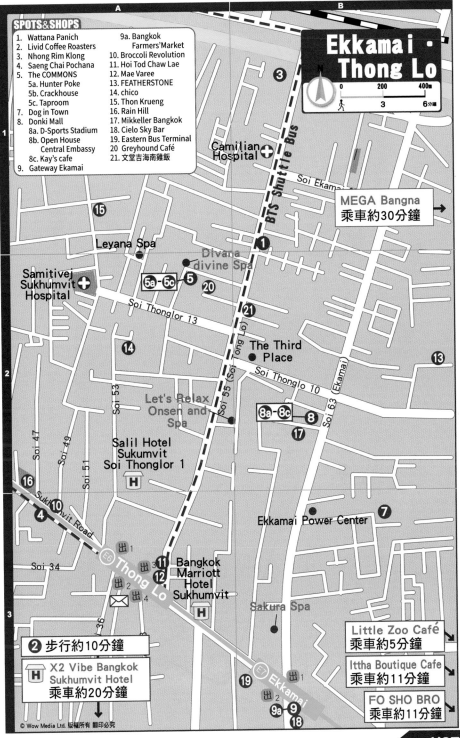

SPOTS&SHOPS

1. Wattana Panich
2. Livid Coffee Roasters
3. Nhong Rim Klong
4. Saeng Chai Pochana
5. The COMMONS
   5a. Hunter Poke
   5b. Crackhouse
   5c. Taproom
7. Dog in Town
8. Donki Mall
   8a. D-Sports Stadium
   8b. Open House
       Central Embassy
   8c. Kay's cafe
9. Gateway Ekamai
9a. Bangkok
    Farmers'Market
10. Broccoli Revolution
11. Hoi Tod Chaw Lae
12. Mae Varee
13. FEATHERSTONE
14. chico
15. Thon Krueng
16. Rain Hill
17. Mikkeller Bangkok
18. Cielo Sky Bar
19. Eastern Bus Terminal
20 Greyhound Café
21. 文堂吉海南雞飯

Ekkamai · Thong Lo

0   200   400m

3   6分鐘

Camilian Hospital

MEGA Bangna
乘車約30分鐘

Leyana Spa

Divana divine Spa

Samitivej Sukhumvit Hospital

Soi Thonglor 13

The Third Place

Soi Thonglo 10

Let's Relax Onsen and Spa

Soi 53

Soi 55 (Soi Tong Lo)

Soi 63 (Ekamai)

Salil Hotel Sukumvit Soi Thonglor 1

Soi 47

Soi 49

Soi 51

Ekkamai Power Center

Sukhumvit Road

Thong Lo

Soi 34

出1

出3

出2

出4

Bangkok Marriott Hotel Sukhumvit

Sakura Spa

❷ 步行約10分鐘

X2 Vibe Bangkok Sukhumvit Hotel
乘車約20分鐘

Ekkamai

出1

出2

Little Zoo Café
乘車約5分鐘

Ittha Boutique Cafe
乘車約11分鐘

FO SHO BRO
乘車約11分鐘

© Wow Media Ltd. 版權所有 翻印必究

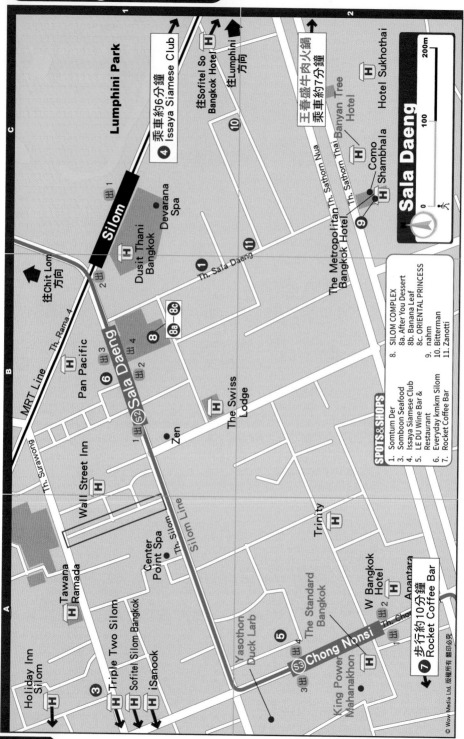

Sala Daeng · Silom

Sala Daeng

0　　100　　200m

Lumphini Park

Silom

往Chit Lom 方向

MRT Line
Th. Rama 4

Th. Surawong

Pan Pacific

Sala Daeng

Dusit Thani Bangkok

Devarana Spa

Th. Sala Daeng

The Swiss Lodge

Zen

Wall Street Inn

Center Point Spa

Th. Silom

Silom Line

Trinity

Tawana Ramada

Holiday Inn Silom

Triple Two Silom

Sofitel Silom Bangkok

iSanook

Yasothon Duck Larb

The Standard Bangkok

King Power Mahanakhon

Chong Nonsi

W Bangkok Hotel

Anantara

Th. Chon

乘車約6分鐘
④ Issaya Siamese Club

往Sofitel So Bangkok Hotel

往Lumphini 方向

王春盛牛肉火鍋
乘車約7分鐘

The Metropolitan Bangkok Hotel

Th. Sathorn Nua

Th. Sathorn Thai

Banyan Tree Hotel

Como Shambhala

Hotel Sukhothai

步行約10分鐘
⑦ Rocket Coffee Bar

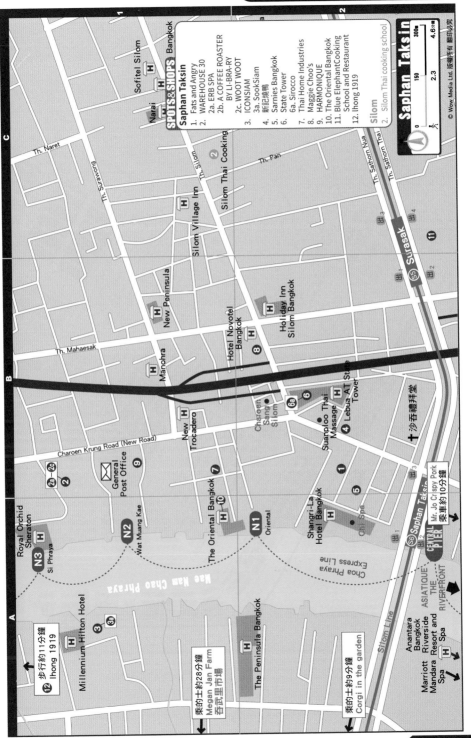

SPOTS&SHOPS Bangkok

Saphan Taksin
1. Fats and Angry
2. WAREHOUSE 30
2a. ERB SPA
2b. A COFFEE ROASTER BY LI-BRA-RY
2c. WOOT WOOT
   ICONSIAM
3. 新記燒鵝
3a. SookSiam
4. Sarnies Bangkok
5. State Tower
6. Sirocco
6a. Sirocco
7. Thai Home Industries
8. Maggie Choo's
9. HARMONIQUE
10. The Oriental Bangkok
11. Blue ElephantCooking School and Restaurant
12. Ihong 1919

Silom
2. Silom Thai cooking school

© Wow Media Ltd. 版權所有 翻印必究

0 150 300m
2.3 4.6分鐘

Sofitel Silom Bangkok

Narai

Th. Naret

Th. Surawong

Th. Silom

Silom Village Inn

Silom Thai Cooking

Th. Pan

Th. Sathorn Thai

Surasak S3

出3 出4

出1 出2

11

Th. Sathorn Nua

New Peninsula

Hotel Novotel Bangkok

Holiday Inn Silom Bangkok

Th. Mahaesak

Manohra

8

沙吞禮拜堂 ✝

New Trocadero

Charoen Sang Silom

6a

6 State Tower

Lebua AT State Tower

Charoen Krung Road (New Road)

Suanploo Thai Massage

4

General Post Office

9

The Oriental Bangkok

7

1

2a—2c 2

The Oriental Bangkok 10

Wat Muang Kae

Shangri-La Hotel Bangkok

Chi Spa

5

出3

Royal Orchid Sheraton

N3 Si Phraya

N2

N1

Oriental

Saphan Taksin S6

Mr. Jo Crispy Pork 乘車約10分鐘

出1

CENTRAL PIER

ASIATIQUE THE RIVERFRONT

Mae Nam Chao Phraya 昭披耶河

Choa Phraya Express Line

Silom Line

步行約11分鐘
⑫ Ihong 1919

Millennium Hilton Hotel

乘的士約28分鐘
Megan Jan Farm
吞武里市場
↓

3 3a

The Peninsula Bangkok

乘的士約9分鐘
Corgi in the garden
↓

Anantara Bangkok Riverside Resort and Spa

Marriott Mandara Resort and Spa

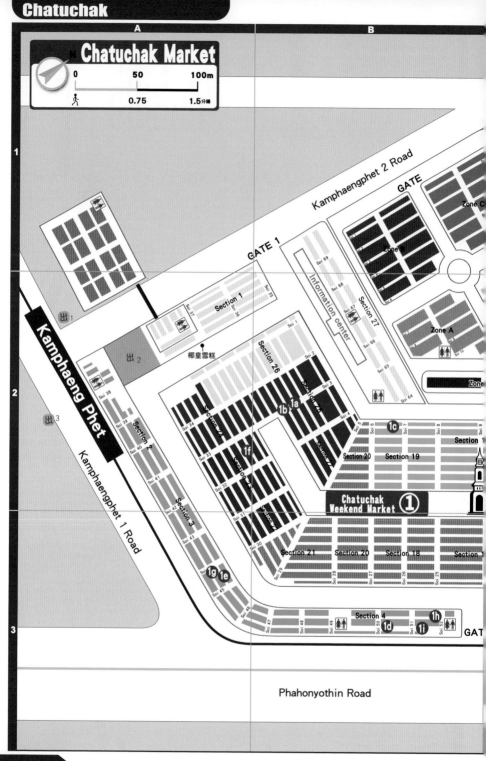

Chatuchak Market

N

0　　　50　　　100m

0.75　　　1.5分鐘

Kamphaengphet 2 Road

GATE

Zone C

GATE 1

Zone B

Zone A

Information center

Zone

Section 1

Soi 35

Soi 69

Soi 68

Soi 67

Soi 66

Soi 65

Soi 64

Section 27

Section 26

椰皇雪糕

Section 1/1

Soi 1

Soi 3

Soi 4

Soi 5

Soi 6

Soi 7

Soi 8

Soi 9

1a

1b

1c

Section 1

Section 20

Section 19

Section 2

Section 3

1f

Soi 38

Soi 39

Soi 40

Soi 41

Soi 42

Soi 43

Soi 44

Soi 45

Soi 46

Soi 47

Soi 48

Soi 49

Soi 33

Soi 34

Soi 30

Soi 31

Soi 32

1g

1e

Chatuchak Weekend Market ①

Section 21

Section 20

Section 18

Section 1

Soi 25

Soi 26

Soi 27

Soi 28

Soi 29

Section 4

1d

1h

1i

Soi 50

Soi 51

Soi 52

GAT

Kamphaeng Phet

Kamphaengphet 1 Road

Phahonyothin Road

出 1

出 2

出 3

SPOTS&SHOPS

1. Chatuchak Weekend Market
   - 1a. ARMONG
   - 1b. Dejojo
   - 1c. Halo Craft
   - 1d. HAMBLEPIE
   - 1e. joy
   - 1f. Masaaki Nakazawa
   - 1g. Guate
   - 1h. Sicha
   - 1i. JAD-JAN

Kamphaengphet 4 Road

Section 1, 26-27
書籍 / 收藏品 / 食店

Section 2-4
收藏品 / 裝飾 / 藝術品 / 植物 / 園藝用品

Section 5-6, 10, 12, 14-16, 18, 20-21
衣服 / 飾物 / 雜貨 / 裝飾品 / 家電產品

Section 7-9, 22-25
古董 / 傢俬 / 手工藝品

Section 11, 13
寵物及用品

Section 17, 19
陶瓷 / 食品 / 家品

Zone D

ARB-IMS

Section 15　Section 13

Section 11

Section 14　Section 12

Clock Tower

Section 10

Section 9

Section 8

Section 7

GATE 2

Kamphaengphet 3 Road

往
Phahon
Yothin
方向

Section 6

Section 5

BTS1
MRT1

MRT2
BTS3

Chatuchak Park

MRT Line

N8 Mo Chit

Sukhumvit Line

MRT4　BTS2

MRT3　BTS4

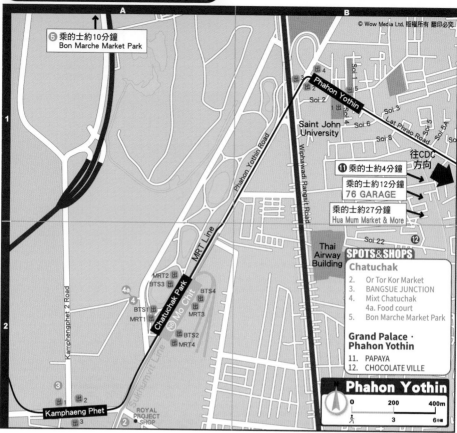

© Wow Media Ltd. 版權所有 翻印必究

⑤乘的士約10分鐘
Bon Marche Market Park

Phahon Yothin

Saint John University

往CDC 方向

⑪乘的士約4分鐘

乘的士約12分鐘
76 GARAGE

乘的士約27分鐘
Hua Mum Market & More

Thai Airway Building

SPOTS&SHOPS

Chatuchak

2. Or Tor Kor Market
3. BANGSUE JUNCTION
4. Mixt Chatuchak
   4a. Food court
5. Bon Marche Market Park

Grand Palace · Phahon Yothin

11. PAPAYA
12. CHOCOLATE VILLE

Phahon Yothin

0   200   400m

3   6分鐘

MRT Line
Sukhumvit Line
Chatuchak Park
Mo Chit
MRT2 BTS3
BTS4
BTS1 MRT1
MRT3
BTS2
MRT4
4a

Kamphaengphet 2 Road
Wiphawadi Rangsit Road
Phahon Yothin Road

Kamphaeng Phet

ROYAL PROJECT SHOP

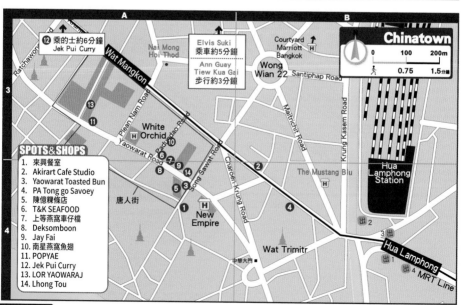

Chinatown

0   100   200m

0.75   1.5分鐘

⑫乘的士約6分鐘
Jek Pui Curry

Wat Mangkon

Nai Mong Hoi Thod

Elvis Suki
乘車約5分鐘

Ann Guay Tiew Kua Gai
步行約3分鐘

Courtyard Marriott Bangkok

Wong Wian 22

Santiphap Road

Hua Lamphong Station

White Orchid

Yaowarat Road

The Mustang Blu

SPOTS&SHOPS

1. 來興餐室
2. Akirart Cafe Studio
3. Yaowarat Toasted Bun
4. PA Tong go Savoey
5. 陳億粿條店
6. T&K SEAFOOD
7. 上等燕窩車仔檔
8. Deksomboon
9. Jay Fai
10. 南星燕窩魚翅
11. POPYAE
12. Jek Pui Curry
13. LOR YAOWARAJ
14. Lhong Tou

唐人街

New Empire

Wat Trimitr

中華大門

Hua Lamphong

MRT Line

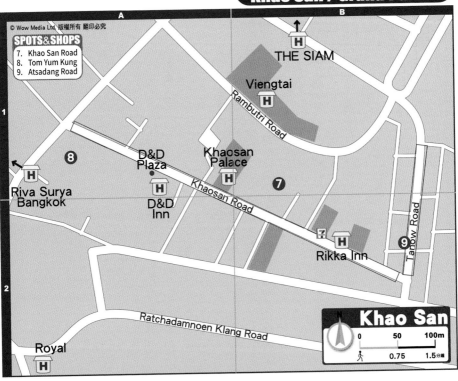

© Wow Media Ltd. 版權所有 翻印必究

SPOTS&SHOPS
7. Khao San Road
8. Tom Yum Kung
9. Atsadang Road

THE SIAM

Viengtai

Rambutri Road

Khaosan
Palace

D&D
Plaza

D&D
Inn

Khaosan Road

⑦

Riva Surya
Bangkok

⑧

Tanow Road

⑨

Rikka Inn

Ratchadamnoen Klang Road

Royal

Khao San

N

0   50   100m

0.75   1.5分鐘

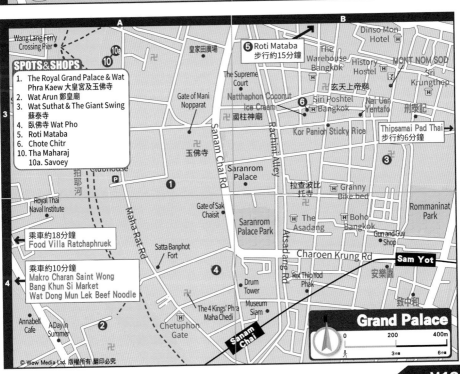

Wang Lang Ferry
Crossing Pier

皇家田廣場

Dinso Mon
Hotel

⑤ Roti Mataba
步行約15分鐘

The
Warehouse
Bangkok

History
Hostel

MONT NOM SOD
Sri
Krungthep

SPOTS&SHOPS
1. The Royal Grand Palace & Wat
   Phra Kaew 大皇宮及玉佛寺
2. Wat Arun 鄭皇廟
3. Wat Suthat & The Giant Swing
   蘇泰寺
4. 臥佛寺 Wat Pho
5. Roti Mataba
6. Chote Chitr
10. Tha Maharaj
    10a. Savoey

The Supreme
Court

Gate of Mani
Nopparat

Natthaphon Coconut
Ice Cream

玄天上帝廟

Siri Poshtel
Bangkok

⑥

Nai Uan
Yentafo

刑務記

國柱神廟

玉佛寺

Kor Panich Sticky Rice

Thipsamai Pad Thai
步行約6分鐘

Saranrom
Palace

拉查波比
托寺

Granny
Bike bed

③

Clubhouse

P

①

Royal Thai
Naval Institute

Gate of Sak
Chaisit

Saranrom
Palace Park

The
Asadang

Boho
Bangkok

Rommaninat
Park

乘車約18分鐘
Food Villa Ratchaphruek

Gun and Guy
Shop

Satta Banphot
Fort

Charoen Krung Rd

Sam Yot

乘車約10分鐘
Makro Charan Saint Wong
Bang Khun Si Market
Wat Dong Mun Lek Beef Noodle

④

Drum
Tower

Rot Thip Yod
Phak

安樂園

致中和

Annabell
Cafe

A Day in
Summer

②

The 4 Kings' Phra
Maha Chedi

Museum
Siam

Chetuphon
Gate

Sanam
Chai

Grand Palace

N

0   200   400m

3分鐘   6分鐘

© Wow Media Ltd. 版權所有 翻印必究

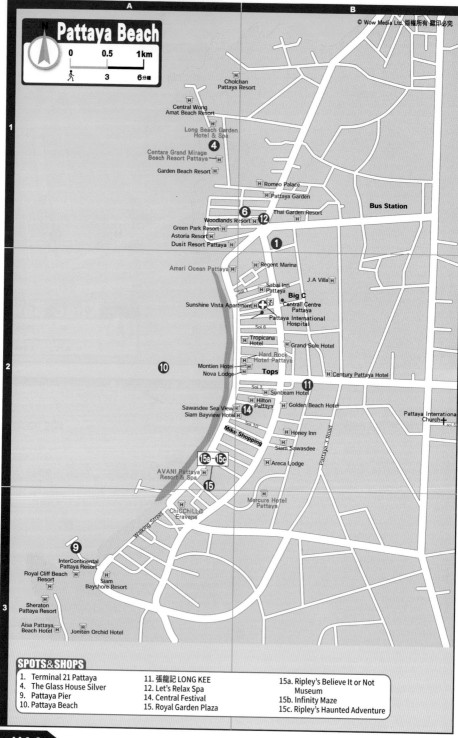

Pattaya Beach

0　　0.5　　1km

3　　6分鐘

© Wow Media Ltd. 版權所有 翻印必究

Cholchan
Pattaya Resort [H]

Central Wong
Amat Beach Resort [H]

Long Beach Garden
Hotel & Spa [H]

4

Centara Grand Mirage
Beach Resort Pattaya [H]

Garden Beach Resort [H]

[H] Romeo Palace

[H] Pattaya Garden

Bus Station

6 **12**
Woodlands Resort [H]

Thai Garden Resort [H]

Green Park Resort [H]
Astoria Resort [H]
Dusit Resort Pattaya [H]

1

Amari Ocean Pattaya [H]

[H] Regent Marina

[H] J.A Villa

Sabai Inn
[H] Pattaya

Big C

Sunshine Vista Apartment [H]

Central Centre
Pattaya

Pattaya International
Hospital

Tropicana
Hotel [H]

[H] Grand Sole Hotel

Hard Rock
Hotel Pattaya

Montien Hotel [H]
Nova Lodge [H]

Tops

10

[H] Century Pattaya Hotel

11

[H] Sunbeam Hotel

[H] Hilton
Pattaya

[H] Golden Beach Hotel

Sawasdee Sea View [H]
Siam Bayview Hotel [H]

14

Pattaya International
Church

Mike Shopping

[H] Honey Inn

Siam Sawasdee

15a **15c**

[H] Areca Lodge

AVANI Pattaya [H]
Resort & Spa

15

[H] Mercure Hotel
Pattaya

ChiChiLLa [H]
Eravana

9

InterContinental
Pattaya Resort [H]

Royal Cliff Beach
Resort [H]

Siam
Bayshore Resort [H]

Sheraton
Pattaya Resort [H]

Aisa Pattaya
Beach Hotel [H]

Jomten Orchid Hotel [H]

SPOTS&SHOPS

1. Terminal 21 Pattaya	11. 張籠記 LONG KEE	15a. Ripley's Believe It or Not Museum
4. The Glass House Silver	12. Let's Relax Spa	15b. Infinity Maze
9. Pattaya Pier	14. Central Festival	15c. Ripley's Haunted Adventure
10. Pattaya Beach	15. Royal Garden Plaza	

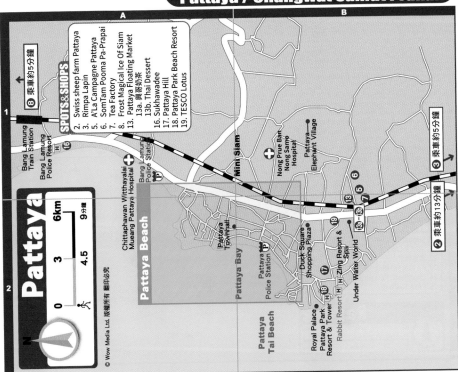

SPOTS & SHOPS

2. Swiss sheep farm Pattaya
3. Rimpa Lapin
5. A'La Campagne Pattaya
6. SomTam Pooma Pa-Prapai
7. Tea Factory
8. Frost Magical Ice Of Siam
13. Pattaya Floating Market
13a. 興賓奶茶
13b. Thai Dessert
16. Sukhawadee
17. Pattaya Hill
18. Pattaya Park Beach Resort
19. TESCO Lotus

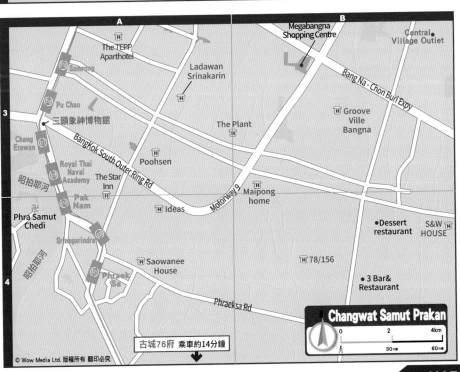

Rayong / Ko Samet

© Wow Media Ltd. 版權所有 翻印必究

乘車約1小時40分鐘
乘車約1小時30分鐘

Wat Nong Saphan
Rayong Adventure Park
Thapma Temple
Sukhumvit Rd
Central Plaza Rayong
Suan Yai Da
Wat Klaeng Bon
Phe Samet Villa
Camping and Resort
Bari Lamai Resort
Sukhumvit Rd
Sri Ban Phe Pier
Casa seaside Rayong
White stone
Rayong Aquatic Animal Husbandry Station
White@Sea Resort
Happy Sea
泰國灣
沙美島

SPOTS&SHOPS
20. Suphattra Land
21. INNER CAKE
22. 瑪麗教堂
23. Ko Kloi Floating Market
24. Chanthorn Restaurant
25. PAYA Seafood

Rayong
0   4   8Km
60分   120分

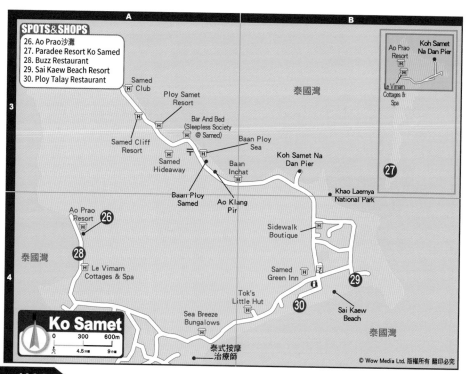

SPOTS&SHOPS
26. Ao Prao沙灘
27. Paradee Resort Ko Samed
28. Buzz Restaurant
29. Sai Kaew Beach Resort
30. Ploy Talay Restaurant

Ao Prao Resort
Koh Samet Na Dan Pier
Le Vimarn Cottages & Spa

Samed Club
Ploy Samet Resort
泰國灣
Bar And Bed (Sleepless Society @ Samed)
Baan Ploy Sea
Samed Cliff Resort
Koh Samet Na Dan Pier
Samed Hideaway
Baan Inchat
Baan Ploy Samed
Ao Klang Pir
Khao Laemya National Park
Ao Prao Resort
Sidewalk Boutique
泰國灣
Le Vimarn Cottages & Spa
Samed Green Inn
Tok's Little Hut
Sai Kaew Beach
Sea Breeze Bungalows
泰式按摩 治療師
泰國灣

Ko Samet
0   300   600m
4.5分   9分

© Wow Media Ltd. 版權所有 翻印必究

序

用 WOW! MAP 去曼谷、芭堤雅！

疫情後的曼谷

闊別3年,我們的曼谷變成怎樣呢?可幸的是,曼谷仍然有不少新浪潮——像是新興的池畔男模餐廳、可與不同小動物作近距離接觸的Café,還有由空置多年大廈改建的復古酒吧等。今期還會介紹先前未有收錄的地道泰菜遺珠,讓大家來一個久別重逢的美食之旅。

點樣可以用盡行程每分每秒?

想玩盡曼谷每分每秒也不是一件容易的事。若果懂得安排行程,要玩得盡興、順利,編排行程是最重要一環。《WOW達人天書》配合手機APP為各位自遊行的朋友打開嶄新一頁。

識帶路嘅旅遊天書

看書前,大家先下載我們免費的獨家「WOW!MAP」APP,然後將書中想去的景點,用APP對準WOW MAP的QR Code「嘟一嘟」,就可將景點收藏到你的行程內。更可使用導航功能,交通工具運用、店舖資訊等等,十分方便。就算身處當地,都可以隨時check到最update資訊,十分互動。

一邊睇書,一邊編行程,超方便!

WOW!編輯部
wowmediabooks@yahoo.com

全港首創 WOW! MAP

全港首創WOW!Map,出發前預先下載,在計劃行程時只要一掃想去景點的WOW!Map,就可以自動為你收藏景點:交通導航、店舖資訊一目了然!編排行程從此輕鬆簡單。

 wow.com.hk
facebook.com/wow.com.hk

  www.wow.com.hk

facebook.com/wow.com.hk

WOW!

最新內容

曼谷達人天書

★★★☆☆

BANGKOK

★★

Saphan Taksin SP037

Charoen Saeng Silom

» 60年老字號，米芝蓮級泰式豬腳飯

Lat Phrao SP032

76 Garage

» 爆肌小鮮肉池畔餐廳

Phra Ram SP060

喬德夜市
人氣爆燈的美食市集

China Town SP034

The Mustang Blu
網紅打卡必到的復古餐廳

China Town P201

來興餐室
半世紀歷史炭爐牛肉火鍋

Lak Song SP044

吞武里市場

>> 即點即烤的平價炭燒海鮮

Ayutthaya P210

大城府

>> 漫遊古城，感受泰國佛教歷史文化

SAPHAN TAKSIN P158

ICONSIAM

>> 首個室內水上市集

Siam P085

GENTLEWOMAN

>> 曼谷爆紅時裝品牌

Bangkok Highlight

Phra Khanong SP029

Little Zoo Café
有擬耳狐、狐獴、浣熊的多元動物café

Saphan Taksin P155

Fats and Angry
50年代復古快餐店

Pu Chao SP059

三頭象神博物館
粉紅廟宇，少女最新打卡熱點

曼谷達人天書

CONTENTS

BANGKOK

特集

曼谷

便利標貼

 香港首推　WOW！搜羅第一手「最Like食買玩」！

 親子　WOW！為大家推介適合一家大小前往的好地方。

 好食 編者推介　稱得上美食，物有所值。

 櫻花綻放之美地，叫你沉醉粉紅世界下。

 紅葉份外美，小紅葉帶你到最佳賞葉處。

 抵食 編者推介　好味又抵食，超值。

 SNAP　要影張沙龍靚相，認住呢個標誌。

 影視　帶你遊遍電影/電視劇熱點。

 LET'S TRY!　親身落手落腳體驗，好玩又夠Fun！

 日語　提供日語導賞

全港首創!

WOW! MAP

識帶路嘅旅遊天書

全港首創 WOW! MAP,出發前預先下載,在計劃行程時只要一掃想去景點的 WOW! MAP,就可以自動為你收藏景點:交通導航、店鋪資訊一目了然!編排行程從此輕鬆簡單。

WOW! MAP
32

使用方法:

1. 手機下載及打開「WOW! MAP」App,登記成為會員。
2. 掃描頁底的 QR Code 時,即可看到店鋪相片、資訊還有導航功能。

Download on the
App Store

ANDROID APP ON
Google play

達人教室

「QR碼」YouTube睇片,點止旅遊書咁簡單!

達人教室
歷史知識、風土習俗、旅遊貼士、慳錢秘技,一網打盡。自遊達人必讀秘笈。

WOW! COUPON 優惠
美食、購物、遊樂優惠券!玩到邊、平到邊!

WOW! 送:

SPA 療程優惠券!玩到邊、平到邊! P.271

WOW! 達人天書 2019
20% off
10% off
Free Gift

*書內所有價錢和酒店訂房,均只作參考之用。

建議行程 @ 曼谷

📖 Bangkok

近年曼谷有很多新的商場、新的景點，讓遊人即使去了很多次，都能保持一樣的新鮮感。而且曼谷的鐵路新增了延線，避免了塞車的困擾，讓遊人更方便的去探索不同的地方。

4日3夜
吃喝玩樂
購物之旅

day 1		
上午	香港 ➡ 曼谷國際機場	
下午	Asok	
晚上	MRT Phra Ram站附近	
住宿	曼谷市內酒店	

到達曼谷後，先到酒店放下行李及稍作梳洗，坐的士到**The Local**享用傳統泰菜，若有時間可附近的**Terminal 21**逛逛商場，如需兌換泰銖可到**BTS Asok**站的**Super Rich**，晚上乘士到年輕人聚集的喬德夜市品嚐地道小食。

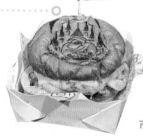

day 2		
上午	曼谷市中心周邊	
下午	曼谷市中心周邊	
晚上	唐人街	
住宿	曼谷市中心	

上午吃完早餐後到Little Zoo Café與多種罕有動物近距離接觸，之後乘的士到隱藏在深巷內的打卡勝地Ittha Boutique Café，晚上可到唐人街的來興餐室品嚐炭爐牛肉鍋，接著到附近行街拍照，推介到林真香和LOR YAOWARAJ買手信，逛到累又可到T&K seafood食炭烤大頭蝦，或到PA Tong go savoey品嚐米芝蓮級泰式油炸鬼。

day 3

上午	MRT Fai Chai站附近
下午	MRT Lak Song站附近
晚上	Chit Lom
住宿	曼谷市中心

吃完早餐後到比市中心的超市便宜的批發超市Makro購物，之後再到附近的知名麵店Wat Dong Mun Lek Beef Noodles品嚐靚湯牛肉麵，不怕走遠一點，下午不妨到有大量食店和乾貨店的吞武里市場，晚上回到市中心逛逛Central World及附近商場，如果想做SPA和按摩記得在PAÑPURI、HARNN或Thann等店舖預約，想食宵夜可到Thong Lo附近營業至凌晨4點的Saeng Chai Pochana。

day 4

上午	Silom
下午	Siam
晚上	曼谷國際機場 ➡ 香港

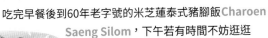

吃完早餐後到60年老字號的米芝蓮泰式豬腳飯Charoen Saeng Silom，下午若有時間不妨逛逛Siam Square，到訪各個走Y2K風潮店如Frank! Garcon、Daddy And The Muscle Academ和Gentle women，或者可到附近商場如Siam DISVOVERY、Siam Paragon等作最後衝刺。

曼谷

曼谷是一個時尚的都市，能夠滿足不同的遊人。大家可以在曼谷盡情的吃喝玩樂，不過有時都會覺得行程太緊密會太累，遊人在計劃行程時不妨加入羅勇及沙美島，讓旅程中可以得到足夠的休息，慢慢享受放假的節奏。

5日4夜

曼谷羅勇 5天之旅

day 1		
上午	香港 ➡ 曼谷國際機場
中午	Chit Lom
晚上	Saphan Taksin
住宿	曼谷市中心

酒店Check in後先到水門附近的Super Rich兌錢，再到Chit Lom的KING KONG任吃燒烤大頭蝦，有精力亦可逛逛Central World。晚餐可到泰菜小館HARMONIQUE用餐，之後再到河邊夜市Asiatique。

day 2		
上午	Asok
中午	Thong Lo
晚上	MRT Lat Phrao站附近
住宿	曼谷市中心

吃完早餐可以到Terminal 21逛逛商場，也可以在附近的Lavana Bankgkok Spa按摩一下，之後再到THE COMMONS的美食廣場或60年歷史的餐廳Wattana Panich飽吃一頓，晚上就到夜市Hua Mum Market & More逛逛。

day 3		
上午	Saphan Taksin	
中午	Saphan Taksin	
晚上	MRT Phra Ram站附近	
住宿	曼谷市中心	

早上可到曼谷的標誌性商場ICONSIAM逛逛，之後再到附近由倉庫改裝的WAREHOUSE 30，中午到復古風餐廳The Mustang Blu歎下午茶及打卡，晚上再到喬德夜市行逛和掃小食。

day 4		
上午	Asok ➡ 乘車(約3小時) ➡ Ban Phe Pier ➡ 乘船(約45分鐘) ➡ 沙美島	
中午及晚上	沙美島	
住宿	沙美島酒店	

酒店享用早餐後，坐車到 Ban Phe Pier乘船到沙美島。在沙美島Buzz Restaurant，Le Vimarn 午餐，小作休息後就參與水上活動及逛小型市集，再到海邊的餐廳 Ploy Talay Restaurant 一邊欣賞火舞Show，一邊用膳。

day 5		
上午	沙美島 ➡ 乘船(約45分鐘) ➡ Sri Ban Phe Pier	
中午	Sri Ban Phe Pier ➡ 乘車(約45分鐘) ➡ 羅勇素帕他果園 ➡ 乘車(約3.5小時) ➡ 機場	
晚上	香港	

酒店享用早餐後，離開沙美島，坐車到羅勇的羅勇素帕他果園，參觀果園，試試自己採摘生果及任食水果。之後坐車直奔烏打拋機場乘內陸機回曼谷國際機場，再轉機回香港。

建議行程@ **曼谷**
🏙 **Bangkok**

芭堤雅擁有陽光與海灘，在夏天時吸引不少的家庭客或三五知己一同前往嬉水。更有不少的自遊人會選擇自駕遊，更方便的安排行程，遊人不妨自駕遊曼谷，一拼前往芭堤雅和大城府。

---

day 1

上午	香港 ➡ 曼谷國際機場駕車(約1.5小時) ➡ 芭堤雅
住宿	芭堤雅市內酒店

乘客機從香港抵達曼谷，於機場取車自駕往芭堤雅，於市內酒店Check-in後，於Jomtien Beach區遊覽。

---

day 2

全日	芭堤雅
住宿	芭堤雅市內酒店

早上到綿羊牧場Swiss sheep farm Pattaya玩樂，午膳可到The glass House Silver。下午到Central Festival及海灘區一帶購物，傍晚在PIC Kitchen食正宗泰菜，晚上到Let's Relax享受一個Spa療程，之後驅車到張龍記宵夜。

---

day 3

全日	芭堤雅
住宿	芭堤雅市內酒店

早上到芭堤雅必訪的水上市場Pattaya Floating Market，下午到Pattaya Beach游水兼曬太陽，亦可享受眾多水上活動，盡情玩樂。晚上到崖邊的人氣餐廳Rimpa Lapin吃晚餐。

day 4

上午	Safari World
下午	大城區
晚上	Saphan Taksin
住宿	曼谷市中心

早餐後駕車到曼谷的Safari World，看各種動物的生態及在園內享用午飯，之後到大城府遊覽歷史古蹟如瑪哈泰寺及邦芭茵夏宮等，下午到Ayothaya Floating Market用餐及買手信，傍晚到Asiatique夜市晚飯及購物。

day 5

上午	Amphawa
下午	MRT Fai Chai站附近
晚上	曼谷市中心
住宿	曼谷市中心

早餐後到火車市集美功鐵路市場，再到水上市場Amphawa Floating Market，下午駕車到人氣海市集Food Villa Ratchaphruek，有時間更可順路到附近的大型超市Makro購物。晚上回到曼谷市中心，到泳池男模餐廳76 Garage 一睹爆肌男模的風采。

day 6

上午	曼谷
下午	香港

早上到Chit Lom內的商場購物，包括Central Embassy、Platinum Fashion Mall、Central World Plaza等，然後回酒店取行李，出發往機場。

曼谷玩樂新鮮事

事隔數年，曼谷有不少變動，無論是以多元化動物為主題的Café還是清一色由哥基服侍的動物Café、網紅打卡的唯美咖啡廳、歐洲Vintage古堡餐廳，WOW記者都為你一一搜羅，一文了解曼谷最潮新鮮事！

←只要盤膝而坐，小狗基本上會自動把你當成梳化。

→入場包飲品一杯離場後奉上，還有各款動物造型的毛公仔任揀。

Little Zoo Café

多元動物咖啡館

潮流興「多元化」，想不到動物Café都不例外！這間Little Zoo Café猶如一個迷你動物園一樣，除了飼養哥基、斑點狗、蝴蝶犬、花貓和無毛貓外，還有較為罕見的狐獴、浣熊、耳廓狐。場內開放時間每日6節，每節一小時，每節之間有半小時預留清潔消毒，之後才會接待下一組客人。甫進內，搖搖擺擺的哥基大軍已將大家重重包圍，旁邊兩間獨立的房則分隔貓、狐獴、耳廓狐和浣熊。現場所見，動物們基本都非常溫馴，不過難免有疲倦的時候，所以謹記不要打擾睡著的動物或窮追想休息的動物。而某些膽怯的品種如耳廓狐，在職員的協助下也可讓人摸摸抱抱，只要依照工作人員的指示，就可以安心與動物近距離接觸了。

↑被一大堆哥基圍繞，小朋友玩得不亦樂乎！

↓浣熊是店內的明星，心情好的話看到鏡頭更會自動擺 pose！

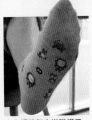

↑入場時每人送贈襪子一雙，完場時完全明白店家有多貼心。

←門口位置設有兩個洗手盤，方便客人於入場前後潔淨雙手。

→狐獴性格溫馴，在職員指導下小朋友都可以放心抱抱。

→擁有蜜桃臀的浣熊實在太惹笑！

MAP 別冊 M07 B-3

地 486 On Nut Rd, Khwaeng Suan Luang, Suan Luang, Bangkok

時 11:00-12:00、12:30-14:30、14:00-15:00、15:30-16:30、17:00-18:00、18:00-19:00

金 大人390銖、120cm以下小童290銖（連飲品、襪子及紀念品）

網 www.facebook.com/littlezoocafe

電 (66)092-448-1116

交 BTS Phra Khanong站乘的士約5分鐘

WOW! MAP

2
Ittha
Boutique Café

別有洞天網紅店

→室內美得猶如歐陸大宅一樣。

在彎彎曲曲的巷弄之內藏著一幢光潔明淨的白色建築，甫推門進內就看到寬廣明亮的環境：光潔的自然光從天井傾瀉，照向中央灰色色調的石桌，拱形落地玻璃窗安靜地在清水牆與紅瓦磚間待著……驟眼看去像是一間裝修漂亮的網紅店，但除此之外它亦是一間主張「Real Food」（真食物）的餐廳，店主Kalyakorn發覺現今世代的「食物」都混入了大量添加劑，她相信吃下肚的食物應該是天然、純正的，因此店內由咖啡豆、牛奶、麵包和蛋糕，全由有機材料製作，無化學毒素和添加劑，讓大家放心食用。

←店內一隅售賣香薰沐浴露，難怪室內滿屋清香。

↓**Frozen Fruity Anchan Lime 150銖**
以美麗的有機食用花製作，蝶豆花混合檸檬汁後漸漸變色，打卡一流。

↑拾級而上，發現一道更美的風景。

MAP 別冊 M07 B-3

地 No. 88 Punna Witthi 33 Alley, Sukhumvit 101 Road, Bangkok
時 08:00-17:00
網 www.itthabangkok.com
電 (66)62-563-6293
交 BTS Phra Khanong站乘的士約9分鐘

WOW! MAP
2

→ 室外椰林樹影，確實甚有度假風情，可惜陽光太猛又太多蚊，打完卡還是快快回到室內歎咖啡吧！

↓ Old Fashion 180銖
冷泡咖啡內加入橙皮和肉桂，為淡淡的咖啡添上不同層次。

▲3▲
FO SHO BRO
異國風情大宅

2022年8月開業，FO SHO BRO是一間頗具南美風情的咖啡廳。店內分成室內和室外座位，室內鋪上柔軟地毯，擺放眾多畫作和老闆的珍藏Kaws figure，而室外則有一個碧綠的水池、鋪上毛毯的石椅和藤椅，還有一道通往天台的粉色石梯，裡裡外外周圍都是特色的打卡位，難怪吸引眾多網紅和模特兒取景拍照！

↓場內陳設舒適，真有點大宅客廳的感覺。

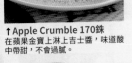

↑ Apple Crumble 170銖
在蘋果金寶上淋上吉士醬，味道酸中帶甜，不會過膩。

MAP 別冊 M07 B-3

地 MJH2+6FV Soi Sophon, Bang Na Nuea, Bang Na, Bangkok

時 09:00-18:00

電 (66)082-005-7423

交 BTS Phra Khanong站轉乘的士約11分鐘

4 76 Garage
男模泳池餐廳

近年曼谷流行以猛男掛帥的餐廳，這間76 Garage雖然離市中心稍稍有段距離，但勝在有男模級小鮮肉坐鎮！餐廳是一個半露天的空間，中央設有一個長形泳池，旁邊有一個表演用的舞台，而泳池兩邊圍繞著最受客人歡迎的VIP席。每天晚上9時，男模就會開始在舞台表演，隨後分成肌肉猛男和西裝型男，到門口列陣與客人合照，之後就會到泳池準備「嬉水」環節——他們除了會用水槍互射之外，更會提供「公主抱」服務，用寬廣的臂彎抱著客人合照，客人大多都會心甘情願地奉上小費。泳池的嬉水環節可以說是重頭戲，不少熟客會先在網上預訂池畔靚位，佛心的是預約無需另外收費，只要事網上預約即可，此外餐廳亦無收入場費及表演費，臉皮夠厚的話，甚至合照不付小費也無人追究。不過話說回來，當你看到爆肌小鮮肉如此專業又落力地服務客人，你的良心能叫你不付小費嗎？

↑→泳池中的猛男對客人施展「公主抱」，最厲害的是客人完全沒有沾濕，可見他們的臂力驚人，現場所見小費金額大概為100銖。

↑每晚9時開始有表演，一班男團般的型男落力跳舞，記得早點入場欣賞。

→男模在不用表演的時間都會充當店員幫客人傳菜、倒酒，大家不妨邀請他們合照。

↑池畔雅座極之搶手，須在網上先行預約，放心，費用全免。

WOW! MAP

4

MAP 別冊 **M12 B-1**

地 149/1 Pradit Manutham Road, Lat Phrao Subdistrict, Lat Phrao District, Bangkok

時 18:00-01:00

網 www.76garage.com

電 (66)090-515-6666

交 MRT Lat Phrao站 乘的士約11分鐘

↑男模會為食客慶祝生日,唱生日歌和合照當然也是福利之一。

↓小鮮肉男模非常識趣,嘟嘴、手指心心、單眼樣樣做齊,難怪深得客人歡心。

↑另一邊廂的西裝男模外表冷酷,一拍照就歪頭燦笑比心心,非常專業。

→單骨炸雞翼255銖、啤酒 250銖/1L
食物質素中規中矩,值得一提的是點 1L 或以上啤酒的話型男服務員就會主動為你斟酒,抵!

SP**033**

→Pavlova 300銖
造型 100 分，可惜忌廉不夠滑又沒有奶香，蛋糕下層口感較硬，似意大利蛋白餅，味道極甜。

→Pink Lady 450銖
以 Gin、新鮮士多啤梨、紅石榴汁和檸檬汁製作。

5

The Mustang Blu

復古格調酒吧

潮流興復古，酒店也不例外。這間The Mustang Blu前身曾是銀行、醫院和按摩院，空置多年後被一位商人收購並改裝成酒店。設計師沒有把它雕琢成窮奢極侈的豪華酒店，反而刻意保留殘破的牆壁和古舊的石柱，讓它保持典雅的歐陸風格。酒店大堂的酒吧餐廳貫切復古風，提供精緻唯美的蛋糕、雞尾酒和西餐，環境方面非常「IG-able」。餐廳中央置有一道氣派十足的鏤空螺旋樓梯，門口位置一座古典三角鋼琴，吸引不少盛妝打卡的網紅和攝影師。需要留意的是每位客人最低消費是兩份餐飲，高昂價錢比得上五星酒店，加上打卡拍照的人極多，每每需要排隊等位，值不值得還請各位自行斟酌。

MAP 別冊 **M12 B-4**

地 721 Maitri Chit Road, Khwaeng Pom Prap, Khet Pom Prap Sattru Phai, Bangkok

時 11:00-22:00（L.O. 21:30）

金 最低消費為每日兩份餐飲（小童及長者除外）

網 www.facebook.com/themustangblu

電 (66)062-293-6191

交 MRT Hua Lamphong站步行約3分鐘

→The Last Day of Summer 350銖
採用花茶和香甜的花糖漿製作，冰中藏著食用花，清香別緻。

→Key Lime Pie 300銖
青檸味道清新脫俗，味道尚算不錯！

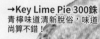

↑哥基一家企定定，與客人合照留念。

6

Corgi in the Garden
清一色哥基招待所

可愛的大眼睛、狐狸般的豎耳、小短腿、圓滾滾的心形屁股，通通都是哥基犬的萌點！這間寵物Café開宗明義只由哥基招待，店內暫時有19隻哥基店員駐場，每隻都有自己獨特個性，唯一共通點就是「為食」——只要客人一加購狗零食（白灼雞肉、紅蘿蔔和西蘭花），牠們就會一擁而上向你討吃！強烈建議狗零食要逐少逐少地餵，事關老練的哥基們吃完零食就會極速閃開，相當有個性。此外，由於小狗們一見食物就會超興奮，太肉緊更可能咬錯良民，請謹記餵食時要先握拳讓牠們聞一聞，再攤開掌心餵食，拍照時不要用閃光燈、也不要隨便抱起狗店長，然後就請大家好好享受與哥基店長互動的美好時光吧！

↑入場包飲品一杯，不過相信大部分人的時間都會用在狗狗身上，無暇慢慢品嚐。

→狗零食100銖
牠們一看到食物碗就會馬上搶食，根本連好好拍照的機會都沒有。

←貪食的小狗看到食物就會開始失控，場面惹笑。

MAP 別冊 M09 A-2

地　338/1 Kallapaphruek Road
　　Khwaeng Bang Wa, Phasicharoen
　　Krung Thep Maha Nakhon 10160

時　星期二至五12:30-18:00／星期六及日10:30-18:00

休　星期一

金　大人 350銖、小童 250（連飲品一杯）*兩歲或以下小童禁止入內

網　facebook.com/corgiinthegarden

電　(66)062-865-6156

交　BTS Wutthakat站轉乘的士約6分鐘

WOW! MAP

泰·好食！

本地人私藏泰菜推介

曼谷除了一眾外表光鮮的星級餐廳之外，還有一些是毫不起眼的街頭美食，雖然大多數的街頭美食只是推介，但他們的美味已經獲得當地人的喜愛。這些美食不但地道，而且價錢便宜，不但受到遊客的吹捧，也很受當地人的歡迎。不過有不少遊人只集中某幾間的店家，不如大家走遠一點點，品嚐更多地道的星級街頭美食吧！

❶ 街邊人氣泰北菜

Yasothon Duck Larb

曼谷要排隊先食到的泰菜餐廳一字排開，多不勝數，但有時總覺太遊客，要坐在街邊才具風味。在Soi Silom 9就有一間開在馬路旁的路邊排檔，簡單的鐵枝膠櫈，每晚用膳時間由街頭開枱開到街尾，竟然還要大排長龍，足見它的魅力。Yasothon Duck Larb主打泰北菜，由鹽烤鱸魚、炭燒豬頸肉和魷魚、生蟹沙律，以致最有特色的炭爐陶鍋均一應俱全，味美地道，價錢僅由50銖起跳，難怪位列在本地人私房菜名單之首！

←店內名物之一的炭火烤雞脾（Gai Yang）80銖，外皮香脆微焦，雞肉略嫌不夠嫩滑。另有烤全翼。

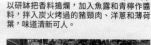
↑豬頸肉沙律（Nam Tok Moo）80銖以研缽把香料搗爛，加入魚露和青檸作醬料，拌入炭火烤過的豬頸肉、洋蔥和薄荷葉，味道清新可人。

←海鮮火鍋250銖
泰北著名的炭爐陶鍋，陶鍋的遠紅外線把湯的水分子拆細，使食物味道更為細緻溫潤。

MAP 別冊 **M08 A-2**

地 519 Soi Sueksa Witthaya, Bang Rak, Bangkok
時 16:00-22:00
休 星期一及日
電 (66)08-1754-9867
交 BTS Chong Nonsi站步行約6分鐘

WOW! MAP

❷ 60年老字號泰式豬腳飯

Charoen Saeng Silom

提起豬腳飯，由2018-2023年均獲米芝蓮推介的「Charoen Saeng Silom」在曼谷幾乎無人不曉。餐廳自1959年創立至今已傳至第三代，招牌滷豬腳色澤如琥珀，油亮的豬肉用筷子輕輕扒開已骨肉分離，肉塊質地黏糯軟綿，入口幾乎馬上化開，而味道輕甜帶鹹，豐腴不膩，令人不禁好奇這樣美味的豬腳是怎樣製成！原來店家每朝清晨便挑選新鮮豬腳，自餐廳關門開始以中式滷水料滷個半小時，再轉用泰式香料滷過夜，隔天早上調整味道後又再熬煮一小時方告完成。美味的秘密，果然還是來自扎實功夫。

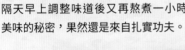

↑曼谷華人祖籍多為潮州地區，連同潮汕一帶有名的豬腳飯「Khao kha moo」也跟著遷移至此。

↑滷豬腳
（Kha moo) 160銖/半份
看起來完整的肉塊入口瞬間化開，滿嘴膠質，油融的肉汁、梅菜與白飯（10銖）天生一對，叫人吃到碗碟全清。

↓豬肘（Kawki) 70銖
如嫌豬腳太飽肚，不妨也點一份豬肘，肉的份量雖然輕巧，但豐腴口感不變。

MAP 別冊 **M09 B-2**

地 492/6 Soi Charoen Krung 49, Suriya Wong, Bang Rak, Bangkok
時 08:00-13:00
電 (66)02-234-8036
交 BTS Saphan Taksin站步行約7分鐘

←店家特製的酸辣蘸醬以紅辣椒、青辣椒、蒜、糖和醋製成，有次因磅的秤壞了而意外地變得更美味，後來便一直沿用此配方。

WOW! MAP

③ 秘製牛雜湯頭

王春盛牛肉火鍋

在香港吃粉麵，老饕必會識叫店家加「腩汁」——那久經熬煮的牛腩精華，絕對是人間美味，試想像如果可以用這般濃稠的牛湯做火鍋湯底會是何等滋味！這間王春盛火鍋便是以門前不斷翻滾的渾厚牛湯作招徠，用上足料牛肉湯做炭爐火鍋的湯底，牛湯入口濃稠甘甜，卻出奇地毫不油膩，秘密在於初代老闆採用家鄉潮汕秘方，使湯頭歷久不衰，難怪三代以來仍然食客不絕。潮汕火鍋講求先肉後菜，最後蔬菜和米粉吸盡牛汁精華，方能吃出牛鍋真味。強烈建議各位另點一客炸蒜入湯，其香撲鼻，叫人一試難忘。

↑ **Stewed Beef Hot Pot 200銖**
一鍋有齊牛丸、牛肉片、牛腸、牛肝、牛膀、牛肚等各式牛雜（菜和米粉各另加10銖）。牛內臟非常新鮮，有嚼勁但不死韌，能嚼出韻味來。

↓深褐色的牛肉濃湯經炭火加熱，隨歲月流逝，牛肉脂化，湯汁愈見醇香。

←炭火豬肉沙嗲 60銖/10串
沙嗲醬汁帶甜香，伴以甜醋醃製的青瓜洋蔥和青辣椒，把本來無特殊之處的烤肉提升到另一層次。

↓花10銖加碗炸蒜即可為湯頭增添豐富滋味。

MAP 別冊 **M08 C-2**

地 133 Sunthonkosa Rd, Khwaeng Khlong Toei, Khlong Toei, Bangkok

時 星期一至五 07:00-20:00、星期六日 07:00-16:00

電 (66)02-249-2329

交 MRT Queen Sirikit National Convention Centre站步行約10分鐘

❹ 鐵皮屋下的風味船粉

Toy Boat Noodle

泰國船麵粉自昔日在運河來往的船上攤販，為了方便食客在搖晃的船上用餐，於是把湯麵濃縮成細碗。時至今日大多攤販都已陸續上岸，不過許多餐廳仍然保留傳統，以小碗奉麵。ToyBoat Noodle雖位於著名船粉集中地勝利紀念碑附近，但卻藏身巷弄之內，並以鐵皮和帳篷搭成。餐廳僅提供4款麵食，分別為牛肉或豬肉船粉，普通湯麵則為冬蔭或豬肉麵。船粉湯底以醬油、香料伴肉熬煮，味道濃厚複雜，牛肉及豬肉船粉分別有肉丸兩粒和鮮肉片，豬肉船麵還附有爽口豬肝，而冬蔭湯麵內有魚片，湯頭酸辣惹味，份量與船粉差不多。麵底方面可選河粉Sen Yai、金邊粉Sen Lek、米粉Sen Mee、粉絲Woonsen或蛋麵Ba Mee。

←↑牛肉及豬肉船粉（左上及下）每碗15銖，冬蔭湯麵（右）內有魚片，每碗55銖。小小的船粉份量不多，就算是瘦弱的女生也可以輕易「K.O.」兩、三碗。

↓炸至金黃的豬皮和餛飩皮是船粉精髓，店家貼心地放定數包在枱面，每包10銖。

←↑餐廳一隅售有即製的新鮮椰汁斑蘭糕，蒸完會上下兩碗拼在一起，每碗12銖，圖為兩碗。

MAP 別冊 **M03 A-1**

地　Ratchawithi Soi 18 (Wat Makok), Thanon Ratchawithi, Bangkok
時　08:00-17:00
休　每月15及16日
電　(66)081-619-1925
交　BTS Victory Monument步行約10分鐘

半開放式的空間雖然沒有空調，夏季到訪仍有一絲涼風，未算侷促。

↑紅紅烈火，廚師純熟地炒PAD THAI。

這是餐廳的後半部，坐無虛席。

↑PAD THAI WITH PRAWNS 120銖
廚師在炒Pad Thai時特別加入蝦油以提升鮮味。

橱窗內放滿了世界各地不同旅遊書對這家店的介紹。

⑤ 舊城區的鬼門炒河

Thipsamai Pad Thai

一說泰國美食，有不少人都會想到Pad Thai，雖然這種平民美食隨處可見，但說到最受歡迎、來泰國必吃的，就不可以錯過這一家餐廳。位於舊城區的Thip samai pad thai只賣Pad Thai，但有不同的組合。點了一個有蝦及蛋的pad thai，店內的pad thai是橙紅色，味道較甜；吃下去的才覺得驚為天人，因為加入了蝦油，所以吃下去的時候滲出蝦的香味；而河粉也被炒得非常彈牙，是非凡的美味！

↓PAD THAI WITH TIGER PRAWNS 299銖
食客可以選擇不同的配搭與價位。

店內的座位分為兩部分，這是前半部，靠近廚房，但不會很熱。

MAP 別冊 M13 B-3

地 313-315 Mahachai Road,
　　Samranrat, Prankorn, Bangkok
時 09:00-24:00
網 thipsamai.com
電 (66)0226-6666
交 MRT Sam Yot 站步行約10分鐘

WOW! MAP

店內的位置較為狹窄，但仍然無阻老饕覓食。

⑥ 必吃海鮮

→ 粉絲沙律 80銖
有多隻鮮蝦及魷魚，CP值很高，很好吃。

Elvis Suki

曼谷吃海鮮非常便宜，而Elvis
Suki即使距離MRT有一段路程，
但仍然吸引到不少的老饕前來，
無他的，因為食物好吃、便宜！
在老闆的推薦下吃了烤魷魚及
粉絲沙律，烤魷魚是米芝蓮的一
星美食，不得不試，魷魚有陣陣的炭燒香氣，
口感不會太乾，燒完以後仍可以保持魷魚的彈
性，不用沾醬就非常好吃，而且就可以吃出魷
魚的鮮味。另外的粉絲沙律加入了鮮蝦、魷
魚、牛肉及大量的新鮮蔬菜，配上酸辣的醬
汁，但仍然吃到鮮味無比！

←烤魷魚 時價
米芝蓮的推薦美
食，新鮮，肉質有
彈性，不會太硬。

↓桌上放滿一包
包的豬皮，需
另外收費。

廚房非常有鑊氣。

MAP 別冊 **M12 A-3**

地 200/37 Soi Yotse, Wat
Thepsirin, Pom Prap
Sattru Phai, Bangkok
時 16:00-23:00
網 elvissuki.com
電 (66) 099-454-5162
交 MRT Wat Mangkon站
步行約15分鐘

非常受本地人歡迎，長時間坐無虛席。

↓一邊看着店員切豬肉，聲音十分酥脆。

⑦ 地道脆豬皮 好食 編者推介 香港首推

Mr. Jo Crispy Pork

在一家毫不起眼的店，竟然埋藏著米芝蓮的街頭美食！Mr. Jo Crispy Pork最名的就是脆燒豬肉，他們的皮特別鬆脆，比薯片更鬆脆的口感又有厚度，非常好吃！原來他們的秘方就是用高溫炸過，才使豬皮那麼美味。隨碟會附上一碟醬油，把燒豬沾上醬油，令燒肉的味道更加提升，事關那個醬油帶有焦糖的味道，單吃燒肉就非常美味。

↓脆皮燒肉 60銖
外層非常鬆脆，加上醬油令味道更提升。

↑沒有華麗的裝潢，但它的美味吸引了不少的老饕前來。

↑除了堂食以外，也有不少的當地人賣外賣。

粿粉 60銖
這是由不同豬肉內臟，再配上筆管狀的河粉，湯頭帶有較重的胡椒味。

MAP 別冊 **M09 A-2**

地 313/7 Thanon Chan, Wat Phraya Krai, Bang Kho Laem, Bangkok
時 08:00-16:30
休 不定休
網 www.facebook.com/KwayChap.Mr.Joe
電 (66)02-213-3007
交 BTS Saphan Taksin站乘車約13鐘

店內坐無虛席，場內有不少的外國人慕名而來。

⑧ 鑊氣爆棚

好食編者推介

Ann Guay Tiew Kua Gai

榮獲首屆車胎人美食推介的Ann Guay Tiew Kua Gai是一間炒河店，每到營業時間，門外的人潮迅速迫爆，但太晚來又會有很多食物售罄，真的讓人很掙扎。這次點了豬肉炒河粉，河粉勁有鑊氣，豬肉有微微的焦香味，並帶有炭火的香氣，很好吃！難怪每天晚上都坐無虛席。

↑豬肉炒河粉 50銖
把蛋汁拌均，令他的滋味再提升，花小錢卻有大大的滿足。

←西瓜汁 30銖
店內鮮榨的西瓜汁，消暑！

↑桌上放了一碗辣椒，讓嗜辣的朋友調味。

MAP 別冊 M12 A-3

地　419 Luang Rd, Wat Thepsirin, Pom Prap Sattru Phai, Bangkok
時　16:00-00:00
電　(66)02-621-5199
交　MRT Wat Mangkon站步行約10分鐘

⑨ 獨沽一味的勇氣

好食編者推介

Nai Mong Hoi Thod

到底一家餐廳有多大的勇氣才可只賣一樣美食？這一家餐廳專賣蠔餅，他們是用炭火炒，所以出來的蠔餅香氣十足。他們用的蠔每一粒都非常飽滿，吃一口的時候，蠔的鮮味在口內大爆發，令人很有滿足感。

炸蠔餅 100銖
每粒蠔都非常飽滿。

炭火的香氣十分吸引。

店內的位置不多，滿座的時候遊人可能要坐到室外的位置。

MAP 別冊 M12 A-3

地　539 Phlap Phla Chai Rd, Pom Prap, Pom Prap Sattru Phai, Bangkok
時　11:00-21:30
休　星期一
電　(66)089-773-3133
交　MRT Wat Mangkon站步行約1分鐘

8

9

WOW! MAP

Lak Song

的士16分鐘

1

佔地極廣！全新美食市場
吞武里市場

距離MRT尾站Lak Song約16分鐘車程的吞武里市場（Thonburi Market Place）在2022年3月開幕，佔地4.8公頃（逾4個標準足球場），號稱是全曼谷最大的海鮮市場。場內主要分成美食廣場和海鮮市場，美食廣場的攤檔提供炸雞、串燒、粉麵、烤多士、沙律、水果等食物，還有醬料以及預先包裝好的炸豬皮和乾果，而海鮮市場則供應各種貝類、魚類和大量巨型大頭蝦和龍蝦，重點是即點即烤，烤完附上惹味的泰式辣醬，體型較小的烤河蝦百多銖就有交易，抵食！

←燒烤大頭蝦180銖起，視乎大小而定。

芝士烤扇貝約160銖/kg。

→場內大多售賣冰鮮海產，賣游水海鮮的攤檔較少，價格亦會相應提高。

地 58 Borommaratchachonnani Rd, Sala Thammasop, Thawi Watthana, Bangkok
時 星期一至五 07:00-20:00、星期六日 07:00-21:00
網 www.facebook.com/taradthonburi
電 (66)092-989-5088

←各種榴槤價錢 約 120 銖 /斤起。

↓托曼尼榴槤 200銖
色澤偏深黃，甜度頗高，氣味亦相當濃厚。

地 B001-B003
時 08:00-21:00
電 (66)083-422-6126

↑姊妹拿著的是曾成為世界成交價最貴的榴槤品種「長柄」，它的產量不多，氣味重，甜度和綿度適中。

品種多元泰國榴槤
Fruit Panda

來到泰國，榴槤迷當然要食個夠！這間小小的榴槤專門店每日提供多個品種的榴槤，有較常見的金枕頭（**หมอนทอง**），以及巴蜀府森林區的另一金枕頭品種巴拉吳（**ป่าละอู**），由於種植地的土壤和水份不同，口感更綿密。此外，還有較少見到、甜度高而口感軟的托曼尼（**พวงมณี**），味香而甜度適中的長柄（**ก้านยาว**），以及僅在泰南攀牙府出產，味甘甜而肉濃厚的稀有品種鳥爪（**นกหยิบ**）。

說到曼谷，最令人痛苦的莫過於全天候的大塞車。就算想離開遊客區，來回再加塞車都已抽乾大半天時間，更遑論要被多少的士司機拒載才可以到達目的地……幸好，隨著MRT和BTS路線延伸和Call車App的進步，現在到曼谷周邊的地道秘點已不再是難事！以下，馬上為WOW讀者送上15條由新鐵路站延伸出來的旅遊路線。

場內眾多海鮮加工店，食物種類和價錢分別不大。

即烤海鮮
Harbour Master

吞武里市場的必食行程一定是海鮮！場內的海鮮區有大大小小的海產加工店，各自售賣龍蝦、大頭蝦、東風螺、扇貝，雖然大部分是冰鮮海產，但仍不失鮮味，價錢普遍亦差不多。今次介紹的Harbour Master，手臂般長的龍蝦售價1,500銖/kg、大頭蝦由1,00-1,400銖/kg，生蠔售60銖/隻（可生食或烤熟）。客人揀好海鮮後跟據重量按比例收費，再交由店員處理內臟及沖洗，加入芝士後置於炭爐烤熟，附上香辣惹味的泰式海鮮醬蘸吃，簡單中殊見真味。

←↓炭燒芝士大頭蝦
360銖▼(1,400銖/kg)
蝦膏極為甘香濃郁，蝦肉彈牙，蘸點帶辣勁的泰式海鮮醬，鮮味更上一層樓。

→海鮮檔一般都免費為客人加工，不過安全起見，建議大家付款前要先向店方了解清楚。

↑蝦頭大如手掌的大頭蝦，價錢每斤1,400銖。

↑蝦頭放入芝士同烤，邊燒邊散發出誘人香味。

↑海鮮全部現場即揀即上磅，每公斤價錢由大小決定，明碼實價。

地 A267
時 08:00-20:00
電 (66)085-959-8589

↑海鮮全部現場即揀即上磅，每公斤價錢由大小決定，明碼實價。

WOW! MAP

1

←日本青肉蜜瓜 250銖起、日本赤肉蜜瓜 200銖起。

2 有機蜜瓜樂園
Meuan Jan Farm

的士15分鐘

種植蜜瓜需要溫暖而乾燥的氣候，屬熱帶地區的曼谷氣候就非常合適。距離MRT Lak Song站10分鐘車程的Meuan Jan Farm是一個蜜瓜的農場，佔地3.2公頃（約3個標準足球場）。場內設有9個蜜瓜種植場，主要種植來自日本的青肉及赤肉蜜瓜，遊人來到可以品嚐不同品種的蜜瓜，喜歡的更可原個買回家。另外，由農場經營的餐廳以自家出產農作物製成蜜瓜沙冰、蜜瓜雪糕、有機菜沙律等食物，質素頗高，值得一試。

↑沒有入場費也不需要預約，walk-in 都可以試食各款有機蜜瓜。

→除了日本蜜瓜外，場內亦有種植生菜、羽衣甘藍和奶油南瓜等有機蔬果。

↑農場創辦人 Pichai Witthayapitakwong 希望種出來的農作物可以讓家人和朋友都安心食用，因此整個農場都以有機耕作的方式種植。

←奶油南瓜焗芝士220銖
餐廳以當季農作物入饌，值得一試。

地 166/1 Liap Khlong Thawi Watthana Rd, Bang Phai, Bang Khae, Bangkok,

時 09:00-20:00

網 www.facebook.com/meuanchanfarm

電 (66)081-168-6565

แหล่งท่องเที่ยวเชิงเกษตร
AGRO-TOURISM
ไร่เหมือนจันทร์
MEUAN JAN FARM
ถนนเลียบคลองทวีวัฒนา แขวงบางไผ่ เขตบางแค กรุงเทพมหานคร

炭火直燒的肉串和豬肉丸子，饒有風味。

Fai Chai

牛肉及豬肉沙嗲80銖/10串
偏向乾身的串燒配上濕潤的甜沙嗲，若嫌味道太濃不妨夾幾片酸甜醃菜，味蕾瞬間回復清爽。

3

馳名牛肉麵

步行3分鐘

Wat Dong Mun Lek Beef Noodles

在Wat Dong地區有一間赫赫有名的牛肉麵老店，自1965年搬到現址，多年來備受本地報章雜誌和電視台廣泛報導，本地美食網紅和YouTuber更是絡繹不絕。招牌牛肉麵可選湯麵或乾拌麵（放心，香濃牛湯會另上），店家採用越南湯粉的煮法，麵條選用細長的檬粉，牛肉以滾湯輕灼幾秒即撈起，與煮好的牛丸、牛筋、牛柏葉等配料放在碗內，再下腩汁及牛湯，這牛湯乃用上30公斤的牛骨每天熬製，味清不膩，與細嫩的半熟牛肉和吸盡牛湯精華的檬粉同吃，滋味叫人難忘。

→ 秘製辣醬辣勁十足，嗜辣者必試！

↓ 牛肉檬粉 80銖
紅褐色的湯頭味道清甘，沒有油膩感，生牛肉片淋在滾燙湯汁灼得恰到好處，爽口味美。

MAP 別冊 M13 A-4

地 1150 Thanon Phran Nok, Ban Chang Lo, Bangkok Noi, Bangkok

時 08:00-15:30

電 (66)02-411-4654

↑ 究竟一碗牛肉麵要灼多久？記者在旁默數，得出的答案是4秒！

↑場內有約10間熟食小攤，主要售賣燒肉飯、海南雞飯、粉麵和鮮榨水果汁。

4

平民熟食市場

步行8分鐘

Bang Khun Si Market

到外國旅行，最有趣莫過於逛逛他們的菜市場，距離牛肉麵餐廳僅8分鐘腳程，就有一個幾乎只有泰國人會到的市場。場內基本劃分為售賣新鮮蔬菜、水果、海鮮與雜貨的濕貨和乾貨區以及出售熟食的攤檔。現場所見，熟食檔大多都是以平價取勝的地道小攤，而乾貨區則較為精彩，例如有香港較少見的米舖，一包包茉莉香米、巴吞米、蒸穀米、糯米一字排開，任君耀米，就算不打算買來，行過望望都甚是有趣。市場內還有賣汁醬香料的雜貨舖，各式咖哩醬包、辣椒醬、胡椒粉和魚露都可在此找到，價格親民，喜歡下廚的朋友不妨逛逛。

MAP 別冊 M13 A-4

地 Charan Sanit Wong Rd, Bangkok, Thailand, Bangkok

時 05:00-14:00

電 (66)061-412-4884

↑國民小食「青芒果蘸醬」20銖
以椰糖、蝦乾和魚露等香料製成，吃起來酸甜帶鹹香。

←青檸調味粉 25銖
整泰式沙律、鳳爪等泰菜必備。

→場內不乏售賣生活用品的小店，本地人常用的調味料和香料都可在此找到。

↑血紅色的西瓜切好奉上，僅需30銖/份。

←泰國乃是產米大國，吃米果然特別刁鑽。

5 貨倉級大型超市 步行4分鐘
Makro Charan Sanit Wong

曼谷幅員遼闊，如非住在市中心駕車到超級市場動輒要半小時以上，因此曼谷周邊的超級市場很多都寬敞如貨倉，Makro的Charan Sanit Wong分店便是其中之一。店內出售的貨品種類極廣，家電、廚具、日用品、護理用品，到新鮮農產品、海鮮、醬汁香料都一一齊備，大部分都是重量級或原箱包裝，定價又比一般超市低廉，是買手信的好地方。

←提提大家，較大的背包需要留給保安暫時看管，離開前再憑票取袋。

← Makro 的貨架有兩層樓高，不時見職員駕駛搬貨用的叉車理貨。

↑手標第一純白胡椒粉 (500g) 269銖
手標第一是泰國擁有逾 60 年歷史的香料商，其白胡椒粉採用 100% 純正泰國胡椒粒製造，風評甚佳。

←泰式火鍋炭爐 420 銖。

→遊泰必買手信八仙薄荷香筒 185 銖/12 支裝，比遊客區便宜一半有多。

←泰式碳烤Bento魷魚片 48銖/12包
烤魷魚有蒜香、辣味和原味三種口味可供選擇。

MAP 別冊 M13 A-4

地 521 521/27 Charan Sanit Wong Rd, Bang Khun Si, Bangkok Noi, Bangkok

時 06:00-22:00

網 www.siammakro.co.th

電 (66)02-000-8040

6 一站式美食廣場
Food Villa Ratchaphruek

能稱得上「食物別墅」（Food Villa）是一個怎樣的概念呢？來到這座位於Ratchaphruek1路的美食市場便知道了！Food Villa的佔地極廣，從新鮮蔬菜、水果、生猛海鮮等濕貨，到熟食類的烤雞、串燒、泰菜、粉麵和甜品等應有盡有，逾百間檔攤琳琅滿目，任君選擇。

↑巨型大頭蝦 1,000-1,400銖/斤 可即時請店家開邊烤熟。

↑蠔油、魚露、辣椒醬、烤鴨醬、海鮮醬，只要想得到的泰式醬料都可在此找到。

→美食廣場外還有賣時裝和飾品的小店。

地 77 Ratchaphruek Road, Bang Ramat, Taling Chan, Bangkok
時 08:00-16:00 (各店不同)
電 (66)02-432-2888
網 foodvillaweb.wordpress.com

鮮榨果汁
Day by Day

泰國天氣炎夏，一杯冰涼的鮮榨水果汁就最能消暑。Day by Day提供即點即榨的水果汁，客人可選單一種水果汁，又或者嘗試店家不同的果汁配方。此外店內更特設椰子專區，除了提供椰青、椰汁之外，還有原個椰青肉、椰子啫喱和椰汁糕。

↑樽裝玉米汁 40 銖及牛油果汁 55 銖。

→新鮮果汁杯裝50銖起、樽裝40銖起圖為杯裝份量。

地 B024
時 08:00-16:00
電 (66)098-260-3864

→HA-YOUNG 79銖
椰青汁加入椰子花，氣味略帶花香，唯味道較甜。

HA-YOUNG
COCONUT FLOWER
100% 320 ML
น้ำช่อดอกมะพร้าว

WOW! MAP

Fai Chai

泰國宮廷甜品
Baan Mali Kalon Thai

泰國宮廷甜點的起源來自一位葡萄牙籍的主廚，她設計了一系列由蛋黃、麵粉、椰奶和糖製作的黃金甜品，如貌似花朵、呈五角星形的蛋黃花（Thong Yip），如豆子般荮式可愛的蛋黃球（Thong Yot），以及如金絲一樣的甜蛋絲（Foi Thong）等。時至今日，這些精緻的甜點大多在婚禮出現，喻意新人百年好合。難得在市集遇到專售這些手工製的宮廷甜點，當然要試試：4款黃金甜點的味道略略偏甜，然而在甜味之下又帶椰香，每款的外形、質地和味道都同中有異，絕對是心機之作，不愧是皇室貢品。

↑ 小花狀的金黃甜點名為蛋黃花（Thong Yip），除了用傳統的材料製作外，還加入了雞蛋花，餘韻帶微微花香。

↓ 雜錦宮廷甜品60銖(小)、120銖(大)
沒添加防腐劑，購買後僅可存放約7天。

地 085
時 08:00-16:00
電 (66)094-520-7454

→ 雜錦烤泰北腸70銖
與生椰菜同吃可減輕肥膩感覺，當地人還會配糯米飯（5銖）同吃。

泰北烤香腸
Aroy Jung

泰北菜在曼谷向來都非常受歡迎，場內一檔專售即烤泰北腸也不例外，只見老闆將一串串丸子狀的香腸不斷放上爐上烤熟，完全沒時間休息，足以知道它有多美味。三款泰北腸分別有原味、酸腸和塞入米粉的腸，經慢火由生烤熟，微焦的皮衣極脆，「卜」一聲裂開，質地有點似中式臘腸但肉質更軟，幾乎入口即化，伴以生椰菜、南薑和辣椒同吃，味道更加地道。

↑ 烤腸店生意極好，烤腸不消一會便被搶購一空。

地 E011
電 (66)083-016-6996

Kheha

7 瞬間遊泰國
古城76府

泰國有76個省府，想一次過瀏覽整個泰國，最少也要花好幾個星期。不過來到古城76府，遊人就可以在一日認識泰國了！這個園區佔地81公頃，所以園區設有免費單車租借，遊人憑入場券就可以租借。這個園區能一次過欣賞泰國76個行政區的不同建築特色及廟宇，讓人更了解泰國的風土人情。

↑ 場內塑造了一些泰國的傳說的雕塑。

↑ 遊人可以憑門票租借單車。

↑ 模仿昔日的市集，有不少遊人都會在這邊用餐或購買特色手信。

↑ 園內也有模仿的水上市場。

雖然是仿製品，但絕不馬虎，相當宏偉。

大城珊佩皇家城堡是是參考昔日的建築重建的城堡，是阿育塔耶皇朝舉行神聖典禮、又或是接見使節的地方。現在裡面是放了以前中國清朝所送的貢品及當時皇朝所穿著的服飾。

在古城76府內遊人可以進入大部分的廟宇參觀。不過當你走進這個園區，就會驚嘆泰國的建築有一種獨特的美，每一個建築都可以讓人拍半天的照片。遊人不妨預留半天的時間，細味泰國的風土人情！

↑園區分為付費區與免費區。

←定時會有泰國傳統的舞蹈表現。

→咖培帕西拉寺佛塔同樣是模仿大城皇朝所建。

←園區內大部分的寺廟都是可以入內拜拜。

MAP 別冊 M15 A-4

地 296/1 Moo7 Sukhumvit Road, Bangpoomai, Amphoe Samut Prakan Samut Prakan Province

時 09:00-18:00

金 成人700銖，兒童350銖

電 (66)02-3234094-9

交 BTS Kheha站乘車約4分鐘

WOW! MAP

8 粉紅湯底的魅力
Nai Uan Yentafo

這一家店的魅力源自粉紅湯底，湯底沒有添加任何的人工色素，而是來自腐乳。呷一口湯頭，帶點微酸，在炎熱的泰國讓人感到格外開胃。湯麵還加入了豬血、豆卜、魚蛋等等不同的配料，一碗小小的麵卻讓人吃好飽！另外再加點了炸魚蛋，有鮮魚的味道，但略嫌不夠彈牙。

↑釀豆腐粉麵 60銖
材料非常多。

↑炸魚蛋(小) 30銖

↑店內以紅色裝潢，
主要受年長的人歡迎。

↑每份餐點麵即叫即煮。

MAP 別冊 M13 B-3

地 41 Soi Nawa, Sao Chingcha, Phra Nakhon, Bangkok
時 星期六及日 09:00-16:30
電 (66)02-622-0701
網 page.line.me/136wnwuj?openQrModal=true
交 MRT Sam Yot站步行約12分鐘

非常受當地人的歡迎。

↓椰奶多士 25銖(左)
斑蘭多士 30銖(右)
好吃，划算！醬是抹成厚厚一層！

9 人氣必食多士！
好食 編者推介

MONT NOM SOD

MONT NOM SOD創立逾55年，由小攤販開始，他們以烤多士打出名堂。店內的烤多士有非常多的口味，包括有人氣的咖央醬、椰奶、朱古力、煉奶等等。這次品嚐了咖央醬及椰奶的口味，最令人驚嘆的不是他的醬料，而是他的多士。多士有一定的厚度，沒有太多的空氣卻很綿密、鬆軟、又能保持濕潤。而醬料是為多士錦上添花，在酥脆的麵包上抹上一層厚厚的咖央醬，讓多士變得不再平凡。

↑斑蘭醬 70銖
可以在家延續好味道。

↑喜歡吃店內的麵包及沾醬的話，都可以在這裡選購外帶。

↑每個食客都相機先吃。

↑多士連椰奶醬 65銖

麵包新鮮即烘，送到客人手中還是熱辣辣的！

MAP 別冊 M13 B-3

地 160, 1-3 Dinso Rd, Sao Chingcha, Phra Nakhon, Bangkok

時 14:00-23:00

網 www.mont-nomsod.com

電 (66)02-224-1147

交 MRT Sam Yot站步行約12分鐘

好食 編者推介

10 皇家秘方的芒果糯米飯
Kor Panich Sticky Rice

芒果糯米飯 100銖

在泰國開業已經超過80年的Kor Panich，獲得米芝蓮推介。他們的糯米飯是以宮廷配方烹調，而且選料嚴謹，選用來自清萊的長糯米，又堅持每日新鮮製造。芒果糯米飯用上原個的大芒果，飽滿又有香氣，吃下去的時候水份十足，而且超甜！加上椰漿後，帶有微鹹的味道，更突出芒果的鮮甜。說是曼谷最好吃的芒果糯米飯也不為過。

←除了芒果糯米飯之外，還有其他泰國的古早小食！

↑剛走進店內時有點疑惑，因為他的感覺像雜貨店。

MAP　別冊 M13 B-3

地 431 433 Thanon Tanao, San Chao Pho Sua, Phra Nakhon, Bangkok
時 星期六至四 07:00-18:00、逢星期五 07:00-19:00
電 (66)02-221-3554
網 bit.ly/2HjjfCZ
交 MRT Sam Yot站步行約12分鐘

11 古法炮製
Natthaphon Coconut Ice Cream

位於舊城區小巷之中的Natthaphon Coconut Ice Cream，是一家超過70年歷史的雪糕店，店內的雪糕都是以天然材料、傳統古法配方製造，所以不含防腐劑。店內的雪糕口味超多，有椰子、奶茶、椰青、朱古力、芒果等等不同的口味。

這次就點了椰子雪糕，味道清甜，沒有添加的味道，消暑好吃！喜歡懷舊味道的朋友一定要前來品嚐。

MAP　別冊 M13 B-3

地 94 ThanonPhraengPhuton, San Chao Pho Suea, Phranakorn, Bangkok
時 09:00-17:00
休 星期日
電 (66)02-221-3954
交 MRT Sam Yot站步行約12分鐘

↑椰子雪糕 30銖

→吸引不少老街坊前來品嚐。

→食客可以額外添加配料。

←厚多士配牛油和煉奶 27銖
超好吃！鬆軟又充滿麵包香。

→美式早餐 50銖

12 傳統咖啡廳 安樂園

在舊城區屹立逾85年的安樂園，它正正位於MRT Sam Yot站的斜對面，非常方便，但同時又帶來不便，事關在MRT還沒開通之前，這家店已是老饕界的人氣食店，現在MRT開通了，吸引了更多的遊人前來品嚐。等了約20分鐘，步入店內猶如走進時光隧道，吃了一份充滿泰國風情的美式早餐及厚多士。那美式早餐讓人吃到的是傳統的好味道，而厚多士則是讓人懷緬的味道，多士只加上牛油和煉奶，麵包厚實鬆軟，帶有焦香味，沒有太多的空氣但又不會太乾。牛油和煉奶都熔在麵包之中，兩者的味道。一鹹一甜，相映成趣。

↑餐廳有六七十年代的香港味。

↑門外有店員幫忙派飛及安排入座。

↑早上8時30分，店外已經有排隊的人潮，多數是遊客。

→門外的櫥窗可以買到椰奶醬。

MAP 別冊 M13 B-4

地 72 Charoen Krung Rd, Wang Burapha Phirom,
Phra Nakhon, Bangkok

時 06:00-14:30

電 (66) 85-809-0835

網 www.facebook.com/onlokyun

交 MRT Sam Yot站步行約2分鐘

Sam Yot

→Red cordial and line soda 75銖

↑Kai-kra-ta + baguette sandwich 85銖

店內是自助取餐。

13

時光倒流50年
刑泰記

在1952年開業，由早期華人開設，可以吃到現今最流行的all day breakfast，早在60多年前就走在時代的尖端。店內的裝潢保留著傳統的味道。在傳統的氛圍下，點了一份傳統的all day breakfast，小鐵鍋上放著臘腸、肉碎、煎蛋等等不同的材料，再配上多士夾臘腸，在西式的味道中帶點中式早餐的味道，吃的是一份情懷！

MAP 別冊 M13 B-3

地 Siri Phong Rd, Samran Rat, Phra Nakhon, Bangkok
時 07:00-20:00
網 restaurant-27062.business.site
電 (66)062-678-3003
交 MRT Sam Yot站步行約10分鐘

→雞腿雲吞拌麵 50銖

14

半世紀屹立舊城區
致中和

沒有光鮮的門面，也沒有亮麗的裝潢，致中和就憑著本身的實力屹立在舊城區逾半世紀。來這裡吃麵的都是附近的老街坊。跟著他們雞腿雲吞拌麵，隨麵還送上雞湯。雞腿雲吞拌麵的雞腿滷得入味、軟腍；麵條彈牙，雲吞皮薄有肉汁，難怪成為老街坊必食之選！

↑店舖保持古色古香的味道。

MAP 別冊 M13 B-4

地 872 Mahachai, Maha Chai Rd, Wang Burapha Phirom, Phra Nakhon, Bangkok
時 10:00-15:00
電 (66)02-222-5973
交 MRT Sam Yot站步行約3分鐘

←有不少當地人捧場。

WOW! MAP

13

14

15 夢幻的粉紅寺廟

香港首推

三頭象神博物館

Pu Chao

這一座寺廟的外觀是非常夢幻的粉紅色，而且還有霸氣十足的三頭象，所以隨著BTS開通，吸引了不少遊客前來參觀。走進粉紅色的建築物，讓人擺脫了對泰國廟宇的刻板印象，館內揉合了泰式、中式及西式的建築風格，每一個細節都非常仔細、巧奪天工、巧手精細；入內時記得抬頭看看，天花板上的玻璃彩繪，以佛教、印度教、基督教以及伊斯蘭教的宗教故事為主，象徵著和平，美得讓人嘆為觀止。

↑粉紅色的外觀拍照一流。

→彎曲的樓梯使整個廟宇的感覺變得時尚。

↑穿著背心及短褲的遊人，需要加穿衣服才能入內。廟內提供衣服給人遮蓋身體。

↑有不少遊人都在這裡拍照打卡。

三頭象神博物館的氣勢磅礴。

↓圍繞在三頭象神博物館的外圍設有很多不同顏色的大象，在大象的肚子下經過，它們就會發出聲音。

MAP 別冊 M15 A-3

地 99 Bang Mueang Mai, Mueang Samut Prakan District, Samut Prakan

時 09:00-18:00

金 成人400銖、小童200銖

網 www.erawanmuseum.com/en/rate

交 BTS Pu Chao站坐車約2分鐘

曼谷7大市集好去處

來曼谷逛夜市是指定動作，今次結集7個獨具個性又好逛的市集，無論是新歡還是舊愛，或許都能讓你有驚喜！

↑↓露天廣場屬酒吧範圍，需要先在舞台旁的小攤買飲料才可使用。

場內設有大量桌椅供遊人開餐。

即點即烤的串燒，香氣逼人！

．美食集中地．

❶ 喬德夜市

Jodd Fairs，又名喬德夜市，自2021年11月開幕，交通方便，只要從MRT Phra Ram 9站步行4分鐘即可抵達。喬德夜市的攤檔大部分以食為主，少部分售賣衣飾雜貨，逾600個攤檔排列整齊，走道寬闊，並設有公共桌椅予遊人買完即食，規劃頗為完善，加上它吸納了附近因疫情暫時關閉的拉差達火車夜市的人氣檔攤，使它成為當地最受歡迎的夜市之一。要留意的是夜市將於2023年年底結業，即將由距離BTS Ha Yaek Lat Phrao站6分鐘步程的Dan Neramit夜市，以及2024年開放的Ratchada夜市取代。

> MAP・別冊 M05 B-3

地：Rama IX Road, Huai Khwang, Bangkok
時：16:00-24:00　電：(66)092-713-5599
網：www.facebook.com/JoddFairs
交：MRT Phra Ram 9站步行4分鐘
註：2023年年底結業

→著名的「火山排骨」但份量之大看著就人卻步，除非一大班人食，又或者本身是肉獸，否則建議邊掃小食更好。

泰式海鮮煎蛋

1a

Fuu Faa

說到泰國夜市的人氣小食，不可不數這間經常在不同夜市看到、以日式章魚小丸子變奏而成的「海鮮煎蛋」。採用烤章魚丸的半圓鐵板，先倒入混合蛋液、麵粉和調味料的麵糊，再放入魷魚、青口、蝦、蟹柳等材料，蓋上鐵蓋，然後在一片「咔滋咔滋」聲之下耐心等待，新鮮熱辣的雜錦海鮮煎蛋就完成了！

→雜錦海鮮煎蛋 120 銖 /8 件，烤得香口帶脆，酸甜的泰式雞醬可減去不少油膩感。

地：Block L及BlockS中間
時：16:00-24:00
網：www.facebook.com/FuuFaaTalayKrok

WOW! MAP
1　1a

手打豬肉丸

1b
Tom Yum Chom Deng Noodles

←形狀不規則的豬肉丸口感雖不算彈牙,幸好質地尚算爽口,而且勝在即日鮮製,性價比甚高。

若嫌夜市小食不能填滿閣下胃口的話,不妨試試這間粉麵店。店內有豬肉丸和魚丸兩款,可配清湯、冬蔭湯或乾拌麵。麵底可自選雲吞麵(幼麵)、河粉、米粉、金邊粉和粉絲。兩種丸子每日新鮮製作:豬肉丸以鮮肉拌入少許麵粉,口感帶點軟綿,而魚丸則由100%魚肉打成魚膠製成,外形和口感都有點像潮州魚蛋,小巧可人,味鮮爽口。價錢方面每碗粉麵僅由60銖起跳,非常抵食。

雙丸清湯金邊粉70銖
湯底鮮味清甜,屬驚喜之作。

豬肉丸每日新鮮製造,配清湯或冬蔭湯底都同樣美味。

地 Block F
時 16:00-24:00

長青椰子雪糕

1c
Coconut Ice Cream

曼谷天氣炎熱,無論到哪裡去都總想吃椰子雪糕消暑。Coconut Ice Cream就是一間專賣椰子雪糕的小店,椰子雪糕除了加入原汁原味的椰子肉外,還可加入不同配料,包括蜜糖和芒果,店內亦有售解渴的新鮮椰青水。

店外長期排滿等買雪糕的遊人。

地 Block I
時 16:00-24:00

←原味椰子雪糕59銖、芒果椰子雪糕79銖,雪糕的椰奶味較重,味道偏甜。

1b

1c

WOW! MAP

SP**061**

↓ Mango Smoothies 90銖，芒果沙冰掛上半個芒果。可以名副其實邊飲邊食。

↑大大筒的 Virgin Mojito 150銖（杯裝80銖），50銖可另加烈酒。

破格果汁沙冰

1d
1958 Cafe

買到飲品第一件事當然是相機先飲！

1958 Café在曼谷的夜市有不同分支，位於Jodd Fairs的分店以飲品和沙冰為主，並推出一系列美味又吸睛的產品，包括巨量膠筒裝Mojito、掛著大片芒果的沙冰、期間限定的榴槤沙冰等，款款都非常搶鏡。

地時網 Block A
16:00-24:00
www.facebook.com/
1958Cafedessert
anddrinks

即炒雪糕檔

1e
MONSTERS

炒乳酪雪糕 79銖 價錢已包任選兩款水果。

切碎後的雪糕壓平，用鏟子輕刮就會成為卷狀的雪糕。

↑除了擺出浮誇動作，店員還會識做地定格幾秒，非常鏡頭friendly！

遠處看到一個小檔，有位滿頭紋身的潮人對著鐵板發出「噹噹噹」的聲音，一開始還以為是甚麼熱炒小店，細看之下才知原來是「炒雪糕」！店家利用超低溫鐵板先把鮮果切碎，再混入乳酪雪糕，三兩下功夫再切切切成方形，以鏟子直割幾段再斜刮成卷狀。除了鮮果之外，客人還可以選擇朱古力醬、彩色朱古力碎等配料，鬼馬的店員會用極其誇張的方式為你服務，興之所至更會邀請客人試炒，令整個等候的過程都充滿歡樂氣氛。

地時 Block F
16:00-24:00

Nakorn Mu Burger9

漢堡包未必是夜市美食的首選，但這間漢堡店真的不得不介紹，皆因它號稱是世界首間為漢堡包加上護身符的漢堡店！「護身符印章」真身其實是一個經法師開光的佛印烙模，店員會在每個漢堡製作完成後，雙手合十，把模具壓在麵包上加持，為吃漢堡的人添上祝福。招牌菜冬蔭漢堡有雞肉及蝦肉兩種可選，全部即叫即做，單是烘麵包已經要花上5分鐘，炒香洋蔥和雞漢堡扒，加入番茄、醬汁和新鮮香草，前前後後約需時20分鐘，每份都精心炮製，玩嘢頭之餘食物質素亦具水準。

↓→烙印模經泰國法師開光加持，據稱印可為吃漢堡的人帶來好運。

一雙金佛手奉上印有佛印的漢堡

↑邊烙印章邊念經，最後粘上金箔方才完成。

↓冬蔭雞堡209銖
漢堡包外表較扁平，但食落肉汁豐盈味美，也能吃出新鮮香草的清爽，味道非快餐漢堡可比。

地 Block A
時 16:00-24:00
網 www.facebook.com/
1958Cafedessert
anddrinks

・華馬夜市・

2

Hua Mum Market & More

位於曼谷北部的高速公路旁的華馬夜市，其實不是甚麼新開的夜市，但由於遠離市中心，因此沒有太多的遊客，是以曼谷本地人為主的夜市，所以不論在商品、或是食物上的價格相對也是較便宜。至於最近這個夜市不論在曼谷，還是各地上「爆紅」的原因，就是有一間非常「出眾」的海鮮店。就由這家海鮮店開始介紹這個當地人才會去的華馬夜市。

MAP・別冊 M12 B-1

地 11 Prasert-Manukitch Rd, Khwaeng Lat Phrao, Khet Lat Phrao, Krung Thep Maha Nakhon

時 16:00-24:00、逢星期六 18:00-24:30

網 www.facebook.com/huamummarket

交 MRT Lat Phrao站乘的士約25分鐘。

・人氣小蛋糕・

2a

發順

店員非常友善，一邊做小蛋糕，一邊和等候的客人聊天。

 驟眼看這家店平平無奇，但你不能少看這家店，他是夜市內的人氣店之一。佇立在水池附近，店面沒有任何的修飾，但卻吸引了很多人在排隊。這家店賣的是即製香蘭小蛋糕，吸引了不少泰國的明星光顧。吃下去味道很香，散發出清新的斑蘭香氣，吃下去的口感有點像雞蛋仔，外層香脆，內層鬆軟，怪不得成為夜市的人氣小店。

WOW! MAP
2

2a

↑他們變裝還會耐心的招呼客人，所以他們吸引顧客的不只是他們的外表，還有他們對工作的熱誠。

越夜越有「肌」

2b
Staneemeehoi

在網路上狂播，一群穿著性感的猛男在餐廳熱情的招待客人，出處就是在這裡。這一群猛男都會變裝，唯一不變的就是那性感的裝束，與客人互動，他們熱情的招呼，令到餐廳每晚都坐無虛席。當然，除了他們之外，食物的質素也非常重要，這裡是一間海鮮店，海產新鮮就是最基本的，而且很便宜，約100銖左右，只有個別的海鮮較貴。

→這群猛男每日都變裝，以不同的性感服飾招呼客人，而且他們超會帶動氣氛，在用餐過程中感到無比的歡樂，十分敬業。

↓這個夜市不但可以逛街，還可以坐下來欣賞表演，不是猛男show，而是這裡每晚都會有live band表演，讓遊人逛到累的時候，就可以坐在一旁休息，欣賞著他們的表演。

現場 Band show

這裡不但可以坐下休息，遊人也可以欣賞他們的演出，讓遊人可以欣賞到泰國band的專業。

時休 18:00-00:00 星期一

→飲料造型手袋 350銖 造型相當鬼馬，還附贈吸管。

←牙膏造型的筆袋 290銖 這個設計非常用心，除了是個筆袋之外，還在牙膏蓋的位置設有筆刮的位置，非常用心。

↓店員很友善的讓你試背手袋，又會很熱情的介紹每一個設計。

2c
泰國自家設計手袋

佇立在樂隊的表演台附近的小店，每個手袋都是由店主親自設計，都是由泰國製造。每個手袋都各有特色，以不同的造型和圖案所設計。最令人印象深刻的就是以飲料為藍本設計的手袋，還附贈吸管，還原度十足。另外，還有一些以貓頭做設計的手袋，每一個手袋造型、樣貌都不同，十分可愛。

2b

2c

WOW! MAP

飛機底設有一個的休息空間。

飛機的機尾部份有一條滑梯，吸引了不少人在這裡拍照。

MAP • 別冊 M03 A-1

地 462/8 Sirindhorn Rd, Khwaeng Bang Phlat, Khet Bang Phlat, Bangkok

時 11.00 -23.00
(ChangChui Creative Park)；
星期二至日16.00 - 23.00
(ChangChui Plane Night Market)

網 www.changchuibangkok.com

電 (66)081-817-2888

交 BTS Siam站坐的士約30分鐘

昶隨市集(飛機市集)

3 ChangChui

2017年6月開業的昶隨市集，由早上營業至晚上，而且有很多特色小店進駐。不過這裡最出名的當然就是停泊了一架飛機，吸引了不少人特意前來拍照打卡。這個是文創市集，賣點又怎會得那麼少，還有很多藝術品，讓你感嘆泰國藝術家的設計。

復古味十足

3a 泰式雜貨店

在骷髏頭的附近，有一間雜貨店，在外以為是平平無奇，但內裡卻有濃濃的復古味。店內小小的，卻塞滿了不同的雜貨，由玩具小物，到食物、衣服，都可以再這裡找到。在店內左看右看，隨時你也會發現有一些有趣的東西，令人充滿驚喜。或許你在這裡能夠認識曼谷的過去。

時 18:00-23:00　休 星期三

WOW! MAP
3　3a

布鞋以外，還有其他的選擇。

•人手繪畫•

3b
Nine Shop 99

位於退役飛機附近的Nine Shop 99，是由泰國的設計師在衣服、手袋和鞋手繪不同的圖案。圖案大多數是以大眼可愛的小妹妹做主題，也有不同的卡通圖案，十分可愛，顏色也非常繽紛。想找獨一無二的產品，也許在這裡也會找到你的心頭好。這裡的店員也很厲害，他一眼就可以看穿腳的大小，還會推薦不同的款式。

電 (66)09-5678-0346

圖案與鞋款也非常多，而且顏色豐富。

↑ 短筒手繪布鞋
1580銖

↓ 長筒手繪布鞋
1980銖

•客製化的皮製品•

3c
The Fool's handcraft leather

在一號出口附近的皮革店，店內可以即場幫你設計所需的產品，但是由於製作需時，大多數都不能即日取得，所以想訂造的朋友就要留意。這裡的皮製品除了基本的銀包、passport套之外，還可以製作手錶帶。

網 www.facebook.com/thefool.handcraftleather
電 (66)085-3241563

→ 這裡就連錶帶也可以客製化。

↑ 客人可以按照自己的喜好選擇皮革的圖案及顏色。

3b 3c

WOW! MAP

・曼谷河畔夜市・

④

Asiatique

全曼谷最大夜市ASIATIQUE THE RIVERFRONT位於Charoen Krung Road的河畔，前身是泰王Rama V時期一間丹麥公司的碼頭倉庫，已有百年歷史。與其說是夜市，不如形容她是新形式的Outlet Shopping Complex。ASIATIQUE分成4個區域，10個倉庫，共有1,500家商舖和40間食肆；而沿著碼頭的300米海濱長廊臨海靚景「Waterfront Area」有最chic的中泰日法菜餐廳，遊客最愛的food count及食肆則設於6號倉「Town Square」區。而且商場範圍內還隱藏了「7 Wonders」，7個有關Asiatique的歷史遺跡給你邊買邊玩。

MAP・別冊 M09 A-2

地 2194 Charoenkrung Road, Wat Prayakrai District, Bangkor Laem, Bangkok
時 16:00-午夜
網 www.asiatique-sky.com
電 (66)2108-4488(查詢時間：星期一至五 09:30-18:30)
交 在BTS Saphan Taksin乘的士約50銖；於BTS Saphan Taksin 2號出口步行3分鐘到 Central Pier 碼頭乘接駁船(服務時間由17:00-23:00，半小時一班。其餘時間，亦可於相同碼頭乘坐 Chao Phraya River Express，但晚上只營業至19:00左右)

↑ 夜市內劃分成多個區域，其中6號倉庫為食肆酒吧集中地。

河畔美景摩天輪

4a

ASIATIQUE Sky

泰國最高的摩天輪「ASIATIQUE Sky」，於2012年12月15日正式開幕，高60米，共42個廂座，轉一周約15分鐘。廂座分白色的普通座及黑色的VIP座2種，最主要分別是後者採用透明玻璃地板，奉勸心血少的自遊人坐普通座好了，因為真是蠻驚險的。

↑無論從什麼角度，都看到摩天輪聳立在夜市中，發出光芒，不發一語足以吸引遊客登上歇腳和欣賞曼谷獨有的夜景。

地 2194 Charoenkrung Road, Wat Prayakrai District, Bangkor Laem, Bangkok
金 大人500銖、小童200銖(120cm以下)
網 www.asiatique-sky.com
電 66)2108-4488
(查詢時間：星期一至五 09:30-18:30)

河色彩繽紛的雪糕輪

4b

GELATO FRESCO

在熱辣辣的夜市逛街，最好就有一杯雪糕來消暑。這裡所賣的是義大利雪糕，雖然有很多不同的口味，但是略為普通。不過店員很友善的可以試吃不同的味道，挑選到喜歡才買。

義大利雪糕色彩繽紛，在炎熱的曼谷吃，更是透心涼。

→筒裝朱古力味雪糕(小) 75銖
有分筒裝及高夫，價錢及大小都有分別。朱古力的味道較濃，會吃到一點點的朱古力顆粒。

地 Wat Phraya Krai, Bang Kho Laem
時 17:00-24:00
網 www.asiatique-sky.com

4a

4b

WOW! MAP

SP069

·必到飄流市場·

⑤
Amphawa Floating Market

Amphawa Floating Market距離曼谷市中心約80公里，位於湄公河海口，在2008年被聯合國教科文組織列入世界文化遺產，是當地人最愛的假日度假勝地。河旁設有過百間特色小商店，各式各樣的工藝品、個性設計小物、道地零食，包羅萬有，遊人可以慢慢選購心水商品。在Amphawa河畔石階上有多間食店，小艇化身成小廚房，河畔的石階變成餐廳，坐在石階上邊欣賞對河岸景色，邊品嚐平價美味的海鮮小食，別有一番風味。Amphawa愈夜愈熱鬧，建議自遊人在傍晚時分到達，可欣賞黃昏下的Amphawa美景。

泰式湯河 20銖
湯底偏甜，份量偏小，適合想多試幾款小食的自遊人。

↑炭燒河蝦扇貝和沙嗲串燒 290銖
加起來只要290銖，相當抵食！

地 Amphawa, Samut Songkhram
時 星期五至日 11:00-21:30
交 BTS Ekkamai站旁的東部巴士總站，乘坐976小巴前往美功鐵路市場，再轉乘雙條車前往水上市場。

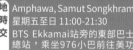

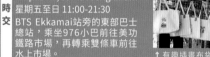

↑有趣插畫布袋，獨特又便宜，價格由150至190銖。

→泰式按摩 300銖一小時

↑Q版佛像畫

WOW! MAP

6

Damnoen Saduak Floating Market

船家售賣泰式粉麵，自遊人可以在船上或上岸品嚐，順道一覽船上的眾生相。

水上市場，即是由船夫負責划船，自遊人沿河遊覽，岸上售賣很多泰式產品，如熱帶水果、奶茶、手工藝品、芒果糯米飯等。沿途遊覽時，船家會用鐵勾掛在船上，再慢慢靠近並推銷商品。若感到興趣，就可結算取貨，是頗有趣的體驗，不過提醒自遊人，水上市場的價格一般較高，購物前請先殺價。價錢以「船」計，有人力划的、電動的、屋頂的、敞篷的幾種，一般船約10人，每人約200銖，全程40分鐘左右，水上市場絕對值得花半天遊覽和體驗。

地 Damnoen Saduak District, Ratchaburi
時 07:00-17:00 (07:00-09:00最熱鬧)
交 參加當地旅行社的半天團或包車

7

美功鐵路市場

市場的最大特色是與火車軌相連，鐵道是街市一部分，火車軌兩旁便是各式各樣的攤檔，空間非常狹窄，人們只能在火車軌上行走，每到火車到達前，廣播聲響起，各攤販便會迅速收攤，讓火車通過後，又會立即恢復原貌，繼續營業，前後不到10分鐘，十分有趣。

↓火車進場時，相當接近走道，影相的各位遊客記得要注意安全。

↓美功鐵道市場是當地最大海鮮販賣市場之一。

火車時刻表
06:20、08:30、09:00、11:10、11:30、14:30、15:30、17:40

→火車每日都有固定的到站時間，但泰國的火車常會有誤點的狀況，所以遊客最好先到站前了解天火車進場時間。

地 Mae Klong, Mueang Samut Songkhram, Samut Songkhram
交 BTS Ekkamai站旁的東部巴士總站，乘坐976小巴前往。

WOW! MAP

6   7

水療用品及護膚品篇
HOME SPA!

個個去到曼谷都會至少做一次按摩或者Spa，每次做完都悔恨做得不夠多，總是心思思想回頭再享受一番。與其羨慕本地人可以日日平做Spa，不如把Home spa產品帶回家，望望梅止止渴吧！

鷄蛋花香味身體乳液 — 990銖

質地輕盈，內含少量香薰精油，淡淡的香氣令人心曠神怡。

Rayamanee

椰子身體乳液 — 990銖

加入椰子油、可可巴油和青瓜精華，滋潤之餘氣味清新，採用椰子殼作器皿甚有泰國風情，用來做手信也不失禮。

Phutawan

走珠裝香薰精油 — 150銖

沒有添加酒精成份，可直接在皮膚上使用，氣味清爽自然。

椰子草本牙膏 — 190銖

有機椰子油、葉綠素複合物和維生素C，有助減少牙垢形成，保持口氣清新。

MAP別冊 M03 A-2

- 地 MBK Center, 3B-30, 3/F
- 時 10:00-21:00
- 網 rayamanee.com
- 電 (66)02-048-0537
- 交 BTS Siam站2號出口天橋直達

MAP別冊 M03 A-2

- 地 MBK Center, 3B-38, 3/F
- 時 10:00-20:00
- 網 phutawanshop.com
- 電 (66)02-756-7170
- 交 BTS Siam站2號出口天橋直達

有機米糠美白身體乳液250ml — 290銖

美白和防曬二合一的乳液蘊含豐富的米糠精華、橄欖油和葡萄籽油，有助延緩皺紋和黑斑形成。

ARB-IMS

米糠鷥絲潔面手指皂 — 390銖/24粒裝

細膩的鷥絲可去除角質污垢，皂底加入含維他命E和礦泉質的酸乳萃取物，有助保持肌膚潤澤。每粒可重複使用3-5次。

MAP別冊 M11 C-2

- 地 Chatuchak Section11 192 12/7
- 時 星期六日 09:00-18:30
- 電 (66)80-914-5165
- 網 www.arbims.com
- 交 MRT Chatuchak Park站1號出口

 MUST BUY 泰國

SP**072**

Beauty Buffet

Q10牛乳沐浴露 199銖
牛奶成份可滋潤肌膚，氣味香甜。

牛乳美白睡眠面膜 169銖
含豐富的牛奶精華及蘆薈成份，能為肌膚深層美白及保濕。

MAP 別冊 **M03 C-2**

地 Siam Square One, Floor 1, Room 074 - Rama 1 Road, Pathumwan , Pathumwan , Bangkok
時 10:30-19:00
網 www.beautybuffet.co.th
交 BTS Siam站2號出口天橋直達．

ROYAL PROJECT SHOP

驅蚊香草噴霧 139銖
混合天然迷迭香精油的噴霧可防蚊和提神。

檸檬草精油 80銖

MAP 別冊 **M12 A-2**

地 101 Kamphaeng Phet Rd, Chatuchak, Bangkok
時 星期一至五 08:00-18:00、星期六日 07:00-18:00
網 www.royalprojectthailand.com
電 (66)02-279-1551

BOOTS

迷你眉筆 49銖

迷你黑色睫毛液 49銖

BOOTS自家出品的面膜 各39銖

地 曼谷各區
網 www.boots.com

SP**073**

零食雜貨篇
Snacks & Groceries

Makro

固力果百力滋 46銖/盒

泰國限定口味，每盒有 12 包。

泰國的零食雜貨，又抵買又實用，一直以來都是不少遊客來泰的手信目標，以下推介10款集惹味、廉宜、輕便於一身的正斗手信！

咖哩醬（400g） 65銖

可拌入肉末乾炒，或加入椰奶煮成湯咖哩，非常方便。

泰國限定樂事薯片(24g)

口味包括有泰式船麵、冬陰功火鍋、青木瓜沙律、燒雞和蝦醬等口味。

MAP 別冊 **M13 A-4**

地 521 521/27 Charan Sanit Wong Rd, Bang Khun Si, Bangkok Noi, Bangkok
時 06:00-22:00
網 www.siammakro.co.th
電 (66)02-000-8040
交 MRT Fai Chai站步行約9分鐘

BIG C

辣味魷魚 18銖/塊

鹹蛋黃泡麵 60銖

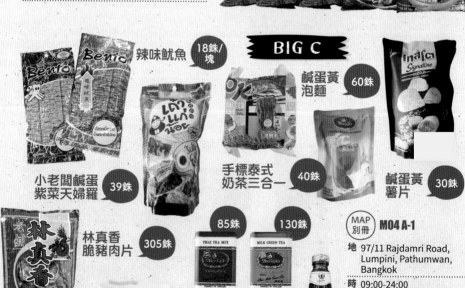

小老闆鹹蛋紫菜天婦羅 39銖

手標泰式奶茶三合一 40銖

鹹蛋黃薯片 30銖

林真香脆豬肉片 305銖

泰國紅茶 85銖　**泰國綠茶** 130銖

香蕉乾 45銖

泰式雞醬 305銖

MAP 別冊 **M04 A-1**

地 97/11 Rajdamri Road, Lumpini, Pathumwan, Bangkok
時 09:00-24:00
網 corporate.bigc.co.th/en/
電 (66)02-250-4888
交 BTS Chit Lom1號出口沿天橋步行約7分鐘，位置就在Central World對面。

脆芒果乾 **55銖**

使用優質芒果冷凍加工，保留了原來的天然風味，味道香脆可口，每袋35克。

ROYAL PROJECT SHOP

皇家牛乳片 **18銖**

皇家蜂蜜 **40銖**

洋甘菊茶 **150銖**

洋甘菊混合百里香的茶包，有助放鬆身心，每盒20包。

MAP 別冊 M12 A-2

地 101 Kamphaeng Phet Rd, Chatuchak, Bangkok

時 星期一至五 08:00-18:00、星期六日 07:00-18:00

網 www.royalprojectthailand.com

電 (66)02-279-1551

交 MRT Fai Chai站步行約9分鐘

Gourmet Market

Curry Set **120銖**

Tom Yam Chili Paste **60銖**

冷壓初搾椰子油 **325銖/350ml**

Dargon's Cuisine 魚露 **49銖**

Thai chili paste **大107銖 中48銖 小32.25銖**

草本美白牙膏 **209銖**

MAP 別冊 M06 A-2

地 G/F, EmQuartier, 689 Sukhumvit Road., Klongton, Klongtoey, Bangkok

時 10:00-21:00

網 www.theemdistrict.com

電 (66)02-269-1000

交 BTS Phrom Phong站1號出口有天橋直達

KING POWER免稅店

原味椰卷及紫薯脆皮卷 **各205銖**

MAP 別冊 M08 A-2

地 114 Naradhiwat Rajanagarindra Rd, Silom, Bangrak, Bangkok

時 10:00-22:00

網 kingpowermahanakhon.co.th

電 (66)02-677-8721

交 BTS Chong Nons站步行約3分鐘，King Power Mahanakhon內。

● 潮流與傳統的結合

曼谷

bangkok

往來曼谷交通

Suvarnabhumi Airport(BKK)	City line 約30分鐘 45銖	Phaya Thai
Don Mueang International Airport(DMK)	機場巴士 約45分鐘 50銖	BTS Ratchadamri

作為泰國首都的曼谷，一向以其東方氣質與悠閒氣氛成為不少自遊人的理想旅遊點，再加上多個近年新增的多個發展及建築計劃，令曼谷成為愈來愈受愛蒲、愛玩、愛「hea」、愛shopping、愛美食，又愛享受的自遊人歡迎，將曼谷「天使之城」的美譽盡情表現。

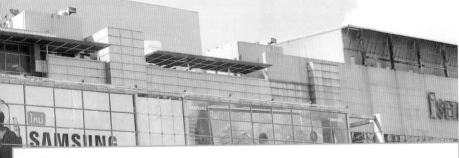

曼谷旅遊資料

來往曼谷市內的交通

由於曼谷市內的塞車情況非常嚴重，BTS空鐵和MRT地鐵成為了最受遊客歡迎的交通工具。

■ 空鐵（BTS）

曼谷的空鐵 (Bangkok Mass Transit System) 簡稱 BTS，分別有 Sukhumvit 和 Silom 兩條線。　網 www.bts.co.th　　時 06:00-00:00

■ 空鐵路線介紹

Silom 線人氣車站：
Bang Wa　Saphan Taksin　Sala Daeng　Siam　National Stadium

Silom線

Silom 線以深綠色代表，途經多個著名觀光購物區 Saphan Taksin、Sala Daeng 及 Siam 等，全程共 14 個車站，連接了市中心與位於湄南河邊的 Saphan Taksin，可以轉船到湄南河對岸及臥佛寺等觀光名勝地區。

Sukhumvit線

Sukhumvit 線人氣車站：
Mo Chit　Siam　Chit Lom　Asok　Phrom Phong　Thong Lo　Ekkamai　Bearing　Samrong

以淺綠色代表北起 Khu Khot，途經多個 Shopping 逛街熱點 Siam、Chit Lom、Phloen Chit、Asok 等直達 Kheha，全程共 48 個車站，貫通了曼谷市中心東面和北面的地區，是曼谷最重要的大型運輸路線。

■ 使用自動售票機購買單程車票

1. BTS 路線圖

2. 自動售票機

1. 在路線圖上找出目的地所在區域 (Zone)
2. 在機上選擇所需數字 (Zone)
3. 投入輔幣，只接受 5、10 或 20 銖 (部份只接受 5 和 10 銖)
4. 取車票
5. 取回找贖

■ 各種空鐵車票

↑空鐵售票處，可購買各種車票或補票

↑單程票

單程票

空鐵單程票的票價由 16 銖起，約每兩個車站加 10 銖，最高為 44 銖，車票除了可以在售票處購買外，亦可以在自動售票機購買。

一日乘車券

如果打算沿著空鐵路線遊玩，並穿梭幾個不同地點的話，購買一日乘車券就最適合不過了。一日乘車券售 150 銖，可於一日內無限次使用兩條空鐵路線。

■ 泰國八達通 (Rabbit Card)

曼谷空鐵 BTS 推出了類似香港八達通 Rabbit card，除了可用於乘搭 BTS 外，更可用於商戶消費。Rabbit Card 分為成人、兒童和長者三種。成人卡基本收費為 200 銖（包含行政費 200 泰銖及 100 泰銖儲值額）。由 2019 年開始 Rabbit Card 實施實名制，旅人需要用 passport 購買。

網 www.rabbitcard.com

■ 地鐵 (MRT)

曼谷地鐵 (MRT) 由 Bangkok Metro Public Company Limited 經營，分藍色線及紫色線，藍色線由 Tha Phra 站到靠近曼谷的 Lak Song 站，共 38 個站，紫色線由 Khlong Bang Phai 至 Bang Son，共 16 個站。兩線共有 54 個車站，其中 5 個站可以轉乘空鐵。2019 年 MRT 紫色線開通，共有 16 個站。由較北的 Khlong Bang Phai 站到靠近曼谷的 Tao Poon 站。最新的黃色線於 2023 年 6 月開通，由曼谷北面的 Lat Phrao 站至北欖府的 Samrong 站，全程將設 23 個車站。曼谷地鐵每天服務時間由早上 6 時到午夜 12 時，平時約 7 分鐘一班，而繁忙時間則增至每 5 分鐘一班。

網 www.bemplc.co.th

儲值車票

MRT 有自己的獨立儲值卡，分為成人、長者及兒童三種。成人卡基本收費為 180 銖（包括 30 銖手續費，50 銖按金和 100 銖的可使用儲值）。

■ 各種地鐵車票

單程票

曼谷地鐵以代幣作為車票，成人車票可以在自動售票機或票務處購買，而小童或長者車票則只可以在售票處購買。

■ 使用自動售票機購買單程車票方法

單程車票自動售票機

1. 在螢光幕上點選英語 (English)

2. 選擇目的地車站

單程車票

4. 取回代幣及找贖

3. 投入現金，售票機接受紙幣及硬幣。

■ 篤篤 Tuk Tuk

篤篤是曼谷最具特色的交通工具，車廂採用開放式設計。篤篤沒有指定收費，司機會按距離及估計乘客的能力開價，一般以開價三分一或半價成交較為合理。加上部份司機可能不懂英語。

■ 巴士

(66)02-246-0973

普通巴士 Regular Bus(沒有空調) 路線最多，車費全程約 7 至 8 銖。空調巴士 Air Conditioned Bus 車費由 9 至 19 銖不等，視乎距離而定。另外，BMTA 亦有一些通宵巴士 All-night Service Bus 路線，服務時間由 23:00 至 05:00，車費 8 銖。

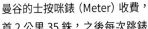

■ 的士

曼谷的士按咪錶（Meter）收費，首 2 公里 35 銖，之後每次跳錶 2 銖，不同顏色的的士代表所屬公司，收費相同，司機及其註冊資料都展示在車廂內，若有不滿之處，可向泰國旅遊局投訴。

乘坐的士注意事項：

1. 上車時可主動請司機按咪錶（泰文說：「METER」）收費。

2. 多數司機都微懂主要景點、地區英語發音各自遊人可利用本書提供的泰文地址。

3. 由於曼谷市中心塞車問題嚴重，坐的士可能需要一點耐性。

■ 湄南河觀光遊覽船（藍旗）

2012 年正式成立，在湄南河一帶設有 9 個碼頭，包括 Asiatique (僅在 16:00 - 18:00 服務)、ICONSIAM、鄭王廟、瑪哈拉碼頭等旅遊景點提供可隨時上下船的乘船遊覽服務，當中 Central Pier 和 ICONSIAM 碼頭可轉乘 BTS 空鐵，而 Rajinee 和 Ratchawongse 碼頭則可連接 MTR 地鐵線。遊船時間每日 09:00 - 20:30，每 30 分鐘發船。

Central Pier

chaophrayatouristboat.com

暹邏 Siam

奇隆 Chit Lom

■昭拍耶河水上巴士 Chao Phraya Express Boat

穿梭於昭拍耶河上，分橙色、黃色、綠黃色及紅色線，當中以橙色線價錢最平（16 銖），停泊站數最多而且班次最密；紅色最貴（50 銖），停泊站數最少而且班次最疏。每天早上 6 時開始有水上巴士往來於南面的 Sathorn（BTS Saphan Taksin）及北面的 Nonthaburi，尾班船 17:00，約 15-30 分鐘一班（* 頭尾班船及班次時間於週末及各顏色專線略有不同）。

網 www.chaophrayaexpressboat.com

船期表　水上巴士圖

■水上巴士及觀光船

曼谷與其他城市、地區之交通

■長途巴士

路線遍及泰國各大小城市、景點，雖然乘車時間較長，但價錢較便宜，十分受當地人及自遊人歡迎。Eastern Bus Terminal 為曼谷市內主要的長途巴士總站。

熱門路線簡略資料：

往芭提雅：
車程	約2.5小時
車費	約150銖
班次	05:30-23:30

往羅勇：
車程	約3-4小時
車費	約180銖
班次	04:30-22:50

Eastern Bus Terminal

位於 BTS Ekkamai 站的隔鄰。大清早 4 時到凌晨 12 時都有不同種類及班次的巴士開往泰國東部地區（如芭提雅及華欣）。乘車時間稍長，由 1 小時到 3 小時不等，但價錢便宜。

地 Next to Ekkamai BTS Station, Sukhumvit Road , Bangkok.
電 (66)02-391-6846
交 Ekkamai BTS站2號出口

■火車

Hua Lamphong Railway Station

百年歷史的 Hua Lamphong 中央火車站是 24 小時開放，有不少乘客會在車站打地鋪過夜，目的是可以趕乘凌晨的第一班車到達目的地；由於長期有守衛及警崗，因此非常安全。

網 www.thairailways.com

■活動 / 節日船期表

時間	節日	內容	地點
1月中旬	King Ram Khamhaeng the Great Day 國王日	為向國王表達敬意而設的一連串節目，包括 Krabi Krabong（劍術表演）、傳統泰國體育項目表演等，晚上會舉行演唱會，由泰國的歌手們以歌聲向國王表達敬意。	歷史公園
4月上旬	Thai Kite, Sport and Music Festivel 風箏、運動及音樂節	一年一度的風箏節，參加者不斷創新各種新奇的圖案和結構骨架，以Chula-pakpao風箏競賽表現出泰國的傳統運動和音樂。	曼谷市中心
4月中旬	Thailandi Grand Songkran Festival Bangkok 泰國宋甘潑水節	根據傳統，人們將水潑到僧侶的身上表示對他們的敬意，時至今日，所有人都會在潑水節盡情頑皮，將水潑到其他人的身上。	各主要街道及景點
9月中旬	Thailand International and Traditional Thai Long Boat Races 泰國國際船賽	是老祖先所留下的運河上的文化遺產，比賽分為22人組（國際標準組）、30人組及55人組（泰國傳統長舟組），在主要運河上進行比賽。	湄南河
10月最後一個星期	The Illuminated Boat Procession 燈船遊行慶典	一年一度的燈船遊行慶典，每年在佛教齋戒的最後一天在湄公河舉行，同時船上將準備各式各樣的貢品，等到晚上將它在放入河中漂流。之後，還有漂亮精彩的街道花車遊行及藝文表演。	湄南河
11月下旬	Loi Krathong Festival 水燈節	有多姿多彩的遊行及各式的放水燈儀式。人們會在黃昏在河邊聚集，把用芭蕉葉做成的蓮花燈，緩緩放流水中，目送它們飄向遠方，情景既傳統又浪漫。	湄南河
11月下旬	曼谷馬拉松	曼谷盛大的馬拉松比賽，是曼谷重要的活動之一，吸引許多世界級的馬拉松選手及泰國當地選手參加。比賽包含全程馬拉松及迷你馬拉松等不同級數比賽。	曼谷市中心
12月	Bangkok Jazz Festival 曼谷爵士音樂節	為期一個月的曼谷爵士音樂節，邀請世界各地的知名藝術家同場表演爵士樂。	曼谷市中心

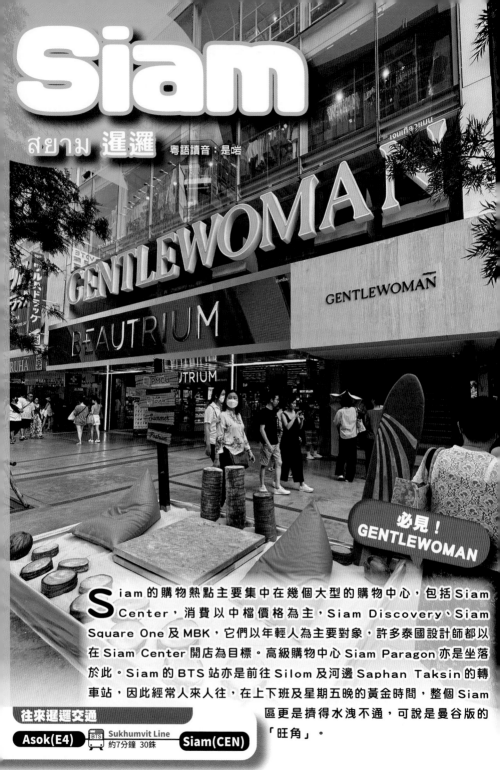

Siam

สยาม 暹邏　粵語讀音：是啱

必見！
GENTLEWOMAN

Siam 的購物熱點主要集中在幾個大型的購物中心，包括 Siam Center，消費以中檔價格為主，Siam Discovery、Siam Square One 及 MBK，它們以年輕人為主要對象，許多泰國設計師都以在 Siam Center 開店為目標。高級購物中心 Siam Paragon 亦是坐落於此。Siam 的 BTS 站亦是前往 Silom 及河邊 Saphan Taksin 的轉車站，因此經常人來人往，在上下班及星期五晚的黃金時間，整個 Siam 區更是擠得水洩不通，可說是曼谷版的「旺角」。

往來暹邏交通

Asok(E4)	BTS Sukhumvit Line 約7分鐘 30銖	Siam(CEN)

① Gen Z潮牌集中地
Siam Square

BTS Siam站旁邊的第一街至第七街統稱為
Siam Square，是一個聚集大量小眾品牌和特
色食肆的購物區，向來都廣受泰國年輕人歡
迎。近年韓風侵襲全球，這裡的店舖也受韓風
影響，與本地文化和潮流結合，形成一陣的韓
泰混合的獨特風潮。

↑ Siam Square 是最能反映體驗曼谷時尚的地方。

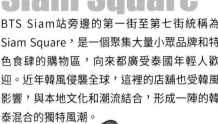

MAP 別冊 **M03 C-2**

地 Siam Square, Pathum Wan, Bangkok
交 BTS Siam站步行約3分鐘

①a 人氣選物店
Frank! Garcon

泰國的獨立品牌向來以創新和有個性見稱，
可惜他們大多只經營網店而沒有實體店舖，
這間Frank! Garcon正正就是一家集合眾多獨
立品牌的選物店，人氣網牌如getricheasy、
alternates、Madmatter和BFF.Boyfriend
Forever等都可在這裡找到。

→ Frank! Garcon 亦有出品自家設計
的衣飾，風格簡約，受年輕一代歡迎。

↑ 不少沒有實體店的品牌都會選擇在
Frank! Garcon 上架。

← JapfacLively
Mini Bag 690 銖

→ Y2K 年代
的踩地雷 Key
Chain 120 銖

↑ 樓梯貼上卡式帶，吸引不少人打卡。

→ Give me
museums 油彩
漁夫帽 520 銖

MAP 別冊 **M03 B-2**

地 236/6 236/7 Siam Square Soi 2,
Pathum Wan, Bangkok
時 星期一至五10:30-20:30、星期六
日11:00-20:30
網 frank-garcon.com
電 (66)063-956-4242
交 BTS Siam站步行約3分鐘

1   1a

↑「Sticker Land」除了售賣不同風格的貼紙外，也售賣串珠飾品、電話配件和賀卡。

1b 千禧少女的世界
Daddy And the Muscle Academy

時裝界向來崇尚復古，韓國的千禧風格如今也吹到泰國！Daddy And the Muscle Academy走俏皮浮誇的Y2K路線，品牌的衣服和飾品以鮮艷的顏色、搶眼的設計為主，帶著可愛甜美的氛圍，成功吸引本地以至海外的年輕人追捧。位於Siam Square的門市樓高兩層，地下分成售賣衣服和配飾的時裝部、文具部和雜貨部，以及專售貼紙的Sticker Land，二樓則設有一間Café及兩部貼紙相機。

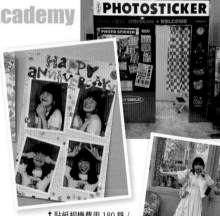

↑貼紙相機費用 180 銖 /張、300 銖 /2 張

→店內每個角落都令人有擺 Pose 拍照的魔力。

MAP 別冊 M03 B-2

地 422, 5 Siam Square Soi 2,
Pathum Wan, Bangkok
時 11:30-20:30
網 daddy-stickerland.com
電 (66)098-353-4155
交 BTS Siam站步行約3分鐘

↑ Daddy Oh! My Lamb Folder 130 銖，可愛的綿羊A4 文件夾，無論是上學還是工作使用都份外精神。

→ Yankees Baby Tee 490 銖

↑ Riot Girls Tote Bag 490 銖

↑店內陳設極具青春氣息，感覺就似回到中學時代一樣。

1c 泰國爆紅

GENTLEWOMAN

2018年創立的泰國時裝品牌GENTLEWOMAN以網店起家，品牌以時裝設計鼓勵女性獨立自主，為她們的衣櫃增添多元化與時尚的選擇。座落在Siam Square的旗艦店樓高4層，二樓至三樓售賣時裝、休閒服和泳裝，頂樓則是手袋專區，除了有印上自家品牌名的人氣帆布Tote Bag外，也有Micro Puff、Painted Wall和Shopping Tote Bag，同層還有生活用品區和咖啡廳。

↑ GW Canvas Tote Bag 590
銖，品牌的人氣帆布袋經常缺貨（甚至一上架就瞬間被水貨客掃光），有幸見到就要把握機會。

↑ 薄荷綠織袋 1,290 銖

↑ 一幢四層的旗艦店設計寬敞，有多個座位予客人休息。

MAP 別冊 **M03 B-2**

地 236/6 236/7 Siam Square Soi 2, Pathum Wan, Bangkok
時 10:00-19:00
網 www.gentlewomanonline.com
交 BTS Siam站步行約4分鐘

↑ 品牌的童裝系列極受潮媽歡迎。

1d 觸動少女心

NINETIES Club

2023年3月創立的NINETIES Club風格甜美簡約，是一個以90年代復古風掛帥的流行時裝品牌。Siam Square店樓高兩層，以紅白為主要色調。一樓主要售賣當季最新的款式，而二樓則是主要售賣上季衣飾Outlet，此外亦有近期非常流行的貼紙系列。

↑ NINETIES 2023
T-shirt 390 銖

→ 小熊短 Tee 390 銖

MAP 別冊 **M03 B-2**

地 Siam Square Soi 2, Pathum Wan, Bangkok
時 星期一至四 10:00-21:00、星期五至日10:00-22:00
網 www.facebook.com/Nineties design.official
交 BTS Siam站步行約4分鐘

1c　　1d

1e 斑點狗主題Café

Dalmatian

魁梧的白色身軀配上亮麗的黑色斑點，溫馴可愛的斑點狗一直都深受大眾喜愛。Siam就有一家來自首爾的斑點狗主題Cafe —— Dalmatian。咖啡廳樓高四層，每層都有不同的掛畫、雕像等斑點狗主題裝置予人留影。4樓天台置有承襲自首爾總店的戶外噴水池，店員會每天在池中放置新鮮花卉，流動的水與繽紛的鮮花相互輝映，是店內最具人氣的打卡點。

↑ Strawberry Pancake 420銖
班戟意外地蓬鬆美味，士多啤梨香甜，惟忌廉不夠滑溜。

傍晚時份天台亮起小燈泡，別具氣氛。

↑ Blooming Ade 160銖 (前)、Milk Tea 150銖 (後)

MAP 別冊 **M03 B-2**

地 424, 2-4 Siam Square Soi 7, Pathum Wan, Bangkok
時 星期日至四 09:00-22:00、星期五六及假期 09:00-24:00
網 www.instagram.com/dalmatianth
電 (66)082-565-5565
交 BTS Siam站步行約4分鐘

↑ 全日供應的招牌早午餐。

↑ 霓虹燈下的鏡子當然也是大家Selfie的好位置。

↑ 店內不同角落都有與斑點狗的裝飾。

WOW! MAP
1e

② 打造年輕新形象
MBK Center

隨著一間間新商場開幕，1985年開幕的MBK Center吸引力似乎愈來愈小。疫情後泰國旅遊業逐漸復興，商場決心重整旗鼓以吸引人流，除了進駐知名食肆外，每月更會免費舉辦泰拳拳賽、泰國傳統舞蹈等表演。此外，商場也經常舉辦偶像見面會、音樂會、遊戲對戰賽等非定期活動，成功吸引不少年輕人。

MAP 別冊 **M03 A-2**
- 地 MBK Center, 444 Phayathai rd, Pathumwan, Bangkok
- 時 10:00-22:00
- 網 www.mbk-center.co.th
- 交 BTS Siam 站2號出口或於National Stadium站3號出口有天橋直達

每月舉行一次的泰拳比賽，入場費全免。

↑ 7樓有電子遊戲中心、桌上遊戲專門店和 BNK48 Digital Live Studio。

2a 化身泰國貴族
Thai Style Studio since 1984

到日本你會穿著和服，到韓國就會穿著韓服，來到泰國，又怎能不試穿一下泰服呢！這裡有不同的服飾選擇，最受歡迎的就是泰國貴族的傳統服飾。另外，也可以選擇傳統的結婚服飾。除了提供服飾之外，還有化妝、set頭及不同的飾物，讓遊人可以以一個價錢，感受傳統泰服的魅力。著好泰服，就有攝影師幫遊人拍攝留念，攝影師還會教你擺pose展現最獨特的泰式風味。一個價錢除了包含服裝和化妝等等外，還包含沖曬照片的費用，「泰」超值了。

有專人為你整靚靚個頭，並且戴上頭飾。

一切準備好，攝影師就會教導遊人擺pose，讓照片拍出來的時候更專業。

- 地 3C-09, 3rd Floor, MBK center, 444 Phayathai Rd, Pathum Wan, Bangkok
- 時 10:00-20:30
- 金 2,000銖起/1人
- 網 thaistylestudio1984.com
- 電 (66)02-048-7136
- 交 BTS Siam 站3號出口或於National Stadium站號出口有天橋直達

2

2a

WOW! MAP

曼谷資料

暹邏 Siam

奇隆 Chit Lom

2b 自然之美
Phutawan

泰文Phu-Tawan意即「山與陽光」，宗旨是透過天然的植物為客人注入能量，以天然及可持續的方式製作不同的產品，因此特別著重原材料的品質，其椰子系列的原料乃取自泰北有機農場，而其他原料如乳木果、堅果油等亦符合國際生態中心ECO CERT和美國農業部USDA有機認證。皇牌產品是採用純椰子油製作的身體護理系列。

地 3B-38, 3/F
時 10:00-20:00
網 phutawanshop.com
電 (66)02-756-7170

↑ 椰子磨砂膏 250 銖，使用椰子殼磨碎而成的天然磨砂。

→ 350 銖，由100%可降解的大豆蠟製成，可點燃36小時。

↑ 有機椰子潤唇膏 120 銖，成分包括純椰子油、蜂蠟和乳木果油，有助保濕，滋潤雙唇。

2c 天然草本精華
Rayamanee

Rayamanee雖然在泰國的名氣比較小，但是她們的產品同樣是來自泰國，以天然草本的成份製造成精油、香薰及身體護理的產品。而且在成份上沒有加入任何的酒精，相當純正。產品的包裝也很精美，送人或自用都非常適合。

地 3B-30, 3/F
時 10:00-21:00
網 rayamanee.com
電 (66)02-048-0537

←泰國茉莉花浴鹽 690 銖

↓椰子身體磨砂 990 銖

WOW! MAP
2b 2c

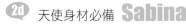

2d 天使身材必備 Sabina

泰國本土品牌，專賣女生內衣，有不同的副線，這個品牌以輕熟女為主，有較多的蕾絲。而且罩杯的size較大，所以上圍較豐滿的姊妹也可以在這裡買到合適的內衣。價錢方面亦相當相宜，姊妹們不妨多買幾套。

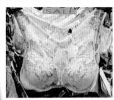

↑ 胸圍 840銖
款式較為成熟，而且罩杯選擇多。

地 1A-15, G/F
時 10:00-21:00
網 www.sabina.co.th/en/storelocations
電 (66)02-626-0491

2e 地球之友

LEMONGRASS HOUSE

1996年由Mr. Bobby Duchowny 及Mrs. Palita Duchowny夫婦成立的泰國品牌，品牌最初在翟度翟起家，創辦人致力研究由不同植物粹取物製成療效各異的精油，並加入日常保養用品中，所有產品均無添加化學品，而且連包裝的瓶罐都是可以回收的物料製成，絕對可稱得上是Eco-friendly。

↑ 香茅驅蚊液180銖
(大)、100銖(小)，香茅味濃郁，驅蚊力超強！

↑ 幸福精油180銖，融合檸檬、橙花阿佛手柑精油，味道清新。

↑ 白蘭花香薰面膜　330銖，內含可滋潤皮膚的牛油果油、深層潔膚的高嶺土和清香的白蘭花粹取物。

地 2C-47, 2/F
時 10:00-21:00
網 lemongrasshousembk.com
電 (66)09-3742-8287

↑ 自創辦人以遺棄的貨櫃作布吉總部的辦公室，此後LEMONGRASS HOUSE的室內裝潢均以貨櫃為藍本。

WOW! MAP

2d　　2e

089

↑小辣木瓜沙律 75銖
木瓜絲配合脹卜卜的炸豬皮，香脆之餘醬汁微辣刺激味蕾，微微的檸檬汁香味，好開胃。

Hot & Spicy
BBQ Pork Salad 85銖

沙律即叫即做，保證新鮮。

3 泰式沙律專店
Som Tam Nua Papaya Salad

在香港食過泰式超辣木瓜沙律，辣得印象難忘；到曼谷要吃沙律，緊記要到Som Tam Nua沙律專門店，因為款式多之餘又即叫即做，非常新鮮，可自選不同的辣度，而且效率快，5至10分鐘就有得食。雖然店外經常大排長龍，但由於屬快餐小食，所以人流快；晚上則要等較長時間，不過絕對值得等待。

MAP 別冊 **M03 C-2**

地 392/14, Siam Square Soi 5, Rama 1 Road, Pathumw`an, Bangkok
時 11:00-22:00
網 somtamnua.business.site
電 (66)02-251-4880
交 BTS Siam站4號出口步行約3分鐘

4 曼谷藝術文化中心
Bangkok Art and Culture Centre

位於MBK對面的Bangkok Art and Culture Centre，外形以白色弧形牆身建築，非常易認，內裡同樣是環形結構。座落於市中心，為要讓人們把生活及藝術融合，並能提供給藝術家聚會的場所。樓高11層的藝術中心，4、7至9樓是主題展覽區，會定期舉辦當代藝術展覽，費用全免，5樓為音樂廳，圖書館則在L/F，有各國的藝術書籍、電腦上網及兒童閣，讓孩子們也可一同感受及接觸藝術。2至4樓則有細小的藝廊、咖啡店及售賣精品的小舖。

七彩老虎頭，小朋友們也很喜愛。

MAP 別冊 **M03 B-1**

地 939 Rama 1 Road, Wangmai, Pathumwan, Bangkok.
時 10:00-20:00
休 星期一
網 www.bacc.or.th
電 (66)02-214-6630
交 BTS National Stadium站3號出口可直接通往3樓

WOW! MAP

3　　4

5 巨型商場
Siam Paragon

Siam Paragon被譽為東南亞面積最大的高級商場，很多時裝界的盛事都會在Siam Paragon舉行。商場佔地50萬平方米，5層樓高，主要分為3部份：酒店及高級住所、巨型高級購物消閒中心及超大型人工湖公園。購物商場內除有不計其數的超級國際名牌及本地高級設計師品牌外，還有The Paragon百貨、Gourmet超級市場、Siam Ocean World等及可以容納過千人的美食廣場等。

↑位於地庫的Food Hall，整整有半個商場之大，雲集世界各地美食，只要購買一張儲值咭，便可前往各個檔口，選購自己喜愛的美食。

MAP 別冊 **M03 C-1**

地 991 Rama 1 Road, Pathumwan, Bangkok
時 10:00-22:00
網 www.siamparagon.co.th
電 (66)02-610-8000
交 BTS Siam站3號出口

↑遊人可參加水族館的特別導賞團：乘坐玻璃小艇從水族館上方俯瞰水族箱內的海洋生物。

You Tube 上網睇片

5a 海底揭秘
BangkokSealife OceanWorld (BF)

Siam Paragon最引人注目的莫過於這個斥資逾億泰銖建成的水族館BANGKOK Sea Life OCEAN WORLD。內裡的設施包括觸摸池、玻璃小艇、鯊魚區玻璃步道、海底隧道和極地企鵝區等。而這個水族館最值得推介的，就是它的位置正正處於Siam Paragon的地庫，就算逛街的時候小朋友突然「發作」都可以即時帶他們去玩一轉放電，對攜幼同行的旅客來講可算是極為方便。

↑和朋友一起探頭拍照吧！

←鯊魚區的上方設有一條玻璃步道，兇猛的鯊魚會隨時在你腳下出現！

時 10:00-20:00
金 大人1,251銖、小童(3-11歲)及長者(60歲以上)1,071銖
網 www.sealifebangkok.com/cn

5

5a

WOW! MAP

↑地方超大，逛得很舒服。

→冬陰功粉絲料理包 85銖
有時候離開了泰國，就會懷念
泰國的美食，所以可以在超市
買一些料理包回家煮。

5b 一站式掃貨
Gourmet market (GF)

遊人去超市掃貨，一定都會到BIG C，但人山人海，單是結帳，可能也要等超過10分鐘，而且買了大包小包之後，還要迫BTS回飯店，的確很令人崩潰吧。不緊要，現在位於Siam Paragon的Gourmet market不但地方很大，並提供退稅服務！而且還提供打包及送貨服務，讓遊人瘋狂購物之後，可以輕鬆轉場再買。

時 09:30-22:30
網 gourmetmarket
thailand.com
電 (66)02-269-1000

5c 純素甜品
VEGANERIE Soul (GF)

很多人會誤會素食概念就是不吃肉，但其實「素」更可細分為連蛋和奶都戒掉的純素。在曼谷想找純素餐廳已經難，找純素甜品更是難！幸好這間以素食甜品掛帥的VEGANERIE，店內的甜品100%用上植物製品，連甜品最重要原料蛋、奶和牛油都以豆漿、椰奶和植物油代替，據說比一般甜品少30%脂肪，且同時減少容易致敏成份如牛奶和麩質，減肥中的女生和易敏感人士都非常適合。

←Granola soy yogurt p
165銖
採用燕麥、豆漿和乳酪製成的

↑草莓鬆餅 80

→Cookies N'Milk 120銖
曲奇以菜油製作，入口較淡，蘸上極具
豆香的豆漿，相輔相乘，非常搭配。

時 10:00-19:30
網 www.veganerie.co.th
電 (66)02-258-489

↑冬蔭功 150 銖
冬蔭功用料十足，加上薄脆增加口感。

5d 打工仔最愛 Food Hall

位於Siam 中心商業區的Siam Paragon內的Food Hall，面積
方面雖然不及其他的美食廣場那麼大， 但是勝在夠方便。食
物方面，不僅有泰國料理，還有
日式、印度、越南、甚至中式
的料理，非常多元化，無論
喜歡甚麼國家料理，這裡都
能夠滿足你。

→芒果糯米飯
120 銖

↑海南雞飯 80 銖

→ Food Hall 的
Food court card

時 10:00-22:00　網 www.siamparagon.co.th

↑海鮮的種
類超多，而
且有很多不
同的做法，
可以滿足到
不同口味的
朋友。

6 多款煮法的海鮮任食
Burn Whale

↑店內的空間有
點擁擠，但是以
木造設計，非常
有特色。

泰國食海鮮非常便宜是眾所周知的事，這間放題更用一個很相
宜的價錢，不但可以食到不同的海鮮，更有不同的煮法，讓食
客不會獨沽一味，可以試試不同的口味。另外，這裡的生蠔同
樣是任食，新鮮飽滿。不吃海鮮的人也不用擔心，因為這裡還
有其他的選擇。不過缺點是店內的空間較為狹窄，以及部分飲
品需額外付費。

MAP 別冊 M03 C-2

地 5F, Siamsquare One SQ1,
　　Bangkok
時 11:00-22:00
金 599銖起
網 www.facebook.com/BURN.WHALE
電 (66)096-884-5410
交 BTS Siam站步行約5分鐘

5d

6

WOW! MAP

❼ 一站式購物
SIAM DISCOVERY

Siam Discovery把原先6層的商場擴張至8層，逾5,000個名牌進駐，務求要讓人逛到捨不得離開。地下至1樓把多個國際及本地時裝品牌結合成HER LAB、HIS LAB和STREET LAB，加入眾多客製化元素，如西裝、眼鏡和香薰都可以按自己喜好製造，重點還有3樓集合作大量得獎設計師作品的O.D.S.，客人想找特定的商品就更加一目了然。

↑ 香港的商場傾向避免增加過多座位以減少空間的浪費，而Siam Discovery則把樓梯轉化成可供人坐下的休憩區，省位之餘又方便顧客。

MAP 別冊 **M03 B-1**

地 Rama I Road, Pathum Wan,
　Bangkok
時 10:00-22:00
網 www.siamdiscovery.co.th
電 (66)02-658-1000
交 BTS National Stadium 3號出口
　有天橋直達

❼ᵃ HER LAB (GF)

主力售賣各式女裝名牌，國際大牌包括COMME des GARÇONS、marimekko、ISSEY MIYAKE、DIESEL等，而本地牌子就有 77th和Doi Tung等，提供一系列的國際和本地時裝、飾品和手袋產品。

←豪華的試身室就算不是 VIP 都歡迎內進試衫

↑ 地下的 HER LAB 以大包圍方式分好各個品牌的女裝鞋和手袋，女生荷包必定大出血。

→ 77th King Kong 系列 - 猩猩手袋 10,500 銖

時 10:00 - 22:00

7D HIS LAB (MF)

萬眾期待，終於都有一個商場設立男士專區，為男士提供生活所需！潮牌如ALEXANDER MCQUEEN、08sircus、Geox和Another Way We Speak等都在此長期駐場，同層更有匯集各品牌精選男士服飾的「PUR．SUIT」，對男生來講絕對是一大佳音。

時 10:00-22:00

↑ PUR．SUIT 挑選出各類男士服飾如西裝、領帶等，男生更可在此即席訂製個人化的西裝。

→ CONTAINER
皮質卡片套 3,600 銖

7C 本地創意大本營 O.D.S (3F)

O.D.S.意指「Object of Design Store」，是一個專門為得獎設計師提供商業平台的區域，包括丹麥得獎品牌Trimode and Plural Designs、泰國的Yarnnakarn Art & Craft Studio、清邁的手製環保大豆蠟燭等。

↓ 色彩繽紛的恐龍可當作擺設或盆栽架，價錢790銖起。

←護唇膏 289銖

時 10:00 - 22:00

7b

7c

WOW! MAP

雙十合伸直，
拉鬆背部肌肉。

技師協助客人反手提起
半身，一次過拉鬆肩、
背、腰和胸的肌肉。

手臂屈曲，掌心放在頸
背，然後技師會扶著客人
雙臂快速向左右轉動。

鬆腰

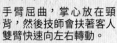

拉筋

拉背

泰式按摩一般
分為按、拉、
揉、捏等動作

The Thai Massage & Spa

泰式按摩 & SPA

喜歡歎Spa的人都知道在泰國做Spa做按摩或Facial有幾抵，環境又大又靚又
有特色是其中一個原因，質素與服務佳是其二，價錢平才是最吸引的原因。

壓腿

屈曲膝頭往
下壓，拉鬆
足部及大腿
的筋骨。

做Spa或按摩注意事項：

1. 做按摩或Spa前不宜吃得太飽或過飢，
   因按摩時在身體上按壓會引至不適。
2. 患有心律不正、糖尿病或高血壓人士，
   要問清楚專業人士才做按摩。
3. 每人承受力度有所不同，因此按摩時請
   記得即時提出，可用英文或參考本書的
   「中泰對照Spa篇」，以泰文應對。

按摩後，還可以自選不同的精油回家，在家也可以享受到Asia herb association的按摩效果。

↑按摩不只是女士的專利，也有不少男士來這裡按摩。

日本人按摩店
01
Asia herb association

由日本人所開設的Asia herb association，在曼谷有多間分店，不但位置方便，而且價錢合理，因此深受港人歡迎。這裡的特色是以自家種植的草藥製成草藥球，按摩後將蒸熱的草藥球放在身上不同的穴道上，可以舒緩身體的疲勞。這間店不但受女士的歡迎，同樣也很受男士的歡迎，事關這裡的草藥球對男士的肌肉疼痛同樣有舒緩的作用，因此也吸引了不少男士光顧。房間內更設有暖墊，不用擔心受涼。

↑草藥球利用她們自家生產的草藥製成，混合18種草藥而成。

↑女士們做有機草藥熱敷護理有驅寒、有助淋巴排毒。

↑店舖關心顧客的需要，還增設扇。這可不是給你乘涼之用，在扇上面有一些字，例如輕一點、冷氣太冷，之後指給職員看，他們就會提出協助。

MAP 別冊 M06 A-2

地 50/6 Sukhumvit Soi 24, Klongton, Klongtoey, Bangkok
時 09:00-24:00 (最後預約 24:00)
網 asiaherb.asia
電 (66)02-261-7401
交 BTS Phrom Phong站行約2分鐘

必試療程套餐
泰式按摩+有機草藥球熱敷護理
1,300銖 / 90分鐘
芳香草藥精油全身按摩
1,100銖 / 60分鐘

WOW! MAP

1

有不同的池以供遊人選擇。

日式溫泉
02
Yunomori Japanese Onsen & Spa

位於Phrom Phong站附近的Yunomori Japanese Onsen & Spa是一個結合日式溫泉及按摩的地方。你可以付一個價錢，就可以在這裡浸足一整天，還會提供不同的浴衣。

除了浸溫泉之外，還有不同的spa池、冷熱水池等等不同的設施以供遊人使用。當然少不了按摩的部份，雖然價錢稍貴，但按摩效果和力度都能到客人的要求，非常到位。

←店內也設有餐廳，遊客可以浸完溫泉，穿著浴衣在餐廳內用膳，感受一下日式風情。

MAP 別冊 M06 A-3

地 120/5 Sukhumvit 26 Alley, Khwaeng Khlong Tan, Khet Khlong Toei, Krung Thep Maha Nakhon Bangkok
時 09:00-00:00
金 溫泉一日票成人450銖；
15歲或以下 250銖；65歲或以上 250銖
網 www.yunomorionsen.com
電 (66)02-259-5778
交 BTS Phrom Phong站行約15分鐘，或坐的士約6分鐘

↑浸完溫泉，就可以坐在外面的位置休息。

陽光下按摩
03
Divana divine spa

位於Thong Lo區的DVN (Divine Virture Nurture) 是Divana Massage & Spa的新成員，走高級摩登路線。兩層高的白色獨立Spa大屋，在花園更備有新開的餐廳及後園的泳池，用料都走天然路線，且較Divana多一些另類選擇，如魚子精華按摩、芝士護理等。

MAP 別冊 M07 A-2

地 103 thonglor 17 sukhumvit 55, north klongtun, wattana, bangkok
時 11:00-23:00 / 星期六至日 10:00-23:00
網 www.divanaspa.com
電 (66)02-712-8986 (需要預約)
交 BTS Thong Lo站乘的士6分鐘

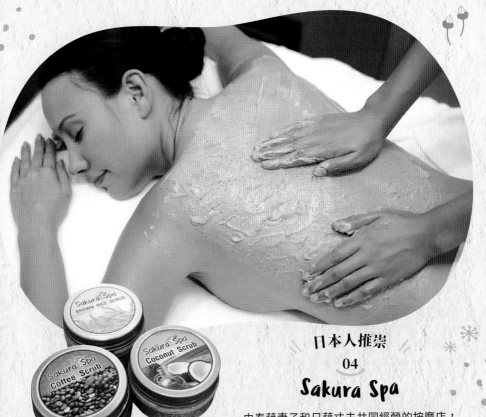

←磨砂膏 590 銖，店內自
家製的磨砂膏包括有咖啡、
米糠、人參和椰子 4 種。

必試療程套餐

Thai Massage
350銖 / 60分鐘

日本人推崇
04
Sakura Spa

由泰籍妻子和日籍丈夫共同經營的按摩店，
在日本雜誌中甚有口碑。店內提供泰式按
摩、身體磨砂、香薰油按摩等療程，招牌
的身體磨砂療程採用自家製作的無添加磨砂
膏：咖啡可去粉刺和排出身體毒素、米糠可
滋潤乾燥肌膚、人參適合成熟型肌膚，椰子
則可使肌膚變得柔軟嫩滑。

MAP 別冊 M07 B-3

地 50/7-8 Soi Sukhumvit 63 (Ekamai)
　Sukhumvit Road, Klong Tan,
　Wattana, Bangkok
時 09:00-23:00
網 sakuraspathailand.com
電 (66)02-714-4494
交 BTS Ekkamai步行約5分鐘

←足部按摩每
小時 350 銖

WOW! MAP

房間內有按摩池，讓顧客有足夠的私人空間放鬆。

感受天然潔淨
05
Quan Spa

以中文「泉」作為名字，意思是「泉水」，以水作元素，令身、心靈也得到淨化。在萬豪侯爵酒店泳池旁上一層便是Quan Spa，除名字外，裝潢同樣富中國特色。每間水療室內配有私人淋浴間、衛生間及衣櫃等，更有即棄內衣提供，讓客人不用與按摩師玉帛相見。而服務上更強調水療用品均為新鮮、自然及用上本地原材料，盡量以天然用料作療程。

↑店內著名的草藥球，蒸熱後放在不同的部位上有舒緩的效果。

↑職員精通英文，溝通無難度。

↑按摩完，客人還可以坐在外面的休息區，很細心的安排。

←為客人奉上冰茶及毛巾。

必試療程套餐
Benja Malee Ancient Flower Remedy
5,000++銖/150分鐘

←店內選用泰國品牌 DIVANA 的按摩用品，遊人可以在這裡一拼選購。

MAP 別冊 **M06 A-2**

地 199 Soi Sukhumvit 22, Klong Ton, Khlong Toei, Bangkok
時 10:00-21:00
網 bit.ly/3JyGbeO
電 (66) 2-0595-555-5832
交 BTS Phrom Phong站步行約10分鐘

←草藥球除了可以在店內按摩使用，也可以買回家，自己按摩。

超值按摩新體驗
06
Coran Boutique Spa

Coran Boutique Spa揉合泰式的傳統及日本的專業的spa。老闆是日本人，因此在設計風格上，也充滿日式的簡約。他們利用自家的品牌進行水療及按摩，而且在按摩前，都會請客人填寫力度及重點按摩的位置，令按摩時的力度更到位。價錢方面，也很相宜，因此吸引了不少港台的遊客，而位於Dream hotel內的分店，住客更可享有優惠的價錢體驗。

MAP 別冊 M05 A-3

地 3F Building 1, 10, Sukhumvit Soi 15, Klongtoey-Nua
時 10:00-21:00
網 coranbangkok.com/ch
電 (66)02-587-5366
交 BTS Asok站行約8分鐘

←利用自家推出的精油為客人按摩。

必試療程套餐
泰式傳統按摩
850銖/90分鐘

五行水療哲學
07
Chi Spa

Chi(氣)Spa是曼谷五星級名牌酒店Shangri-La香格里拉酒店的超級傑作。在這個全曼谷最大面積(達1,000平方米)的水療中心裡面，那宏偉而神祕的西藏廟宇及「喜瑪拉雅山」式的室內設計，加上西藏頌鉢的鳴聲、蟬聲及令人舒服的香薰，那種過人的非凡靈氣的確暫時無其他Spa可以媲美。其中喜瑪拉雅山熱石按摩、喜瑪拉雅山大麥磨砂及氣平衡按摩是其中3項最著名的特色治療。

↓按摩師會在治療前後響起西藏頌鉢，那神祕的聲音令人猶如致身於西藏大廟內。

MAP 別冊 M09 A-2

地 89 Soi Wat Suan Plu, New Road, Bangrak, Bangkok
時 10:00-22:00
網 bit.ly/3Tw2jeD
電 (66)02-236-7777 (需要預約)
交 BTS Saphan Taksin步行6分鐘

6

7

WOW! MAP

101

Thong lo 的分店更設有溫泉，讓遊人可以得到休息，放鬆。

↑店內提供自家品牌的精油產品，遊人可以選購帶回家。

↑店內有不同的 spa 池讓遊人選擇，有不同的水療讓客人可以按照需要選擇。

日本人最愛
08

Let's Relax Onsen & Spa

泰國有很多不同的Spa，但要有特色才能突圍而出。就好像Let's Relax Onsen & Spa Thong lo的分店，不只傳統的泰式按摩，還有日式溫泉，令遊人可以透過浸溫泉及泰式按摩，得到最深層的休息及舒緩疲勞。店內以日式設計，一時之間，令人傻傻的分不清在日本，還是曼谷。由於Thong lo的分店是位於酒店之內，所以都推出了可愛的手信讓遊人選購。Let's Relax這個名牌出名平靚正，所以深得不少香港人及日本人的喜愛，今次更有可以浸溫泉，更適合喜愛日本文化的香港人。

↑店員服務態度讓人有賓至如歸的感覺。

↑這裡是岩盤浴，遊人需要穿著浴衣躺在上面發熱的地板可以把身體的廢物帶出，加快身體的新陳代謝。

必試療程套餐

夢幻系列
950鉄/90分鐘

天堂放鬆
1,750鉄/165分鐘

MAP 別冊 M07 A-2

地 Grande Centre Point Hotel Sukhumv 55 ,300 Sukhumvit Soi 55 (Thonglo) Sukhumvit Road, Kwang Klongtonn Khet Wattana, Bangkok 10110
時 10:00-24:00
網 www.letsrelaxspa.com
電 (66)02-042-8045
交 BTS Thong lo站行約15分鐘或乘的士3分鐘

The Oasis Spa 環境清幽，園內約○○％範圍都是樹和水，讓來到的客人可有與自然融為一體的感覺。

←Ocean Breeze Fresh up shower scrub 750 銖、Airy fresh up shampoo 750 銖

↑全店的按摩房均設有獨立的衛浴設施，貼心又方便。

←盒內提供個人護理物品，貴重物品亦可鎖入箱。

↓ Spa 提供免費接駁車送客人到鄰近的鐵路站，另外，The Oasis Spa 亦會為客人支付的士費用（僅限正式及以咪錶收費之的士）。

花園中的靜謐水療
09
The Oasis Spa

在曼谷設有兩間分店，一間以泰北蘭納族為主題，而這間位於Sukhumvit 31的分店則以天堂花園為主題，兩層高的白色小屋屹立在一片草地之上，共有12間房間，可容納24位客人。水療中心提供30種不同的按摩及身體護理療程，其中最受歡迎的是以泰北蘭納族古法按摩的療程Lanna Secrets，技師會以傳統泰式按摩為客人疏通經脈，再用草藥球熱敷，最後採用自家品牌的KIN香薰油為客人按摩，讓疲憊的身心得以回復舒暢。

WOW! COUPON 優惠

MAP 別冊 M06 A-1

地 64 Sukhumvit 31 Yaek 4, Khlong Tan Nuea, Watthana, Bangkok
時 10:00-22:00
網 www.oasisspa.net
電 (66)02-262-2122
交 BTS Phrom Phong站5號出口步行20分鐘，或乘的士約10分鐘

必試療程套餐
Lanna Secrets
2,700銖 / 2小時
Coconut Nourishing
3,900銖 / 2.5小時

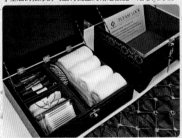

WOW! MAP

休息室配以柔和音樂和淡淡精油香味，客人可不妨在此小休一會。

↑按摩前，按摩師都會幫客人帶到洗腳區，先幫客人清潔腳部，並會為他們去角質，十分體貼。

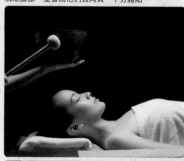

酒店天台Spa
10

Rarin Jinda Wellness Spa

這間位於五星酒店Grande Centre Point 8樓的Rarin Jinda Wellness Spa，於清邁和曼谷共有3個分店，而且經常獲獎，無論是環境和技師都有保證。店內裝潢以雅緻簡約的風格為主。店內的皇牌水療是結合西藏頌缽、草藥足湯、全身按摩和熱石床的療程「Elements of life」，1.5小時僅收2,800++銖，可謂相當親民，而且完成Spa後照舊會奉送芒果糯米飯一份，實在令人滿足之至！

↑每個房間的設備都很齊全。

↓完成療程後奉送一套熱茶配芒果糯米飯一起享受。

必試療程套餐

Elements of life
2,800銖++ / 1.5小時
主要以熱石床加上頌缽的沈穩的震動來放鬆身心。

WOW! MAP
10

MAP 別冊 M04 A-2

地 8F, Grand Centre Point Hotel 153/2 Soi Mahatlek Luang 1, Ratchadamri Road
時 10:00-24:00
網 www.rarinjinda.com/spa
電 (66) 02-091-9088
交 BTS Ratchadamri站4號出口步行5分鐘即達

首屈一指的水療享受

11 Banyan Tree Hotel

花瓣浴夠矜貴，Like！

曾被多個海外媒體評為全球最佳水療中心，Banyan Tree的Spa當然是絕頂的享受，水療中心之內的技師全部都經過至少350小時的訓練課程，位位都訓練有素，因應客人肌肉的繃緊度而調節力量和位置，動作輕柔但又一針見血，將腰酸背痛一掃而空！叫得上名牌，價錢當然比較貴，一般兩小時的全身按摩由3,500銖起跳，不過既然來到Banyan Tree Spa，偶然豪一次又何妨？

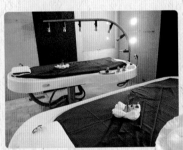

↑採用強力水柱刺激頸肩背穴位，最適合經常使用電腦的都市人。

↑以溫熱的草藥球按摩，有助促進血液循環。

↑技師依循獨門手法為客人鬆筋骨，按後果然酸痛全消。

MAP 別冊 **M08 C-2**

地 21/100, South Sathorn Road, Bangkok
時 09:00-22:00
網 www.banyantree.com
電 (66)02-679-1052
交 於BTS Sala Daeng站乘車約5分鐘

必試療程套餐

Signature Master Therapist Experience
5,200銖 / 2小時

Royal Banyan
8,500銖 / 3小時

WOW! MAP
11

105

Chit Lom

ชิดลม 奇隆　粵語讀音：切諗

必見！
Central World Plaza

Chit Lom 站位於曼谷市中心最繁忙的商業旅遊區，可以說是曼谷最重要的 skytrain 站之一（另一站則是 Siam）。此區除雲集了多間曼谷最大的購物消費廣場，如 Central World Plaza, Ewaran Bangkok、Gayson 及 Big C 外，還是通往舊城區 Pathumwan（水門），旺區 Siam 及 Silom 的主要樞紐，亦是本地人、商客及遊客的日常主要消閒熱點。

往來奇隆交通

Siam(CEN)	BTS	Sukhumvit Line 約2分鐘 15銖	
Asok(E4)	BTS	Sukhumvit Line 約5分鐘 25銖	**Chit Lom(E1)**

① 巨無霸商場
Central World Plaza

前身為曼谷世貿中心的Central World Plaza，是全東南亞最大購物中心，單是shopping區已佔地55萬平方米，包括了CentralWorld、ZEN、Isetan，另有6個主要區域：Atrium、Beacon、Central Court、Dazzle、Eden及Forum！位處高檔商場林立的Chit Lom，加上以超級規模為賣點，故此Central World Plaza成為曼谷超人氣蒲點。

MAP 別冊 **M04 A-2**

地 999/9 Rama 1 Road, Pathumwan Subdistrict, Pathumwan District, Bangkok
時 10:00-22:00
網 www.centralworld.co.th
電 (66)02-021-9999
交 BTS Chit Lom1號出口沿天橋直達

① 法國環保香薰
BSaB

2006年創立的BsaB名字源自日本傳統美學「Wabi-Sabi」，意思是指侘寂的美，是一種不求華麗也不刻意裝飾外表，強調事物內在且能經歷時間考驗的自然質樸之美。品牌採用由法國香薰師特別調製出來的草木、花香、微風、水果和植物根莖的精油，再以泰國本地循環的再造紙和玻璃瓶作包裝，製作過程拒絕使用塑膠，創造出氣味天然、設計樸素的環保香薰。

PILLOW MIST

→ 香薰擴香 990 銖 /200ml，瓶子是回收再用的玻璃，而藤枝則以金午時花的莖製作。

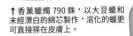

↑ 香薰蠟燭 790 銖，以大豆蠟和未經漂白的綿芯製作，溶化的蠟更可直接搽在皮膚上。

↑ BsaB 有逾 30 種香薰氣味，最受歡迎的是帶有香甜氣味的 St. Tropez、Passion Fruit 和 Cantaloupe。

枕頭香氛噴霧 1,790 銖。

地 Floor 2, Zone Atrium
時 10:00-22:00
網 www.bsab-world.com
電 (66)02-539-3209

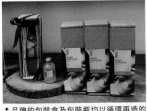

↑ 品牌的包裝盒及包裝紙均以循環再造的物料製作，印刷以環保墨印製，並使用太陽能電力生產，可謂環保到極致。

WOW! MAP

1   1a

107

1b 本地高質護理品牌
BATH & BLOOM

2002年成立的本地護膚品牌，最大的特色是採用本地婦女口耳相傳的祖傳護膚秘方，再加入如薑黃、香茅、芝麻油、茉莉花等純天然材料精煉而成。BATH & BLOOM的皇牌產品包括有以茉莉、蘆薈、水稻米糠油製成的茉莉花沐浴和手工壓榨義大利佛手柑果皮提煉的純天然精油等。

→ Cloth Bag Scented Sachet 690銖，以不同月份為主題的香薰包，高貴的絨布包裝自用和送禮都非常適合。

→ 植物油皂 150銖，由米糠油、棕櫚油、椰子油、冷榨橄欖油等天然植物油製作，加入清新的尤加利和茶樹精油，含大量維生素 E，讓肌膚保持滋潤潔淨。

地 Floor 2, Zone Atrium
時 10:00-22:00
網 bathandbloomonline.com
電 (66)02-639-3626

← Thai Jasmine 身體磨砂 1,250 銖 /250ml，加入泰國茉莉香米和白米萃取物等天然植物成分，可溫和清潔皮膚角質，帶有清香的泰國茉莉花香。

1c 天然香水精油
PAÑPURI

品牌結合東方美學配方，加入如草本根莖和花卉等天然材料，研製出無添加化學成份的純天然香薰及不含酒精的香水油產品，據稱連皮膚敏感的朋友都可以使用。Central World分店主打客製香水，客人可以從店內15種不同原味香水之中調配自己喜歡的香味。店內以「香水油」代替一般含酒精成份的淡香水，高濃度的油性成份令香味更持久，除了可在皮膚直接使用外，亦可在浴缸中滴幾滴，享受充滿香氣的熱水浴。

↑ One Night in Bangkok 3,450 銖 /50ml，香水油不含酒精，成份親膚，氣味會隨人體熱量改變。

地 Floor 1, Zone Eden
時 10:00-22:00
網 www.panpuri.com
電 (66)065-940-4791

Central World 分店以客製香水為主題。

←香薰蠟燭 1,980 銖，華麗的玻璃燭台盛著白色的蠟燭，燃燒時散發高雅的淡香。

WOW! MAP　1b　1c

1d 全新水療副線
SCape by HARNN

HARNN是一個在泰國扎根廿多年的高級SPA產品品牌，它近年發展迅速，單是水療中心已經有四種不同的路線。在Central World的新分店SCape by HARNN以都市人為主要客群，提供一個便利、放鬆的城市水療體驗。店內的不少療程專為打工仔而設，例如針對肩頸膊的Desk Dwellers系列、減輕壓力的Slow Life和Inner Balance系列等，此外亦有適合白領僱人的臉部美白及排毒療程，當中更有一個是30分鐘的超快速療程Facial Expresso，非常適合爭分奪秒的辦工一族。

室內裝潢簡約富現代感。

↑ 場內的單人房間感覺舒適，不會有焗促感。

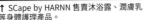
↑ SCape by HARNN 售賣沐浴露、潤膚乳等身體護理產品。

地 Floor 1, Zone, Zone Beacon
時 10:00-21:00
網 www.harnn.com/page/scape-by-harnn
電 (66)080-067-3990

1e 世界級時裝品牌
flynow III

本土品牌flynow是泰國時裝界的代表，早在1995年已登上國際時裝舞台，到倫敦參與時裝周。品牌的副線flynow III走的是年輕路線，設計玩味較重，多用不同質地的拼貼布料，用色則繽紛大膽。值得一提的是店內展示衣服的人形模特兒全部都套上動物頭套，而且每個頭套的造型都獨一無二，極有心思，大家不妨花點時間欣賞。

↑ 以大頭動物為 Model 是品牌特色。

←斑馬頭手袋 15,000 銖

↑ 絲質繪圖 Scarf 4,950 銖

地 Floor 2, Zone Beacon
時 10:00-22:00
網 flynowiii.shop/main

1d

1e
WOW! MAP

1f 叢林泰北菜
Kum Poon

泰北菜是曼谷人最愛的泰菜類別，相對泰南菜，它口味偏淡，著重於原始山野食材加香料沾醬料，以燉、烤和炸的方式炮製出不同的美食。位於Central World七樓的Kum Poon便是專吃泰北菜的餐廳，內裡以泰北林間小屋為主題，四周被樹木和原始村莊圍繞，裝潢頗具心思。食物方面，除了有泰北香腸、烤牛肉和泰式咖哩雞等經典菜式之外，亦提供曼谷較為少見的生海鮮拼盤、蒜炸青蛙和炸青木瓜。

←八寶椰奶冰淇淋麵包 95銖
香軟的麵包內夾住兩球椰奶雪糕，配料有花生、海底椰、糖南瓜和蕃薯。

→烤脆拉奧沙拉 150銖
炸得香脆的青木瓜完全沒有酸味，口感外脆內軟，可蘸上味道濃郁的「醃臭魚」醬汁。

↓餐廳巧妙地以農具和生活用品作裝飾，令人猶如置身泰北村莊。

地 Floor 7, Zone Beacon
時 10:00-22:00
網 www.facebook.com/
Kumpoon.fanpage

1g 藝術般的甜品
Cher Cheeva Cafe

別以為這一家店被花花草草圍繞著就誤以為是花店，其實這一家是甜品店，而且是製作泰國的傳統甜品。除了有最基本的芒果糯米飯之外，最具泰國傳統文化的甜品「黃金三寶」。這種甜品以蛋為主材料，所以品嚐的時候也有陣陣的蛋香，但同時味道也稍為略甜。不過這麼漂亮的甜品，你也捨不得吃下去吧？

↑店內種植了很多植物，整體的感覺很舒適。

↑Rose & Butterfly Pea Tea 180銖（左）、Afternoon Tea Set A 450銖（右）
Tea Set 是泰國的傳統甜品，味道偏甜，用來拍照非常吸睛。

→老闆娘是美女，很細心的介紹每一樣食品。

時 星期一至三及星期五至日 10:00-
網 21:00，星期四 12:00-21:00
電 www.facebook.com/chercheeva/
(66)092-774-5955

1f

1g

WOW! MAP

② 曼谷Landmark
Gaysorn Village

位於Central World Plaza對面的Gaysorn Plaza，是國際名店及當地高檔品牌的集中地，如：LV、Burberry、Gucci、Christian Dior及Omega等；極具氣派的大堂和守衛深嚴的保安，以當地的消費水平來說，可謂只做遊客及高收入人士的生意，場內絕對高級優雅，因此，最適合不太喜歡人迫的自遊人。

MAP 別冊 M04 A-2

地 999 Ploenchit Road, Lumpini, Pathumwan, Bangkok
時 10:00-20:00(食肆營業至22:00)
網 www.gaysornvillage.com
電 (66)02-656-1149
交 BTS Chit Lom 1號出口沿天橋直達

Floor Guide
3/F 家具及生活精品店
2/F 本地高級設計師品牌
LG/F、G/F、1/F 國際名店、髮型及美容屋

②a 草本系列水療中心
THANN SANCTUARY SPA

始自2002年的身體護理及護膚品牌，THANN的產品配方採用純天然植物精華，例如泰國本地水稻和紫蘇，製作不同的香薰和個人護理產品，品牌發展至今已經有自己的水療中心和零售店，在Gaysorn的THANN SANCTUARY SPA以寧靜的綠洲為主題，配合自家出品的精油和SPA用品，為客人提供結合芳療和按摩的療程。

←純米幹細胞精華保濕面霜1,200銖，含有機月見草油、米糠油、乳油木果脂及純米幹細胞精華，有助抗氧化及修復肌膚。

→招牌按摩療程 THANN Sanctuary Signature Massage 90分鐘 3,000銖。

地 3rd Floor
時 10:00-20:00
電 (66)02-656-1423
網 www.thannsanctuaryspa.info

WOW! MAP

2 2a

111

③ 高檔路線商場
Central Embassy

位於Chit Lom最貴地段，可以連接兩個BTS站的商場，佔盡地理優勢，交通十分便利。樓高37層，其中8層為商場，場內有超過200多個國際及本地著名品牌。Central Embassy裝潢貴氣十足，主打高檔路線。

MAP 別冊 M04 B-2

地 1031 Ploenchit Road,Bangkok
時 10:00-22:00
網 www.centralembassy.com
電 (66)02-119-7777
交 BTS Chit Lom站5號出口步行5分鐘

③a 英式貴族風
Sretsis Parlour [2F]

這間走英式貴族風格的CAFÉ，單看粉紅色的門面，已經少女心大爆發，進內更可以用浮誇來形容！皆因店內以童話世界式打造，搭上那超夢幻的旋轉樓梯，拍照打卡簡直無得輸。要打卡就一定不可以缺少這裡的拉花咖啡，圖案是隨機，幸運的話，更可得到獨角獸的圖案。糕點方面，也非常吸睛，但味道稍為偏甜。店內設有最低消費，每個客人必需各點一個套餐。

↑Gentleman Set 260銖
由於這裡每一位客人都需要點一個套餐，亦知道有不少的男士會陪身邊的另一半到這裡打卡朝聖，所以推出了這個Gentleman Set，而且只供男士享用，非常貼心。加100銖換成拉花的咖啡，圖案隨機送出，幸運得到獨角獸的話，身邊的另一半說不定開心不已。

時 10:00-20:00
網 www.instagram.com/sretsis.parlour
電 (66)02-160-5875

←Little Princess set 440銖
一件糕點搭配一杯飲料，這個是cherry bomb，吃下去朱古力味很濃，咬下去有點酸甜的味道，味道偏甜。

WOW! MAP

3   3a

112

④ 香火鼎盛
Erawan Shrine
四面佛

前往曼谷旅行，不少人都是為了參拜四面佛，據說是因為祂有求必應，因此，四面佛的香火從來有增無減，不少香港及台灣的藝人都是信眾。四面佛位於Erawan Bangkok商場門口，交通非常方便。由於來參拜還神的人眾多，晚間、週四（據說最靈驗）及假日為甚，建議大家選擇早上到來。緊記不要在廟外的街邊檔買祭品，在廟內的攤檔購買，便宜又老實，而且店員略懂中文。

MAP 別冊 **M04 A-2**

地 Thanon Ratchadamri, Lumphini, Pathumwan, Bangkok
時 06:00-23:00
交 BTS Chit Lom站2號出口直達

參拜還神的方法：
四面佛的四張臉孔皆有不同代表：正面（大門入口）代表家宅自身，背面代表姻緣，左面代表事業，右面代表名利。參拜者可作單一方參拜許願，也可四面參拜。
1. 參拜前應以四面佛旁的聖水洗手。
2. 參拜時應順時針方向由正面開始，在正面燃點一枝蠟燭，然後開始在每面參拜，每參拜完一面應上三支香及一串鮮花便成。不少人因方便會即時還神，方法是在每面上七注香、鮮花及一對木刻大象。此外還可請廟內的舞蹈員跳還神舞，價錢以舞蹈員人數計：2人舞260銖，8人舞710銖。
3. 參拜後可以聖水灑向頭頂。
4. 若所求的願能實現，緊記要回來還神。

大大隻的大頭蝦絕無花假！

→針對大哂鬼，店家會每件收取10銖以示懲罰。

⑤ 任食大頭蝦
KING KONG

抵食 編者推介

泰國菜吃膩了，不如就到這家曼谷極具人氣的放題餐廳試試吧。KING KONG是一間任食兩小時的日式炭火燒肉餐廳，店內有逾20種新鮮肉類、海鮮和蔬菜，包括豬頸肉、雞翼、扇貝、墨魚、青口、南瓜和秋葵等多元化的食材，食客可在兩個小時內點任烤。不得不試的是餐廳招牌的新鮮大頭蝦，每隻都肥大多膏，喜歡大頭蝦的朋友切勿錯過！

→大頭蝦的蝦膏濃郁甘甜，令人忍不住要吃個乾乾淨淨。

MAP 別冊 **M04 A-2**

地 29/1 Soi Langsuan,
　 Ploenchit Road,
　 Pathumwan, Bangkok
時 11:00-22:00
金 599.2銖/人(2小時)
網 www.kingkongbuffet.com
電 (66)02-254-5177
交 BTS Chit Lom 4號出口步行
　 約5分鐘即達

WOW! MAP

4　　5

曼谷資料

暹邏 Siam

奇隆 Chit Lom

6 地道商場
Amarin Plaza

前身為Sogo百貨公司，有天橋直達Chit Lom BTS站。商場雖然不大，人流不多，但勝在夠地道及方便，除了時裝及手工藝品之外，還有Starbucks、麥當勞、Boots、書店、銀行、國際貨幣自動找換機等。於1樓1,700平方米設置全新時裝專區，招攬泰國本土40多個時裝品牌，有衣物及配飾，價錢比Siam Square的本地品牌更便宜，設計也較大路。

↑Amarin Plaza內的food court就可以一次過滿足你的食家夢。

↑Amarin Plaza內設有國際貨幣自動找換機，方便遊客。

MAP 別冊 M04 A-2

地 496-502 Ploenchit Road, Lumpini, Pathumwan, Bangkok
時 10:00-21:00　電 (66)02-650-4704
交 BTS Chit Lom站2號出口，Erawan Bangkok商場旁邊。

↑美極蒜香鴨肉
一般訂片皮鴨也會兩食，梁師傅特製這蒜茸炸鴨肉，是餐牌沒有的菜色。鴨肉以特別醬汁加蒜茸醃製，炸出來入口香酥惹味，大廚說這是泰國人很喜歡的製法。

7 公主最愛
飛鴨

好食 編者推介

↓荔枝木烤鴨 1,888銖/兩食
大廚選取櫻桃鴨，用上荔枝木烤焗，上桌已聞到微微的烤荔枝木香。

位於Renaissance Bangkok酒店裡的中菜餐館，2011及2012年榮獲「Best Thailand's Restaurant」，總廚是香港人梁勝開師傅，曾在多家Renaissance當大廚。餐廳裝飾以黑紅為主，將型格與中式裝飾相配襯。最出名的食品是片皮鴨，甚至有客人在對面意大利餐廳用飯時也訂這片皮鴨享用，也是泰國公主到來必點的食品。

MAP 別冊 M04 A-2

地 518/8 Ploenchit Road, Bangkok
時 11:30-15:00、17:30-21:30
網 www.feiyabangkok.com
電 (66)02-125-5350
　 BTS Chit Lom站2號出口步行5分鐘

達人教室

購物自備環保袋

為響應環保，由2020年1月1日起，泰國有40多間的商店，不再向顧客提供一次性的塑膠袋。當中最為港人熟悉的7-11、Big C、FamilyMart、Watson，以及部份百貨公司如Siam Paragon、EmQuartie、CentralWord等等。下次到泰國時，記得自備購物，這樣大家可以瘋狂購物之餘，又可以保護環境。

6　7

⑧ 曼谷歎正統日本料理
Yamazato山里

如果叫你去曼谷吃日本料理，你一定覺得很好笑吧?為什麼不去日本吃。但吃得太多泰式料理，總會想試試別的味道，這裡的日本料理，或許是你的另一個選擇。山里是曼谷著名的日本餐廳，她把整個日本的文化帶到這裡，菜式都是擁有百年傳統歷史的會席料理，師傅用心的製作，而且海鮮都是來自築地，是曼谷必吃的日本料理。

↑會席料理，食材會因應季節而有所不同，價錢由2500銖起。

↓魚生來自日本的築地，所以非常新鮮。

除了會席料理之外，這裡還有提供鐵板燒，可以讓遊人多一個選擇。

↑山里位於24樓，在這裡用餐可以觀賞到曼谷的景色。

MAP 別冊 M04 B-2

- 地 24/F,57 Wireless Rd, Khwaeng Lumphini, Khet Pathum Wan, Krung Thep Maha Nakhon 10330
- 時 11:30-14:30、18:00-22:30
- 網 www.okurabangkok.com/dining/yamazato
- 電 (66)02-687-9000
- 註 位於The Okura Prestige Bangkok 酒店內。
- 交 BTS PHLOEN CHIT站步行約2分鐘。

⑨ 五星級下午茶
Up & Above Bar and Restaurant

同樣位於曼谷大倉新頤酒店的Up & Above，最推介的是下午茶套餐。什麼?會很貴?但如果你看到這些精緻的食物、嚐到它的美味，你會覺得值得，最重要的是這裡拍照打卡呃LIKE。這裡可以感受到最地道的日式風情，而且所使用的食材會因應季節不同而改變。除經典下午茶外，還有不同的季節限定餐點。

↑經典下午茶 1,190銖（未連稅）
最受香港人歡迎的下午茶，除了美味之外，當然餐點的賣相也很吸引;而每個季節都會另外再推出不同的季節限定料理，讓大家保持一定的新鮮感。

MAP 別冊 M04 B-2

- 地 24/F,57 Wireless Rd, Khwaeng Lumphini, Khet Pathum Wan, Krung Thep Maha Nakhon 10330
- 時 06:00-23:00 (下午茶 14:00-17:00)
- 網 www.okurabangkok.com/dining/up-above-restaurant-and-bar
- 電 (66)02-687-9000
- 註 位於The Okura Prestige Bangkok 酒店內。
- 交 BTS PHLOEN CHIT站步行約2分鐘。

由於餐廳位於24樓，在晚上坐在室外的位置感到涼風吹送，還可以看到曼谷的夜景。

WOW! MAP

Asok · Phrom Phong

อโศก 阿索 · พร้อมพงษ์ 彭蓬 粵語讀音：亞淑·蜂蜂

必見！Terminal 21

Asok 是 Sukhumvit Road 上其中一個吃喝玩樂的主要地區，發展要比 Thong Lo 區早，沿 Asok 及 Phrom Phong 的 BTS 站之間建有不少著名的餐廳、酒吧、夜店及 Spa，因此不少遊客會選其中一站下車，然後沿途步行到另一站，尋找各人喜好。最方便的是 Asok 站的出口更與 MRT 地鐵 Sukhumvit 站連接，大家可在此站轉乘 MRT 到翟都翟、Silom 或 Lumpini 等 MRT 站。

往來阿索 · 彭蓬交通

Siam(CEN)	BTS	Sukhumvit Line 約7分鐘 29銖	Asok(E4)
Siam(CEN)	BTS	Sukhumvit Line 約9分鐘 31銖	Phrom Phong(E5)
Asok(E4)	BTS	Sukhumvit Line 約2分鐘 15銖	

嘎拋蓋豬肉碎飯60銖（前）、
蒜香豬肉飯60銖（後）
識食的老饕更會加燶邊煎蛋（10銖）。

↑ 在猛火紅紅的鐵鑊中炒一炒、兜一兜，
一碟色香味俱全的香葉肉碎便告完成。

① 半世紀歷史叻香葉肉碎飯
黃正發嘎拋飯

相信大家對泰國的香葉肉碎飯都不會陌生，在繁忙的Asok路口就有一間開業逾50年餐廳 Ung Jia Huad（黃正發）。店內由一對華籍夫妻主理，售賣鑊氣十足的炒雞肉、豬肉碎或豬肉，配飯、粿條或燴麵，招牌香葉肉碎飯以帶有胡椒香氣的泰國聖羅勒製作，醃過的豬肉碎和辣椒快炒，吃起來微辣兼有豬油香，拌飯一流；蒜香豬肉飯則先以將肉下油鍋走油至熟，加入胡椒、蒜和醬汁等調味快炒，保有油香的豬肉配上極重的胡椒和蒜香，吃起來惹味非常。

←慣吃重味的泰國人都喜歡泰式甜辣醬拌飯，想試地道口味的朋友不妨一試。

→餐廳由夫妻二人主理，丈夫負責廚房，太太負責樓面。

MAP 別冊 **M05 B-3**

地 Sukhumvit 23, Khlong Toei Nuea, Watthana, Bangkok
時 10:00-16:00
休 星期日
電 (66)02-258-4236
交 BTS Asok站步行約7分鐘

WOW! MAP

1

117

↓由於不設入場費，故此飲品定價較其他酒吧稍高一點。

2 惬意爵士樂酒吧
Alone Together

提到曼谷最有人氣的爵士酒廊就不得不提這間Alone Together。它不時邀請本地以至海外的爵士樂手和歌手，例如美國首屈一指的爵士歌手Cherryl J.Hayes、英國知名小號手Damon Brown、格林美得獎歌手Keithen Carter等，每晚9:00至00:30都有現場爵士樂表演，到訪的老顧客大多會在8時前安坐表演者附近的桌子，店內座位有限，遲到就只能遠遠地欣賞表演，或者坐到樓上雅座。亦因場內的空間狹窄，表演區離觀眾極近，樂手們不時與觀眾互動，感覺就似邀請朋友到家中表演般親切舒服，即使是爵士樂新手也不會感到困窘。

↑酒廊主要提供店家特調的雞尾酒，這杯是酒保推介的 Dark & Stormy（380 銖），淡淡的薑汁配清新青檸和 Rum 酒，整體感覺清爽。

↑現場表演的爵士樂隊質素極高。

←當晚表演的是美國爵士樂女歌手Cherryl J.Hayes曾在前美國總統奧巴馬及泰皇御前表演。

↑酒廊的門口極小，若不細心尋找分分鐘會錯過，記得要認住這個黃色的門口水牌。

MAP 別冊 **M05 B-3**

地 29 Sukhumvit 31, Klongton Nue, Watthana, Bangkok
時 19:00-01:00 (Live Jazz 21:00-00:30)
網 www.facebook.com/AlonetogetherBKK
電 (66)082-569-8583
交 BTS Asok站步行約16分鐘

③ 平民早餐店
車仔糯米飯

位於BTS Asok附近的Soi Cowboy晚上是出名的紅燈區，在朝早則是不同車仔小食檔的聚集地。這間小販檔由早上6時開始營業，售賣多種地道泰式小菜，例如咖哩、竹筍湯、香葉肉碎和炸豬柳等，伴以即製的炭烤糯米飯和烤肉乾，吸引不少在附近的上班族光顧。

↑糯米飯烤至香脆即塗上鹹香醬油。

↑各款菜式有魚有豬亦有素食，較受歡迎的是伴飯一流炒肉肉碎和咖哩類。

MAP 別冊 **M05 B-3**

地 Soi Cowboy, Khlong Toei Nuea, Khet Watthana, Bangkok
時 06:00-12:00
交 BTS Asok站步行約5分鐘

↑烤糯米飯配香葉肉碎 50銖

④ 傳統泰式粉麵
Rung Rueang Pork Noodle

究竟一間平平無奇的粉麵，怎可能在米芝蓮佔一席位？當你品嚐過他們的粉麵就會明白了。首先在點餐的時候，先選麵條、再選材料及湯底，所以每一碗都有不同的配搭。為了先品嚐原味，這次就點了清湯，湯底是淺啡色，清爽不油膩；魚蛋爽口彈牙，而且有濃郁的鮮魚味，讓人有驚喜。

→魚蛋魚片麵(小) 50銖

MAP 別冊 **M06 B-4**

地 10 3 Sukhumvit 26 Alley, Khlong Tan, Khlong Toei, Bangkok
時 08:00-17:00
網 www.facebook.com/Rungruengnoodles26
電 (66)084-527-1640
交 BTS Phrom Phong站 步行約4分鐘

↑店內的魚皮也是必買之一，鬆脆不油膩。

↑店內相當寬敞。

3　　4

阿索・彭蓬 Asok・Phrom Phong

伊卡邁・東羅 Ekkamai・Thong Lo

⑤ 兩小時環遊世界 Terminal 21

Asok站的商場Terminal 21，賣的是平價時裝精品，兼且人人都讚超好玩。T21用機場客運站為concept，與Asok站1號出口連結的商場入口乾脆叫做「Gate 4」，經過入口安檢，便到達「機場大堂」，各層均以不同國家為主題，可以慢慢逛慢慢拍照。

MAP 別冊 M05 B-4

地 88 Sukhumvit Soi 19 Sukhumvit Road, North Klongtoei, Wattana, Bangkok
時 10:00-22:00　網 www.terminal21.co.th
電 (66)02-108-0888
交 於BTS Asok站1號出口，或MRT Sukhumvit站3號出口直達

Terminal 21		
6/F 洛杉磯	（戲院、數碼產品）
5/F 三藩市	（食店、Pier21 food court）
4/F 三藩市	（食店、Pier21 food court）
3/F 伊斯坦布爾	（精品、生活時尚）
2/F 倫敦	（男裝小店）
1/F 東京	（女裝小店）
M/F 巴黎	（連鎖時裝）
G/F 羅馬	（連鎖時裝）
L/F 加勒比	（超市）

⑤ₐ LYN (GF)

單看門面，不說給你聽，你會以為LYN是一間賣高級手袋的店，但其實這一家店所賣的手袋價格相宜，設計非常時尚，款式很多，令人目不暇給。在價格方面，手袋的性價比非常高，所以吸引了不少的遊人在這裡作最後的衝刺。

↑ 粉紅色長版銀包 1,990銖

↑ 粉紅色淑女手袋 2,790銖
款式非常時尚，容易配襯，是小資女入手商品之一。

↑ 紅心手袋 2,990銖

時 10:00-22:00
網 www.lynaccs.com/home/en
電 (66)02-069-6601

⑤ᵦ MADAME HENG (LGF)

興太太草本手工皂創業至今已有逾60年歷史，創辦人MADAME HENG喜歡自製香皂，品牌多年來仍然堅持以純天然草本製作，由沒有包裝的無名皂發展至連皇室都喜歡使用的御用香皂，至今成為本地以至外國遊客必買的手信。

店內主要售賣套裝香皂

↑ 金條形狀的精油皂300銖，設計盞鬼，最適合用來做手信！

← 招牌的草藥皂 40銖，加入保持甘油成份的精油製作，有助滋潤肌膚

網 www.madameheng.com
電 (66)02-108-0697

WOW! MAP

5

5a

5b

5c 價格破壞者 Pier 21

坐落在Terminal 21 5樓的Pier 21的室內裝潢仿照美國漁人碼頭設計，到處都可看到細緻的裝飾：廣場兩旁繫著麻繩和鐵鏈的矮柱，模仿碼頭邊的圍欄，牆上貼上「餵飼白鴿，少根手指」的惹笑警告，加上仿真大樹下置有四片印上海豚浮雕的護土鐵蓋，四周更有等待餵食的海鷗，予人置身歐美海邊的錯覺。食物方面，Pier 21有齊泰、中、西式料理，無論是西式的漢堡、薯條和魚柳、中華風的魚丸湯和滷豬手飯，以及人氣極高的芒果糯米飯和即叫即春的青木瓜沙律均一應俱全，而且價錢只是20銖起跳，性價比之高更被網友封為「價格破壞者」！

↑ 芒果糯米飯 35 銖 (小) 70 銖 (大)
這裡會選擇較熟的芒果，味道會較甜及較香，但有點過熟的感覺。而糯米飯和椰漿的味道配合得很適中，飯不會太硬，而椰漿的味道夠香，而且這裡的價錢較便宜，是飯後甜品一個不錯的選擇。

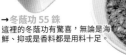

←青木瓜沙律 34 銖
醬汁的酸辣味非常清爽，花生香口惹味。

← PER 21 的 Food court card
要在 Food court 消費，記得要先用現金換領食物卡，每次在不同的小食攤 Order 的時候就可以直接在卡中扣錢，最後再到櫃檯換回餘額現金。

→冬蔭功 55 銖
這裡的冬蔭功有驚喜，無論是海鮮、抑或是香料都是用料十足。

海南雞飯 68 銖
海南雞很嫩滑，不太肥膩，而且帶著香氣，配上微辣醬汁和充滿蒜香的醬汁，令雞肉更惹味。

地 5/F, Terminal 21,88 Soi Sukhumvit 19, Khwaeng Khlong Toei Nuea, Khet Watthana, Bangkok
時 10:00-22:00
網 www.terminal21.co.th
電 (66)02-108-0888
交 BTS Asok站1號出口直達。

WOW! MAP

店內的空間較少，想坐下來慢慢品嚐蛋糕，就要早點到來。

↑ Orangette 245銖
以橙、榛子及朱古力而成，酸甜的感覺非常引人入勝，酸甜的味道互相制衡，兩者都不會太超過，吃下去還能吃到新鮮的果肉。

⑥ 法式甜品 Paris Mikki

在絡繹不絕的馬路邊，開了一間看起來很平凡的甜點店，但內裡其實一點都不簡單。這裡由著名的泰國甜品師Carol Boosaba開設，她曾經在法國著名的餅店工作。這裡每一件的蛋糕都好像藝術品一樣，非常精緻。食材方面，也是選用一些時令的食材製作蛋糕，特別推薦檸檬撻，第一口咬下去那強勁的酸味，被鋪面的忌廉中和，細味下，慢慢吃出那甜味和那濃濃的檸檬味，愛吃甜點的朋友又怎能錯過。不過想吃就要早點來，因為店內的蛋糕同麵包都是每天新鮮製造，賣完就會關門。

↑ Tarte au Citron 225銖
以新鮮的檸檬製造，一口咬下有很清新的感覺。

店員笑容非常親切。

↑每件蛋糕都非常精美，不知道挑選哪件才好。

MAP 別冊 **M05 B-3**

地 27 Metha Wattana Sukhumvit Soi 19, Bangkok, Thailand
時 11:30-21:00
網 www.facebook.com/ParisMikki
電 (66)088-870-0020
交 BTS Asok站步行約5分鐘

WOW! MAP

↑Thai Healthy Hot and Sour Soup
180銖(小)、350銖(大)

MAP 別冊 **M05 B-3**

地 32-32/1 Sukumvit 23, Klong
時 Toey Nue, Wattana, Bangkok
網 11:30-14:30、17:30-22:30
電 www.thelocalthaicuisine.com
交 (66)02-664-0664
　 BTS Asok站3號出口步行約10分鐘

7 古早泰菜 **The Local**

2012開業，採用泰式老房子，建於兩古典大宅中間，改建成餐館，裝潢古舊中帶點華麗，卻保存了豐富的泰國文化。店主採用的是百年前泰國食譜，再改以現代包裝，食物精緻味美，令人愛不釋手。店內更有小型展覽館，展示了懷舊家品，一面品嚐美食，一面了解泰國文化，是不錯的體驗。

←侍應提供糯米飯和白泰國香米兩種。

8 分子料理酒吧 **wxyz bar**

位於Aloft Bangkok內的wxyz bar，是泰國首間採用分子調酒的酒吧，駐場的是年輕分子調酒師Bard Passapong，他以液態氮、起泡、凝固等方法，炮製各式各樣有創意的雞尾酒。看見一杯杯酒上桌時都冒著煙，再猜猜是什麼味道，確是頗有趣的體驗。

MAP 別冊 **M05 A-3**

地 1/F 35 Sukhumvit Soi 11, Bangkok
網 www.aloftlondonexcel.com/wxyz-bar
交 BTS Nana站3號出口步行約10分鐘

時 15:00-23:00
電 (66)02-207-7000

Good Morning 260銖
蘋果雞尾酒加上薄荷泡沫，很有趣的飲品。

阿索・彭蓬 Asok・Phrom Phong

伊卡邁・東羅 Ekkamai・Thong Lo

LEVELS免費入場，吸引大批遊客來夜蒲。

9 喜愛夜蒲 LEVELS

LEVELS位於曼谷市中心，交通方便。在2012年開幕旋即成為曼谷各人夜蒲熱點。1,000平方米的場地打造曼谷最豪華的夜場，大型舞池，華麗的包廂，最優質的音響設備。LEVELS邀請國際級DJ現場坐陣，提供最好的音樂效果，週末還會安排不同的表演，包你high爆全場。

→得獎Bartender為客人調製各種特色cocktail

MAP 別冊 **M05 A-3**

地 6th Floor of the Aloft Hotel, No.35, Sukhumvit Soi 11, Sukhumvit Rd., Bangkok, Thailand
時 21:00-02:00
網 www.levelsclub.com
電 (66)08-230-8324-6
交 BTS Nana站步行約5分鐘

WOW! MAP

↑C&C超人，非常受人客歡迎，成為拍照熱點。

←餐廳分室外及室內，前者能看著漆黑的夜空，在閃燈串和吊燈下用餐，格外浪漫，富有情調，絕對可以消磨一個晚上。

10 情色教育餐廳
Cabbages & Condoms

抵食 編者推介

見到這名字，會否令你聯想到與這是與安全套有關的餐廳？餐廳由宣傳保險套的非牟利組織PDA開設的，主要是宣傳使用保險套、控制人口及預防愛滋病。C&C是正宗泰式餐廳，價錢合理。不過最引人入勝是以保險套製成的擺設，如彩燈、模型等，非常精緻，且色彩繽紛，不但不會令人心生厭惡，反而想伸手摸摸，甚至仔細研究是怎樣砌成的。餐廳內設有一間精品店，專賣以保險套及性有關的產品，作手信一定有驚喜。以性為題材的產品，竟然沒有色情低俗的味道，反而人見人愛，又能收教育之效，實在不得不佩服設計者的用心。

↑泰式蛋包鮮蝦炒河粉 200銖（小）
用料十足，蛋包揭開後蛋香撲鼻。

MAP 別冊 M05 A-4

地 10 Sukhumvit Soi 12 Klong Toei
時 11:00-22:30
網 cabbagesandcondomsbkk.com
電 (66)02-229-4610
交 BTS Asok站2號出口沿
Sukhumvit road向前行約2分鐘
見到King & I的街口轉入直行，
於LAVANA「禪」按摩店旁

HIGHLIGHT! 有趣擺設逐個捉

前泰國總理戴上由保險套砌成的帽子，宣傳正確安全意識。

保險套USB 65銖/4GB
這個反而不太像保險套，可以放心使用。

3D明信片 40銖/張
建議自遊人這次寄明信片，要放在信封內，不要嚇壞友人的家長啊！

用保險套砌成的椰子，內裡放入燈泡，非常有趣。

店內的保險套，免費任取！但敢不敢在眾人面前拿走是另一回事呢！

保險套小黃花，不過被多手的人撕破了，要愛護公物呀！

WOW! MAP

10

店內的紅磚牆人像畫⑦是拍照熱點⑥而且店內很空曠⑨坐得很舒適。

⑪ 米芝蓮推薦 **Sri Trat**

這間Sri Trat是曼谷數一數二熱爆的餐廳，而且餐廳是家庭式經營，令遊人更覺得有親切的感覺。食品味道方面，泰國東部所使用的香料較多，較辣，而且較多都是利用海鮮為主的料理。點了一客招牌的Kao Klug Pring Kung Prao燒魷魚乾配蝦米椰漿飯，燒魷魚乾的味道偏鹹，但配上有蝦米的椰漿飯中和鹹味，把荷葉揭開，有淡淡的椰香散發出來。但整體味道偏向較重口味。

↑ Kao Klug Pring Kung Prao 380銖

↑ 店內帶販賣自家制的產品。

←Soft brown sugar with green bean and coconut filling 100銖

↑ 室內裝潢高貴典雅。

MAP 別冊 **M06 A-2**

地 90 Sukhumvit 33 Alley, Khwaeng Khlong Tan Nuea, Khet Watthana, Bangkok
時 11:00-22:00
網 www.facebook.com/sritrat/
電 (66)02-088-0968
交 BTS Phrom Phong站步行約10分鐘

WOW! MAP
11

⑫ 曼谷市中心的正宗瑞士芝士火鍋
Chesa Restaurant Swiss Cuisine

Chesa Swiss Cuisine是一間正宗的地道瑞士餐廳，它位於Sukhumvit Soi 20，以美味的佳餚、貼心的服務和有格調的裝飾而在曼谷廣為人知。同為主廚和老闆的Thomas融合了現代和國際化的煮法，炮製出不少創新的瑞士料理，亦曾在京都參賽，揚威海外。餐廳最推介的菜式為芝士火鍋！由於芝士是由瑞士直送到曼谷，極上的芝士在鍋中溶成濃湯，味道濃郁，不少遊人都慕名而至，Chesa除了出色的芝士火鍋外，也是各位遊客到來享受午餐、下午茶和晚餐的好地方。

↑香濃的奶酪芝士由瑞士直送。

↑女士喜愛的朱古力火鍋配以新鮮時令水果 (380銖／人，2人起)

MAP 別冊 M06 A-2

地 5 Sukhumvit Soi 20, Bangkok 10110
時 11:00- 23:00；星期日至22:00
網 www.chesa-swiss.com
電 66(0)2261-6650
交 BTS Asok站步行約9分鐘；位於BTS Asok及Phrom Phong站中間

⑬ 吃素新體驗
Veganerie Concept

在曼谷吃了太多好東西，偶爾也想找一些素食，減輕身體的負擔。來到Veganerie Concept，她不單是素食餐廳，而且是沒有蛋和奶的純素餐廳。這裡的地方寬敞，坐得非常舒適。食物方面，特別推薦那些有superfood的飲料，不但有高的營養價值，而且對便秘有很大的幫助，對女士來說，更有助修身。所以來到曼谷，愛美的朋友不能錯過。

MAP 別冊 M06 A-2

地 35/2 Soi.Methiniwet (Sukhumvit24) behind Benjasiri Park Klongtan Klong Toei, Bangkok
時 09:30-22:00 (L.O. 21:30)
網 www.veganerie.co.th
電 (66)08-744-33728
交 MRT Phrom Phong站行約5分鐘

木瓜沙律 150銖

店內空間舒適，悠閒的感覺可以坐上一陣子。

WOW! MAP

12   13

阿索・彭蓬 Asok・Phrom Phong

伊卡邁・東羅 Ekkamai・Thong Lo

The Helix Quartier
5樓設有一處逾3,000平方米的室內花園❶中空設計讓遊人可俯瞰Benjasiri Park和熱鬧的曼谷城景❷。

14 亞洲最大瀑布商場
EmQuartier

以高40米、號稱是東南亞最大的人工瀑布和佔地逾3,000平方米的空中花園作為商場賣點，打造一座除了是商場之外，還是具旅遊景點特色的Shopping mall。商場內有逾130間店舖，當中更加包括有首次來泰國的BEAMS、STYLENANDA和Bapestore，喜歡逛本地潮店的朋友可到佔地6,000平方米，有齊FlyNow、Greyhound、Kloset等60個本地名牌的Thai Designer Fashion Zone；喜歡品嚐美食的朋友亦可沿The Helix Quartier內的螺旋型樓梯，在逾40間風格各異的餐廳之中尋找心水食肆。

MAP 別冊 **M06 A-2**

🏠 613, 695 Sukhumvit Road., Klongton, Klongtoey, Bangkok
🕙 10:00-22:00 🌐 www.emquartier.co.th
☎ (66)02-269-1000
🚇 BTS Phrom Phong站1號出口有天橋直達。

除了EmQuartier之外❶ROAST在Thong Lo的Seen Space Thonglor 13都有分店。

14a 簡約咖啡館
ROAST (1F, The Helix Quartier)

屬於曼谷人氣Number one的咖啡店，ROAST主要提供早午餐和西式甜點，內裡所售的咖啡由挑選咖啡豆、烘培、磨粉到沖泡都一手包辦，沖出來的咖啡幼滑濃郁，喝罷齒頰留香，難怪被《BK Magazine》評為曼谷其中一間最佳咖啡店。

🕙 10:00-22:00
🌐 www.roastbkk.com
☎ (66)09-417-63870

Strawberry Waffle 320銖
雲尼拿雪糕內含貴價的雲尼拿籽❶入口富濃郁香甜味❷配合鬆軟香濃的窩夫❸令人按捺不住要多吃幾回❹。

→Roast iced tea 120銖
水果茶的味道帶甜，上面鋪滿大大粒的誘人龍眼。

←French press single origins 140銖

WOW! MAP

14   14a

14b 貴婦專享超市
Gourmet market (BF, The Waterfall Quartier)

供應大量新鮮蔬果、熟食及包裝食物，當然亦有款式齊備的泰國特色醬汁、零食和日常用品，無論是來買手信還是純粹來參觀的朋友都會滿足了吧？

🕐 10:00-22:00

→ Blue elephant紅、黃、青咖喱醬 60銖

↑面對琳瑯滿目的泰國零食，問你點忍？

14c 米芝蓮級咖啡店
D'ARK Coffee

近年隨著愈來愈多泰國人認識精品咖啡，泰國的咖啡市場就愈擴愈闊，繼有ROAST、Rocket Coffee Bar等咖啡店之後，由知名的澳籍咖啡師兼老闆 Phillip Di Bella投資的D'ARK也來分一杯羹。D'ARK嚴選多款來自不同產地的咖啡豆炮製成一杯杯的精品咖啡，而且價錢僅由90銖起，可謂極為親民。另外，店內的菜單更是由法籍主廚Joffrey Jacob及曾任職米芝蓮餐廳的法籍主廚Jeriko Van Der Wolf合作設計，來到品嚐咖啡之餘也不妨試試這裡的食物。

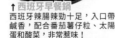

↑西班牙早餐鍋
西班牙辣腸辣勁十足，入口帶鹹香，配合番茄薯仔粒、太陽蛋和酸菜，非常惹味！

↑中空廳的設計寬敞開揚，充滿空間感。

→ Slow Drip Single Origin Coffee 180銖
客人可根據個人口味選取來自衣索比亞、宏都拉斯、哥斯達黎加、秘魯、肯亞或哥倫比亞的咖啡豆。

↑來自不同地區的咖啡豆會有不同的香味，例如桃味、朱古力味和煙薰味等。

地 693 Sukhumvit Rd., Klongtan-Nua, Wattana, Bangkok
時 08:00-21:00
網 www.darkoffee.com
電 (66)02-003-6013
交 BTS Phrom Phong站，位於EmQuartier地面

14b   14c

15 綠化購物村 K-Village

離Siam區不太遠的shopping mall K-Village，面積寬闊人流又不算多，中庭種了植物作綠化裝飾，以半開放式的規劃設計，不像在一般的商場，有如行入一座大庭園中，感覺更加舒泰。

MAP 別冊 **M06 B-3**

地 Sukhumvit 26, Klongtan, Klongtoey Bangkok
時 10:00-22:00
網 www.kvillagebangkok.com
電 (66)02-258-9919
交 Phrom Phong乘的士約5分鐘

沙律吧，師傅以新鮮有機蔬菜，為客人製作美味又健康的沙律。

↑椰青冬蔭功120銖

炒GABA飯 90銖，以香茅及豉油炒GABA米，加入少許辣椒增添微辣，入口像是日式豉油炒飯。

15a Water Cress (A105)

抵食 編者推介

餐廳供應的是新派健康泰菜，所用的材料均是天然、有機的食材，而米則用GABA米，即經發芽的糙米，比一般糙米更有營養。餐廳的一角，更有售賣自家出品的有機產品，也有GABA米售賣，但供應不多。

時 星期日至四11:30-22:00、星期五至六11:30-22:30
電 (66)02-661-3830

WOW! MAP
15   15a

16 貴婦商場
The Emporium

Emporium是Sukhumvit區裡最大的購物商場，在Phrom Phong BTS站有行人天橋連接，比同級的Gaysorn好行得多。Emporium是名牌的集中地，此外還有大大間Kinokuniya日本書店及多不勝數的cafe。當然不要忘記一定要往Emporium 5樓的著名Food Court醫肚。

MAP 別冊 **M06 A-2**

地 622, Sukhumvit Road, Khlong Tan, Khlong Toel, Bangkok
時 10:00-22:00　　網 www.emporium.co.th
電 (66)02-269-1000
交 BTS Phrom Phong站6號出口有天橋直達

16a 頂級香氛品牌 HARNN (4F)

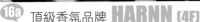

1999年創立的本地品牌，推出的皇牌產品是米粒製成的手工皂，當時亦是第一間以米來製作香皂的護膚品牌。時至今日，HARNN除了發展高級Home spa產品如按摩精油、護膚品外，更有出品淡香水和香薰的Vuudh和自家烘培茶葉的Tcichaa，務求令客人由頭到腳都可以得到滿足。這間位於Emporium分店不單設有零售店，還有一所設有兩間單人Spa room的小型水療中心，室內環境寬闊具空間感，有獨立浴室予客人沐浴更衣，私隱度頗高。Spa會採用自家產品，為客人提供足浴、身體磨砂、精油按摩及面部護理等療程，當中以3小時的全套療程Journey of the Siamese Jasmine最受歡迎。

→茉莉花身體保濕霜 1,850銖，有效抗氧化及保護肌膚水潤。

↑ 房間面積寬敞舒適，並設有獨立的衛浴設施。

↑ 手部護理療程包括按摩、磨砂及護膚。

網 www.harnn.com
電 (66)02-652-2414

16

16a

WOW! MAP

↑餐廳內放滿一個個盛滿液體的香薰瓶，主題不言而喻。

17 石屎森林後的秘密花園
KARMAKAMET Secret World

在翟度翟起家的KARMAKAMET近年不斷擴展，由賣香薰用品發展到今日開餐廳。這間藏身在Emporium後巷的餐廳以老闆祖父在海南開設的藥材舖作藍本，由晾曬藥材的竹籮、百子櫃、置放藥材的麻包袋等，全部都仿效得鉅細靡遺，活像一間真的藥材舖。另外，餐廳的用具亦都別出心裁，水杯、碟子上有黑色指紋，連墊杯的紙都是由老闆與其母親的信件製成，在這裡用餐就猶如浸淫在餐廳老闆的記憶之中。

A can't resist pancake 310銖

←Strawberry in the Cloud 390銖
有如爆炸頭般的七彩棉花糖上檯時令人不禁嘩然，食落超甜，要用刀叉拿起棉花糖才可品嚐到底下的杏仁蛋糕，有種撥開雲霧見青天的感覺。

MAP 別冊 **M06 A-2**

地 30/1 Soi Metheenivet,
時 Klongton, Klongtoey, Bangkok
網 10:00-20:00
電 www.karmakamet.co.th
交 (66)02-262-0701
BTS Phrom Phong站1號出口
步行約5分鐘

---

18 泰國傳統布藝
Na Ra Ya

位於Soi 24街口的Na Ra Ya專門店，是日本、香港及台灣人的必到手信天堂。這裡所賣的布袋及布藝設計精美，用料上乘，由銀包、化妝袋、布拖鞋，到大旅行袋、紙巾套都很齊全。最難得是定價便宜及實用，而且是「Made in Thailand」！雖然Na Ra Ya在Central World Plaza也有分店，但以此總店最齊款。

MAP 別冊 **M06 A-2**

地 654-8 Soi Sukhumvit 24, Sukhumvit Road,
時 Klongton, Klongtoey, Bangkok
網 09:00-21:30
電 www.naraya.com
交 (66)02-264-1145-7
BTS Phrom Phong站2號出口步行約2分鐘

WOW! MAP

17

18

開放式的廚房，可以看到廚師們在料理的情況。

19 平價酒店自助餐
Food Exchange

位於曼谷的Novotel酒店內，提供不同國家的菜式及泰國菜。現場有即點即做的麵類，但選擇較少；這裡的熱食選擇眾多，有即煎的肉類，香氣十足，客人可以按自己的喜好配上不同的醬汁。在甜品方面，也有很多泰國特色的甜品，味道不錯，特別是用椰汁製成的雪糕，味道清新，為味蕾帶來清新的感覺。

→即點即燒的豬肉，除了豬肉之外，還有雞和牛，客人可以再按照自己的喜好加上醬汁。

↑在相宜的價錢下，有那麼多的海鮮種類選擇，尚算不錯。

MAP 別冊 **M06 A-2**

地	7/F.19/9 Soi Sukhumvit 20, Sukhumvit Road, Klongtoey
時	12:00-14:30
金	1,200銖/成人（星期六、日午市海鮮自助餐）、6至12歲半價
網	bit.ly/2Kopcf7
電	(66)02-009-4999
註	上網三日前預訂有早鳥優惠
交	BTS Phrom Phong 站步行約11分鐘

甜品區也有很多不同的選擇，喜歡吃甜品的朋友，一定不能錯過這裡。

Ekkamai · Thong Lo

เอกมัย 伊卡邁 · ทองหล่อ 東羅

粵語讀音：
Egg卡咪　搪羅

必見！
THE COMMONS

曼谷最型最fashionable的區域非Thong Lo莫屬。整條大街潔淨光鮮，又新又高級的apartment及shopping mall林立，商舖大多售賣最潮的外國及本地貨品，有曼谷「比華利山」之稱，因此吸引不少日本人及外國人聚居。

往來東羅 · 伊卡邁交通

Siam(CEN)	BTS Sukhumvit Line 約10分鐘 36銖	Thong Lo (E6)	BTS Sukhumvit Line 約2分鐘 15銖	Ekkamai (E7)
Asok(E4)	BTS Sukhumvit Line 約3分鐘 22銖		BTS Sukhumvit Line 約2分鐘 15銖	

堪稱Ekkamai區傳奇麵館的Wattana Panich以牛雜麵聞名，店內有個超巨型牛肉Jacuzzi做生招牌，想入錯店都難。

① 迎面襲來一陣牛肉香
Wattana Panich

粉麵的湯頭是靈魂，如果你有機會走過這間逾60年歷史的Wattana Panich麵館，定必被它門外不斷翻滾冒煙的牛雜濃湯深深吸引。牛雜湯底由開業至今每天都會加入熬煮3小時的新鮮牛雜湯，加上秘製香料一同熬煮，新湯舊汁混成一鍋棕色湯頭，稠黏腍美。餐廳提供蒜香牛肉飯、雞肉飯、中式香草燉羊肉和牛肉火鍋，招牌的牛雜麵用上火喉十足的牛雜湯汁，味道醇厚甘甜，帶中藥材香，牛雜炆得柔軟，入口即化，除了拌麵也可點白飯拌吃。

← 牛雜麵 150銖

↓ 湯頭美味的秘密來自60年來不斷翻滾的牛雜湯。

↓ Wattana Panich是曼谷小有名氣的牛麵店，員工接單都接到手軟。

MAP 別冊 **M07 B-1**

地 336 338 Ekkamai Road, Khlong Tan Nuea, Watthana, Bangkok
時 09:00-19:30
網 https://www.facebook.com/WattanaPhanich
電 (66)02-391-7264
交 BTS Thong Lor站乘的士約8分鐘

↑ 用來煮湯的牛內臟每日都新鮮處理。

135

↓來自哥斯達黎加的 Roger Urena-C 260 銖

ROGER
URENA-C

② 傢俱咖啡店
Livid Coffee Roasters

由傢俱店發展成一站式咖啡廳和書店，Livid Coffee Roasters 僅在2022年年尾開業，這裡原先只是FLOHOUSE傢俱店的展示廳，後來賣自家烘焙咖啡豆副線做愈受歡迎，於是店主索性在展示廳闢出空間經營咖啡廳和售賣設計書籍的書店，並巧妙地利用品牌的傢俱作座位，實行一石二鳥。Livid提供來自肯雅、哥斯達黎加和埃塞俄比亞等地的咖啡豆，可選手工沖泡、加奶或加冰製成冷咖啡，喜歡的話更可購買品牌自家烘焙的咖啡豆，將美味帶回家。

書店 FLOBOOKSTORE 以室內設計書籍為主，包括 magazineB、KINFOLK 等。

MAP 別冊 M07 A-3

地　Flo House Khlong Tan, Khlong Toei, Bangkok
時　08:30-17:30
休　星期四
網　lividcoffeeroasters.com
電　(66)083-082-0517
交　BTS Thong Lor站步行約10分鐘

↓客人可邊看書邊歎咖啡。

↑哥斯達黎加Roger Urena-TM咖啡豆，650銖/200g

手沖咖啡對溫度、咖啡粉研磨比例、水溫和注水時間的要求甚高。

WOW! MAP
2

蟹肉奄列 620銖
份量大而且蟹肉爆多，雖然美味但如果人數少又想試其他食物的話就不建議點它了。

酒香蟹肉炒雜菜 510銖

↑蟹肉和雜菜加入泰式香料爆炒，香辣惹味，拌飯一流。

←店家特製辣椒醬有青檸的清爽酸味和辣勁，蘸海鮮一流！

↑據聞午飯時間小店會變得非常擁擠，分分鐘要等1小時才可內進。

③ 爆多蟹肉炒蛋
Nhong Rim Klong

來泰國食平靚正海鮮是指定動作！連續兩年獲米芝蓮推介的 Nong Rim Klon以爆多蟹肉聞名，不少泰國明星都喜歡光顧。招牌蛋奄列每碟約使用兩至三隻蟹，吃起來除了香濃鬆軟的蛋皮之外就只有咬啖蟹肉，味道偏清淡，嗜辣的朋友另可蘸上店家秘製的辣醬。此外，店家的辣椒炒蟹、泰式辣椒炒蝦、蒜香賴尿蝦都非常受歡迎。

MAP 別冊 **M07 B-1**

地 51 Ekkamai 23 Alley, Khlong Tan Nuea, Watthana, Bangkok
時 08:30-15:30
休 星期日
網 www.facebook.com/nongrimkhlong
電 (66)086-044-9478
交 BTS Thong Lor站乘的士約7分鐘

④ 宵夜好去處
Saeng Chai Pochana

牆上貼滿店主與名人的合照。

夜機到曼谷即刻心思思想外出找美食？營業到凌晨4時的 Saeng Chai Pochana就非常適合你！餐廳主要提供泰中菜，包括鑊氣十足的椒鹽鮮魷、豬皮炒雜菜、經典的冬蔭湯和泰式沙律等，海鮮類的菜式如泰式咖哩炒蟹、烤大頭蝦、蠔餅、椒鹽炸石斑等都是人氣之選。

泰式咖哩炒蟹 550銖起
（按重量計算）

→金不換炒花甲150銖
花甲肉質鮮美，香辣惹味！

MAP 別冊 **M07 A-3**

地 762 5-7 Sukhumvit Road, Khlong Tan, Khlong Toei, Bangkok
時 18:00-04:00
網 www.facebook.com/sangchaipochana/?locale=th_TH
電 (66)081-376-0150
交 BTS Thong Lor站步行6分鐘

WOW! MAP

3　4

⑤ 本土社區商場
The COMMONS

經常形容曼谷的商場是有如雨後春筍的存在，不過它們都離不開一式一樣的格局，而這個2016年1月開幕的社區商場則以社區為本，採用沒有多餘顏色的石屎牆建成樓高3層的半開放式空間：地下是聚集多間本地食肆的食物廣場，1至2樓是食肆、小商店和兒童樂園，3樓則是咖啡店ROAST和綠化的天台空間，場內的公共空間不設空調，但就設置多個綠化空間，旁邊放滿藤椅、木檯、地毯和坐墊，遊人可任意休息和嬉戲，十足十社區中心一樣。

商場的設計猶如梯田般，遊人拾級而上就可由地下走到3樓 ◎

MAP 別冊 **M07 A-2**

地 335 Sukhumvit Rd. Thong Lo 17 Alley, Khlong Toei Nuea, Watthana, Bangkok
時 08:00-01:00 (各店不同)
網 thecommonsbkk.com
電 (66)089-152-2677
交 BTS Thong Lor站乘車約7分鐘

↑點份餐點、點杯飲料，與友人坐在樓梯談天，這份寫意隨性相信不是豪華名貴的餐廳能及。

↓ The Classic 355銖

⑤a 健康刺生丼
Hunter Poke (GF)

香港首推

好食 編者推介

很多人越來越注重健康飲食，Hunter Poke主打健康食物，它們的概念有點像是刺身丼，在醋飯上加入不同的食材。這次點的就加入了三文魚、柚子、牛油果、芒果及小魚乾，上餐時可以要求醬汁另上。在炎熱的天氣下吃這個最適合不過，整體的味道很清爽，加入店家特調的醬汁，酸甜的味道及水果的香氣，令人不知不覺就吃了大半碗。

網 www.facebook.com/hunterpoke.th
時 10:30-22:00
電 (66)098-595-5550

→Hunter's Bowl 865銖

WOW! MAP

5　　5a

5b 令人上癮的美味
Crackhouse

今時今日的漢堡不再只是兩片麵包夾著一塊芝士和漢堡扒，Crackhouse的漢堡包採用高質食材如熟成安格斯牛肉、泰國本土名牌Sloane煙肉和肉腸、姊姊店FOWLMOUTH的辣雞等炮製，配以車打芝士、松露、楓糖牛油、炒至焦糖化的洋蔥等配料，變化出10多款獨特又美味的漢堡。客人另可點選即磨咖啡和冷壓鮮榨橙汁。

↓ Crackgriddle 220銖
微鹹香濃的車打芝士、奄列蛋和Sloane楓糖腸，與蓬鬆的甜斑戟意外地合襯。

B.E.C 320銖
採用Sloane煙肉、車打芝士和半生荷包蛋製作，伴以金黃香脆的薯塊。

↓ Homemade Pancake 160銖
蓬鬆斑戟上有新鮮士多啤梨和藍莓，在上面淋上楓糖漿，吃罷一口香甜滿足。

時 星期日至四 08:00-21:30、
 星期五至六 08:00-22:30
網 www.facebook.com/
 crackhouse.bkk
電 (66)094-490-4188

啤酒的酒廠、苦度和風味全都清楚列出。

5c 精釀啤酒 Taproom

可以在Food Court飲到精釀生啤的確是一大快事！舖位小小的Taproom提供10款來自泰國、英國、丹麥、美國、西班牙等地的精釀生啤，由果味最重的Cider蘋果酒、乾爽清澈的皮爾森Pilsner、具啤酒花香氣與甘苦味的經典IPA，以及濃郁的Chocolate Stout都有供應。
若覺得花多眼亂，店員更可讓你點選試飲，相當貼心。

↑ 泰國每天合法販賣酒精飲品的時間是上午11時至下午2時，及下午5時至凌晨12時，佛節時期如萬佛節和佛誕不得賣酒，記得留意。

←Chok Dee 210銖
泰國本地酒廠Muay Thai出品「Chok Dee」意即祝君好運，酒色金黃，味道帶水果香，頗易入口。

←客人可選中杯或大杯，價錢由210銖起。

時 11:00-14:00、17:00-24:00
網 www.taproombkk.com
電 (66)087-460-2626

5b

5c

WOWi MAP

完成五道菜後，同學一同共進午餐。

⑥ 地獄廚神破地獄
Bangkok Thai Cooking Academy

喜歡去曼谷，在某程度上，是被美味的泰菜所吸引著。一離開泰國，又會想念泰菜，擔心不知要到何時，才能再次品嚐當地的味道。其實不用擔心，只要到曼谷學煮泰式料理，回到家也可以品嚐當地的好滋味。就算平時不會入廚房的你，也不用擔心，因為有導師從旁協助，令一眾地獄廚神也可以煮出佳餚。想一班朋友學煮泰菜，但很多時候就會因為餐單的問題，令到大家意見不合。不用擔心，這裡設有自選餐單，每位參加者的菜單都不一樣，令各位可以學習自己喜歡的菜式之餘，又可以與朋友一同分享煮食的樂趣。

↑老師講解的時候，同學們都全神貫注地聆聽。

↑同學們都要落手落腳煮泰菜，不過這位同學，專心聽課也要留意自己的菜有沒有燒焦。

←同學自己完成的 Pad Thai 色香味俱全。

地 1979/13 Soi 75/1, Sukhumvit, Sukhumvit Rd,Phra Kanong Nua, Wattana, Bangkok
時 08:00-17:00
金 1,200銖起
網 bangkokthaicookingacademy.com
電 (66)819-154-919
註 參加者需要提早選擇菜式供教室準備食材。
交 BTS ON NUT 站步行約3分鐘

WOW! MAP
6

阿索・彭蓬 Asok・Phrom Phong

店內限時，建議遊人避開假日前來。

⑦ 超人氣狗café！
Dog in Town

泰國有很多的主題café，而這家餐廳的主角就是一群可愛的狗狗。進入餐廳時，顧客需要先消毒雙手及閱讀細則，確保自己及狗隻的安全。當進入餐廳時會看到很多的狗隻在餐廳自由地走來走去，想吸引牠們的注意，就要買一些零食吸引牠們，而牠們也非常合作，合照零難度，真的很可愛！店內的狗狗有品種，當中包括牧羊犬、哥基、雪橇犬等等，牠們都非常乖巧。當太陽開始下山的時候，店員就會放牠們在外面的草地奔跑，超有活力。　　　　→超可愛！！

↑想吸引狗狗的注意，就要用零食吸引牠們的注意了！

伊卡邁・東羅 Ekkamai・Thong Lo

↑店員會幫忙協助狗狗看鏡頭，你看雪橇都被零食吸引。

↑小狗們很「識做」，乖乖的躺在地上讓客人觸摸。

←**Strawberry apple jelly soda**
入場費包含一杯指定飲品。

MAP 別冊 **M07 B-3**

地 16/1 Ekkamai Soi 6, Klongton-Nua, Wattana, Bangkok
時 11:00-20:00 (星期三至21:00)
休 每月第三個星期二
金 350銖(包一杯指定飲品)，兩歲以下免費
網 www.facebook.com/DogInTownCafeEkkamai
電 (66)088-942-4964
交 BTS Ekkamai站步行約10分鐘

WOW! MAP

141

7

⑧ 爆買日系產品
Donki Mall

雖然曼谷的激安の殿堂大部分產品都是來自日本，但店內仍有少量的泰國產品，方便遊人購買。但要說到這間Donki最特別的地方，就是可以購買新鮮的和牛，然後即場烹調。能在「異鄉」品嚐到正宗日本的味道，吃多太泰國菜，不妨到這裡轉換一下口味。

MAP 別冊 M07 B-2

地 107 Soi Sukhumvit 63, Khlong Tan Nuea, Watthana, Bangkok
時 24小時
網 www.donkimallthonglor.com
電 (66)02-301-0451
交 BTS Ekkamai站或Thong Lor站步行約15分鐘

⑧a D-Sports Stadium (5F)

曼谷激安の殿堂獨家的D-Sports Stadium，是一個老少咸宜的室內主題遊樂場，佔地約3萬呎。場內不但有各式各樣的電子遊戲，還有不同電子競技的遊戲，就好像乒乓球機，即使只有一個人前來，都有「人」和你對戰，不過要講到最受歡迎的，就一定是攀石牆，三個不同程度配合不同年齡、不同能力的參加者，採訪當日亦有不少的小朋友挑戰，不用幾分鐘，他們就「攻頂」。

除了下層的遊樂設施外，還有上層的休息空間。上層設置了一個兒童玩樂的空間，供年紀較小的小朋友在場內可以安全地玩耍，而父母更可以坐在一旁休息；另外，這一層也設有不同重量的沙包，還可以借用拳套，讓入場人士盡情發洩。

場內有不同的電子遊戲，入場費也包括在內。

即使一個人也可以享受運動的樂趣。

攀爬前都會做足安全措施及指導。

這個兒童玩樂的空間適合年紀較小的小朋友放電。

←佔地約3萬呎，有棒球、籃球等等不同的運動設施。

場內設有拳館，並設有拳套借用，遊人來到可以發洩一場。

時 10:00-22:00
金 平日成人210銖起/1.5小時、學生180銖起/1.5小時、
　 假日成人250銖起/1.5小時、學生220銖起/1.5小時
網 www.d-sports-thai.com
電 (66)02-077-9999

WOW! MAP

8

8b 泰國綜合式書店
Open House Central Embassy

現在的書局不再只局限於賣書，內裡還設有餐廳、文具店及兒童遊樂場，盡量滿足不同人士的需求。Open House Central Embassy正正就能做到。這間書局的空間很大，設計時尚又帶有設計感，雖然有龐大的藏書量，但感覺不會焗促，逛得十分舒服，最受矚目的是一大片的落地玻璃，高採光度更可以欣賞夜景。店內用沙發來分隔不同的書籍，顧客有足夠的私人空間選購。Open House Central Embassy的設計很聰明，它們把書向上發展，並設有行人步道，使讀者輕易就能拿到書架上的書。另外，店內亦有一個小型的遊樂場，讓大人可以專心閱讀，小朋友可以盡情放電，一舉兩得。

店內亦設有文具發售。

地 Level 6 , Central Embassy,
1031 PLOENCHIT ROAD,
PATHUMWAN,Bangkok
時 10:00-22:00
網 www.facebook.com/
openhouse.ce
電 (66)02-119-7777
交 BTS Phloen Chit站步行約5分鐘

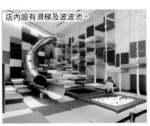
店內設有滑梯及波波池。

在書店內更設有多間不同的餐廳，滿足大家對一站式的需求。

好食
編者推介

←店員指這是店內的人氣餐點。

↑ Avo-Kay-Do Toast 225銖

8c Kay's cafe

融入在書叢之中的kay's café，本身在曼谷café界已經是爆紅餐廳，這次搬入Open House Central Embassy，更吸引了不少人打卡。餐廳貫徹簡約的設計，最吸引人的就是靠玻璃窗的沙發位，一邊進食，一邊欣賞窗外的美景。Kay's café主打中午餐，吃了一份人氣的吐司，半熟的雞蛋加上芝士帶出陣陣的焦香味。

吐司內還夾有煙肉及火箭菜，增加了口感。

一邊欣賞著這美景，一邊用餐是一件賞心樂事。

網 www.kaysboutiques.com
電 (66) 089-816-8566

阿索・彭蓬 Asok・Phrom Phong

伊卡邁・東羅 Ekkamai・Thong Lo

⑨ 日式商場
Gateway Ekamai

商場的裝潢和佈置都充滿和風味道，如穿著和服的工作人員、日式燈籠、日式擺設等，而這些都成為商場的最佳影相位。商場內有不少日式的小舖、雜貨店、美容院等。

MAP 別冊 M07 B-3

地 982/22 Sukhumvit Road Prakanong, Klongtoey, Bangkok
時 10:00-22:00
網 www.facebook.com/gatewayekamai
電 (66)02-108-2888-92
交 BTS Ekkamai站4號出口即達

↑ 場內有售新鮮製作的麵包與糕點。

↓ 泰國必買的木製用具，杯墊、小匙、筷子均一應俱全。

⑨ᵃ Bangkok Farmers' Market (1F)

泰國人喜歡趁墟就眾所周知，近年時興商場外都舉辦各式市集，就像這個在Gateway Ekamai外的墟市，每月會不定期舉行為期3日的周末市集，售賣本地農作物、衫褲鞋襪和飾品，場內不乏手工作品和自家製美食，絕對值得一逛！（市場開放時間或有改動，詳情請參閱官網）。

↓ 精緻的手作晶石飾品，350銖起。

時 星期六及日(市場)
網 www.facebook.com/bkkfm

WOW! MAP

9

⑩ 素食餐廳
好食 編者推介

Broccoli Revolution

在泰國找素食餐廳絕不容易，所以這間素菜餐廳Broccoli Revolution於2015年開業後旋即成為飲食界的一道清泉，餐廳摒棄了傳統以大豆製成的假肉和假海鮮，採用天然食材製作各式美味佳餚，例如泰式Pad Thai、越南河粉Pho、雜菜三文治和竹炭漢堡包等，更提供冷壓鮮果汁，無論閣下是茹素的食家，還是純粹想清清腸胃，這裡都可以滿足到你。

↑ **Broccoli quinoa charcoal burger 250銖**

→ **No.0 220銖（小）**
冷壓的意思是在榨汁的時候溫度不超過80度，令蔬果的營養相對保留得較多，這款No.0一次過有齊西芹、熱情果、青檸、薑、菠菜等9種材料並以冷壓技術製作。

MAP 別冊 M07 A-3

地 899, Sukhumvit Road, Khlong Tan Nuea, Watthana, Bangkok
時 星期一至五 09:00-22:00 (L.O.21:30)
　　星期六至日 07:00-22:00 (L.O.21:30)
網 broccolirevolution.com
電 (66)02-662-5001
交 BTS Thong Lo站步行約7分鐘

店內的水加入薄荷葉、橙和青瓜清新又消暑

WOW! MAP

145

10

好食
編者推介

11 軟硬蠔餅王
Hoi Tod Chaw Lae

賣蠔餅賣到成為遊客指定前往的大概也只此一家。開業逾50年的Hoi Tod Chaw Lae主力售賣兩種口感不同的蠔餅，半煎炸的or-ror口感酥脆，而or-suan則口感則較腍和粉，近似潮州蠔餅般的口感，進來這裡用餐的食客基本上都會點or-ror或or-suan其中一款。提提大家，識食的老饕定必會加入老闆秘製的辣醬，酸甜帶辣的醬汁蘸上蠔餅有助帶走油膩，令蠔餅入口更惹味！

↑ 師傅製作蠔餅多年，不消5分鐘就已煎好一碟外脆內軟的蠔餅。

MAP 別冊 **M07 A-3**

地 Soi Sukhumvit 55 (Thonglor), Sukhumvit Road, Khlong Tan Nuea, Watthana, Bangkok
時 08:00-22:00
電 (66)085-128-3996
交 BTS Thong Lo站3號出口步行約3分鐘

↑→蛋包貴刁 80銖

12 曼谷必食
Mae Varee

到泰國必食的甜品「芒果糯米飯」，行到那裡也可買到。而位於Thong Lo這家生果店，就是蘇施黃推介的Mae Varee，已有三十多年歷史，全年也有芒果售賣，最特別的是其三色芒果糯米飯，但糯米飯只於5點至半夜售賣，售完即止。

芒果糯米飯 150銖/1盒
芒果糯米飯的特別之處，除了一般的黑白糯米，更加入以班蘭汁做成的糯米飯，入口特別香的班蘭葉味，一盒有齊三款回味，食之前撒上附送的炸黃豆及鮮椰奶，鮮甜煙韌更非常脆口。

MAP 別冊 **M07 A-3**

地 1 Soi Thong Lo, Suhumvit 55, Bangkok
時 05:00-22:00　電 (66)02-392-4804
交 BTS Thong Lo站3號出口步行2分鐘

WOW! MAP
11　12

13 神秘民族商店
FEATHERSTONE

這間帶點神秘色彩的小店由設計師Fearn開設,室內樓底高,用上大量木傢具,並以鮮花、蝴蝶標本、古董擺設作點綴,令人甫進內就如踏進另一個空間一樣。FEATHERSTONE分成西餐廳和賣民族小物的商店兩部分,商店專賣老闆由異國搜購得來或是她自己設計的物品,例如民族飾物、木雕印章、水晶石等;而餐廳則主打創意西餐,招牌的Sparkling Apothecary由梳打水和藏有花瓣的冰塊組成,視覺效果一流,喜歡自拍打卡的遊人務必一遊。

↑ Sparkling Apothecary wild gardenia 140銖
上菜時猶如魔法藥水般的玻璃瓶盛載,冰塊之內藏有鮮果和食用花瓣。

古董櫃予人一種懷舊的感覺

←穿珠流蘇民族耳環 380銖。

↓木雕圖案印章 210銖

MAP 別冊 **M07 B-2**

地 60 Ekkamai 12 Bangkok
時 10:30-22:00
網 www.seefoundtell.com
電 (66)097-058-6846
交 BTS Ekkamai站1號出口乘車約10分鐘

13

⑭ 日本人的泰國家品
chico

由駐泰日本人松本幸子在2001年經營的泰國家品店,甫進室內,映入眼簾的是琳琅滿目的商品:有色彩鮮艷的泰國調味料樽、民族衣服和袋子、竹製墊子和木杯墊、貓咪裝品等等,總之就令人目不暇給!chico的商品不但會在泰國本地入貨,而且更有部分商品是由店主和店員DIY,例如籐製手袋、油畫等等,在實體店和在網上商店都極受歡迎。

→店員加工製作籐製手袋。

↑錫質水杯100銖
輕巧的錫杯刻上泰國獨有的花紋,極有泰國風味。

↑紙製貓咪340銖
以6位貓店長為藍本的紙製裝飾,內藏香珠,放在辦公室樓面既可使裝飾又會散發陣陣香氣,一物二用。

MAP 別冊 M07 A-2

地 109, Soi Sukhumvit 53, Sukhumvit Rd., Khlong Tan Nuea, Watthana, Bangkok
時 11:00-19:00 休 星期二
網 chico.co.th 電 (66)02-258-6557
交 BTS Phrom Phong站
1號出口乘車約5分鐘,
或於BTS Thong Lo站
步行約13分鐘

WOW! MAP
14

阿索‧彭蓬 Asok‧Phrom Phong

→**Mango Sticky Rice Coconut Milk Ice Cream 110銖**
杯裝的芒果糯米飯，芒果切成粒狀，吃起來方便又優雅。

←**Hor Mok**
香辣蒸魚蓉Ho Mok Khanom Krok以100％純魚肉製作，入口妯膩黏稠。

→**Yum Tawai**
「Yum Tawai」是市面上罕見的古傳泰菜，炒過的雜菜伴以酸甜沙嗲醬，味道濃稠。

⑮ 老饕泰菜館

Thon Krueng

好食 編者推介

一間經營廿多年的泰國海鮮餐館，差不多每晚皆高朋滿座，當然有其法寶。以食物的水準而言，絕對不算貴，且有中國菜式，最適合吃不慣泰國菜的中國人。店內裝修分室外室內，充滿熱帶情調的室外是西方人的最愛，亞洲人則必選有空調的室內座位。門口的開放式海鮮廚房，很有鯉魚門feel。

←**咖哩蟹 630銖 (時價)**
新鮮海蟹先落鑊炸至半熟以保持肉汁，再以黃咖哩烹煮，加入九層塔十分惹味，入口不太辣，適合不嗜辣的朋友。

MAP 別冊 M07 A-1

地 211/3 Sukhumvit 49/13, Klongton-nua, Wattana
時 11:00-22:30
網 facebook.com/ThonKrueng
電 (66) 02-185-3072-3
交 BTS Thong Lo站乘的士約5分鐘

⑯ ECO城市熱帶雨林 Rain Hill

位於Sukhumvit Soi 47開了一棟全新綜合式商場，裡面40多間店舖，包括有時裝、食肆、手作店、超市等。商場以熱帶雨林為靈感，無論室內與室外也種滿了植物，行街的時候，聽著流水聲與雀鳥叫聲，感覺更輕鬆自在，聲音無論是真或是假，也都不重要了。

MAP 別冊 M07 A-2

地 777 Sukhumvit Road, Soi 47, Bangkok
時 10:00-23:00(各店時間有異)
網 www.rainhill47.com
電 (66)02-260-7447
交 BTS Thong Lo站1號出口步行約10分鐘

→整棟商場外型以木材及植物為主，設計有點似東京某個潮流商場，走進去，讓人身心一起放鬆下來。

伊卡邁‧東羅 Ekkamai‧Thong Lo

WOW! MAP

15   16

阿索・彭蓬 Asok・Phrom Phong

伊卡邁・東羅 Ekkamai・Thong Lo

室內經常出現搞怪插畫

17 CNN推介最佳啤酒吧

Mikkeller Bangkok

「Mikkeller」是一個來自丹麥的啤酒品牌，而這家「Mikkeller Bangkok」則是品牌首間亞洲分店，開店後一年多旋即被CNN選為亞洲十大最佳啤酒吧。店內分為試飲室和酒吧兩部分，試飲室提供逾250款不同類型的瓶裝酒，有啤酒、蘋果酒、蜂蜜酒、烈酒和紅白酒等；酒吧內則供應30款自家釀造的生啤酒，包括有曼谷限定的Sukhumvit Pale和Sukhumvit Brown，最值一提的是酒吧內的30款啤酒都可以免費任試，小酌幾口覺得對味才下單，認真到就像在高級餐廳點紅白酒一樣！

↑支裝啤酒160銖起，自釀支裝啤酒每支都有獨特包裝，令人愛不釋手！
←Sukhumvit Brown 320銖(左)
顏色呈深琥珀色，入口麥味頗重。

MAP 別冊 **M07 B-2**

地 26 Ekkamai Soi 10, Yeak 2, Phra Khanong Nuae, Watthana, Bangkok
時 星期一至五 17:00-24:00、星期六日 11:00-24:00
網 www.mikkellerbangkok.com
電 66 (0) 82 283 1274
交 BTS Thong Lo站3號出口步行約6分鐘

酒吧內不設Dress code，店員打趣地說除了裸體之外，客人可隨意穿著任何服飾。

WOW! MAP

17

18 民居上的靚景酒吧
Cielo Sky Bar

一般的靚景餐廳酒吧都是位於酒店商場大廈之上，而Cielo Sky Bar 卻在民居Condominium的46層頂樓，分為室內室外兩個區域，室外地方空曠，坐擁180度的景觀，可飽覽Sukhumvit地區的美景，建議晚上6至7點左右到達景色最美。ZEPPELIN的最大賣點是透明玻璃天橋Sky Walk，可望見玻璃下的46層天井，快來挑戰你的膽量！

←由餐廳經理創作的Blue Skies'以 tequila、藍庫拉索酒、黑椒、藍莓和洋甘菊調製。

→室內餐廳裝潢雅致，主打fusion 菜式，價錢合理。

MAP 別冊 **M07 B-3**

地 46F, Sky Walk Condominium, Sukhumvit 69-69/1, BANGKOK
時 餐廳10:00-24:00；酒吧17:30-24:00
電 (66)-081-916-4270
網 www.cieloskybar.com
交 BTS Phra Khanong步行5分鐘（由於位於民居condominium上，所以遊客們到達樓下的接待處時要通知ZEPPELIN，他們便會找保安開門之後進電梯代拍卡便可上46樓）

烤肉眼牛扒900銖

19 長途巴士站
Eastern Bus Terminal

這個東區巴士總站正正就在Ekkamai BTS站的旁邊，非常方便。外貌簡陋的車站，卻很旺場，由大清早4時到凌晨12時（視不同目的地而定）都有不同種類的巴士開往泰國東部地區（如芭堤雅及華欣）。時間較長，由1小時到3小時不等，但價錢便宜。大家若不趕時間的話，乘巴士會有另一番體會。

MAP 別冊 **M07 B-3**

地 Ekkamai BTS Station, Sukhumvit Road, Bangkok.
時 10:00-22:00
電 (66)02-391-6846 /(66)02-391-2504
交 BTS Ekkamai站2號出口

WOW! MAP

18   19

抵食
編者推介

20 時裝人餐廳
Greyhound Café

泰國時裝集團開設的餐廳，以簡約時尚的設計風格成為泰國潮流先驅，室內傢俬都好像家中的梳化一樣舒適；這裡主要提供西餐，也有fusion泰菜，當中包括有蘇施黃推介的單骨雞翼，炸雞翼全部只有一條骨，味道鬆脆可口。吃完更可到對面的Greyhound Sweets吃甜品，一次過滿足兩個願望。

↑泰式單骨雞翼 190銖
雞翼切開一半炸至香脆，比較乾身但半分脆口，配上魚露更加好味。

←三文魚刺身伴泰式辣醬 280銖

MAP 別冊 M07 A-2

地 J. Avenue, Soi 15 Thong Lo, Sukhumvit 55, Bangkok
時 星期一至五11:00-21:00、星期六日及假期10:00-21:00
網 www.greyhoundcafe.co.th
電 (66)02-712-6547
交 BTS Thong Lo站3號出口
　 步行約10分鐘

冬蔭薯粉300銖

↑ 室內環境讓你感覺如在家中，非常有親切感。

↑ 海南雞飯 73銖
雞肉嫩滑兼飯油香，比很多高級food court所提供的更好味。

21 新加坡雞飯
文堂吉海南雞飯

在這條新潮高級的Thong Lo街，或許無人會想到要食燒肉飯或海南雞飯，因此極易錯過這間外表平凡但卻美味正宗的地道小店。除著名肉嫩飯香的海南雞飯外，其自家烤製的燒肉飯，皮脆肉香，每日早晚限量出爐，絕對新鮮。店內有中文餐牌，方便華人顧客。

MAP 別冊 M07 B-2

地 440/5 Thong lor Soi 18, Sukhumvit Soi 55, Klongton Nua, Wattana, Bangkok
時 09:00-21:00
電 (66)02-390-2508
交 BTS Thong Lo站乘的士約2分鐘

WOW! MAP

20　21

同場加映

22 大型雙層商場
MEGA Bangna

商場共兩層，佔地12萬平方米，超過800間店舖，有Cotton on、Jaspal、Uniqlo、Big C Extra超級賣場，還有sub-zeo溜冰場和bliu-o保齡球場。另外，更有大型food court和多間食肆，具有多國菜可以選擇。MEGA Bangna鄰近機場，與市中心有距離，建議自遊人可以在上機前，預留時間閒逛，又或是下機後直接到MEGA Bangna，再入市中心，這樣會比較節省時間。

阿索・彭蓬 Asok・Phrom Phong

往來MEGA Bangna交通

Ekkamai (E7) — BTS Sukhumvit Line 約9分鐘 37銖 — **Udom Suk(E12)**

MEGA Bangna — 接駁巴士 約20分鐘

地：39 Moo 6 Bangna-Trad Road, Km. 8 Bangkaew, Bangplee, Samutpraka
時：10:00-22:00
網：www.mega-bangna.com
電：(66)02-105-1000
交：乘BTS於Udom Suk站下車，由5號出口可轉乘免費接駁車直達，車程約20分鐘

22a food republic

想爭取時間逛街的自遊人，可以到此極速醫肚，美食廣場選擇多，有齊中西泰菜，價錢亦相對較便宜。

泰東北豬扒鐵板配紫米飯及木瓜沙律129銖
即叫即製，熱騰騰，醬汁非常惹味。

伊卡邁・東羅 Ekkamai・Thong Lo

22b Big C extra

雖然沒有水門街BIG C那麼大型，但愛逛BIG C掃貨的自遊人請預留足夠時間入貨。

WOW! MAP

22

153

Saphan Taksin

สะพานตากสิน 沙潘塔克辛

粵語讀音：十盼撻先

必見！ WAREHOUSE 30

自從 BTS 的 Silom 線開通後 Saphan Taksin 開正在湄南河邊，且連接 Sathorn Central 這主要登船碼頭（往遊覽各著名佛寺及河畔酒店）後，由 Siam 站到湄南河碼頭都只不過 15 分鐘。此區更是曼谷的舊城區，很多古舊的建築及售賣真正傳統手工藝的舖頭都極具遊覽價值；感覺與 Chit Lom 或 Siam 區絕不一樣。

往來沙潘塔克辛交通

Siam(CEN)	🚆 **Sukhumvit Line** 約9分鐘 36銖	
Asok(E4)	🚆 **Sukhumvit Line** 約16分鐘 43銖	**Saphan Taksin(S6)**

① 50年代快餐店
Fats and Angry

黑白瓷磚地板、圓形的紅色軟墊吧台椅、復古海報和霓虹燈，店主兼設計師Khun Lee以美國文化為靈感，參考加州 in-n-out 和紐約 shake shack等知名漢堡店，設計出這間以50年代為主題的美式快餐店Fats & Angry。店內提供漢堡、炸洋蔥圈、炸魚薯條、薯餅等美式小食，招牌奶昔有雲呢拿、曲奇、朱古力和士多啤梨等8款口味，奶昔以濃厚的全脂奶和雪糕製作，最後唧上香滑忌廉和撒上彩糖，不少人試過都大讚是「曼谷最美味奶昔」。

↓→ Cheese Burger & Milkshake Combo 350銖
漢堡的肉塊以澳洲牛肉製作，肉與脂肪比例是8:2，肉汁超多，配可愛的笑哈哈薯餅和美味奶昔。

沙潘塔克辛 Saphan Taksin

↑士多啤梨奶昔以全脂牛奶、雪糕和新鮮士多啤梨製作，100%香甜美味，絕對沒有人工味道。

↓店內的設計圍繞著吉祥物 Mr. Hangry。

→牆上貼有充滿幽默感的海報，叫人會心微笑。

MAP 別冊 **M09 B-2**

地 16 Soi Charoen Krung 46, Bang Rak, Bangkok
時 11:00-20:00
網 www.facebook.com/fatsandangry
電 (66)097-238-0935
交 BTS Saphan Taksin站步行約4分鐘

莎拉當・席隆 Sala Daeng・Silom

WOW! MAP

155

沙潘塔克辛 Saphan Taksin

② 活化倉庫
WAREHOUSE 30

這個由倉庫改建而成的 WAREHOUSE 30，由二戰時期開始保留下來，近年被改造成文創空間，吸引了不少的設計師及CAFÉ進駐，為這個地方增加了新生命。倉庫一字排開，每個空間都是互通，由於這邊較多當地人，所以適合想靜靜感受曼谷的遊人。

倉庫內有不同的文創商品。

↑ 復古木製相機 950銖

↑ 綠茶潤唇膏 198銖

MAP 別冊 **M09 B-1**

地 52-60 Captain Bush Ln,
時 Bang Rak, Bangkok
網 07:00-01:00 (各店不同)
電 www.warehouse30.com
交 (66)02-237-5087
BTS Saphan Taksin站
乘車約10分鐘

莎拉當・席隆 Sala Daeng・Silom

②a 泰國皇室芳療
ERB SPA

品牌成立於2000年，由泰國時裝設計師Pattree Bhakdibutr創立。店名「Erb」取英文「Herb」的諧音，於泰文有「散發光彩」意，強調產品以暹羅宮廷的草本秘方配合現代技術，結合成符合現代人需要的護膚品。品牌主要售賣SPA用品、護膚品、身體護理用品和香薰等產品，當中加入玫瑰油的Wine & Rose系列、採用有機米製作的Eastern Treat系列，以及蘊含24K金箔的Glow Again系列都非常受歡迎。Erb在Warehouse 30設有水療中心，除了提供足部按摩、泰式按摩和精油按摩外，還有特色面部護理，包括混合新鮮大麻葉的排毒護理和七彩花黃金療法的煥顏護理。

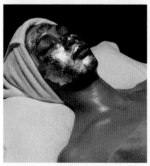

↑ Ultimate ERB Green Detoxing Facial 2,900 銖 (60 分鐘)。

↑ Erb Seven Pollen Golden Therapy 4,900 銖 (90 分鐘)，採用巴古拉、鐵力木、藤黃花、聖蓮、茉莉花、依蘭、玉蘭等七種暹羅名花花粉加入金箔，有助促進肌膚細胞更新，提亮膚色。

地 Soi Charoenkrung30
時 10:00-22:00
網 erbasia.com
電 66(0) 2-117-2266

WOW! MAP

2

2a

2b 倉庫咖啡店
A COFFEE ROASTER BY LI-BRA-RY

倉庫的好處在於空間夠寬夠大，這間咖啡店A COFFEE ROASTER就利用了倉庫寬敞的特性，不僅在中間設置一座吧檯，讓客人可以近距離欣賞咖啡師沖泡咖啡的過程，更在咖啡吧後面設置了一部咖啡豆烘焙機，炒豆的時間和溫度全由自己調控，確保咖啡豆品質穩定。值得一提的是店內同時提供多款非咖啡類的飲品，例如微辣刺激的Red hot chili apple、用金莎、Kit-Kat和Valrhona朱古力製成的WTF Chocolate等。

↑ 斑蘭窩夫 110銖
幾何造型的窩夫口感外脆內軟。

地 Soi Charoenkrung30
時 10:00-22:00
網 erbasia.com
電 66(0) 2-117-2266

←Sleepless Mojito 150銖
薄荷葉、青檸、梳打水加入 Espresso，沒有酒精成份，但也足夠叫人整夜無眠。

→咖啡豆由烘豆、入袋及包裝均在店內進行。

中央設有咖啡吧檯，客人可以與咖啡師交流咖啡心得。

2c 舊物博物館
WOOT WOOT

寬敞的倉庫除了用來做咖啡店之外，用作擺放舊物亦非常適合，這間專門售賣二手雜貨的WOOT WOOT便是一例。WOOT WOOT的舊物由小巧的紙品、印章、手作本，到鏡子、黃銅器皿和木製傢俱都一應俱全，遊走在內就像在博物館參觀一樣，喜歡在舊物店尋寶的你切勿錯過。

地 Warehouse 4
時 星期一至五11:00-18:00、星期六日11:00-19:00
休 星期三
網 www.facebook.com/WootWootStore

↑ 手作木質印章，價錢由 100 銖起。

↑ 60 年代美國 Fire-King 翡翠玻璃杯碟，1,600 銖起。

黃銅紙夾 1,590 銖起。

2b

2c

WOW! MAP

沙潘塔克辛 Saphan Taksin

莎拉當・席隆 Sala Daeng・Silom

③ 整個水上市場搬進室內
ICONSIAM

不能錯過頂層的瀑布。

在2018年底，震驚整個曼谷的巨無霸商場終於開業，ICONSIAM坐落在眉南河旁，佔地逾75萬平方米，有不少國際品牌都把旗艦店開設在這個商場內，就連泰國首間的Apple Store也選擇在此落戶，可見這個商場的風頭一時無兩。另外，ICONSIAM最具話題性的，就莫過於就是把整個水上市場搬到室內，讓遊人能夠近距離的接觸泰國的傳統市場。

↑每到晚上，商場外都會有燈光show，吸引遊人駐足欣賞。

MAP 別冊 **M09 A-1**

地 299 Soi Charoen Nakhon 5 Charoen Nakhon Road
　Khlong Ton Sai, Khlong San Bangkok
時 10:00-22:00
網 www.iconsiam.com/en
電 (66)02-495-7000
交 BTS Saphan Taksin BTS 站，於Exit 2
　轉乘免費穿梭街渡，約5分鐘

↑四樓有兒童的休憩空間。

↑場內的裝潢相當浮誇。

↑泰國傳統人偶。

整個參考泰國早期水上市場的設計。

↑室內水市場有不同的美食，遊人食得安心又放心。

↑有不少遊人都慕名而來。

③a SookSiam

整個最讓人感興趣的就是這個佔地逾1.5萬平方米的室內水上市場，商場把這個水市場打造成泰國早期的水上生活作背景，通過昔日的建築特色，給遊人認識早期泰國的生活。水上市場集合了泰國77個省府的地道小食，除此以外，也有不同地方特色的手工藝品，遊人在這裡逛一圈，仿佛把整個泰國繞了一圈。

美食以外，還有很具泰國特色的工藝品。

MAP 別冊 **M09 A-1**

地 GF
時 10:00-22:00
電 (66)02-437-0711

WOW! MAP
3

→烤鴨雲吞 50銖

←除了烤鴨以外，還有燒肉、叉燒等等不同的港式燒味。

→桌上有不同的醬料供遊人調味。

④ 百年老店
新記燒鴨

屹立在舊城區逾110年的新記燒鴨，是十分地道的港式餐廳，在昔日有不少華僑移居泰國，把原有的技術一併帶來。店內最著名的就是烤鴨，鴨皮香脆、而鴨肉則鮮嫩多汁，味道不輸香港。店內烤鴨的配搭十分多元化，可以配搭飯以外，還有麵、雲吞可以選擇。另外，有不少的當地人都會在這裡「斬料」加餸。

MAP 別冊 **M09 B-2**

地 1415 New Road Silom Bangrak, Bnagkok
時 08:00-20:30
網 www.prachakrestaurant.com
電 (66)02-234-3755
交 BTS Sala Daeng站步行約4分鐘

沙潘塔克辛 Saphan Taksin

⑤ 船廠變身
Sarnies Bangkok

香港首推

曼谷是一個新舊融合地方，處處都充滿驚喜，就好像這一家CAFÉ。Sarnies是新加坡的咖啡品牌，2019年進駐曼谷，它選址在這間有150年歷史的修船廠。進駐後，並沒有改建到房子的結構，反而透過不同的擺設，為這個老房子增加了不一樣的味道。在柔和的陽光下點了一入咖啡焦糖布甸及飲品；咖啡焦糖布甸不會太甜，咖啡的味道恰到好處，不會太過強烈，口感幼滑；而飲品則是以西瓜汁做基底，加入了青檸及薄荷，清爽消暑！這裡的重點不只有美食，有不少當地人在餐廳內不停遊走拍攝文青照，可見老房子的魅力！

MAP 別冊 **M09 B-2**

地 101-103 Charoen Krung Road 44 North Sathorn, Bang Rak, Bangkok
時 08:00-17:30
網 sarnies.com/Bangkok
交 BTS Saphan Taksin站 步行約5分鐘

Salmon Fish Finger Burger 360銖

→**Orange mocha 150銖**
以濃縮咖啡、homemade 朱古力醬和橙皮製成，誠意滿分。

↑名為「A f**king good brownie」**140銖**，濃厚的Brownie灑上粗鹽，為朱古力的甘甜更添層次。

莎拉當・席隆 Sala Daeng・Silom

WOW! MAP

159

沙潘塔克辛 Saphan Taksin

莎拉當‧席隆 Sala Daeng‧Silom

6 早晚無敵景觀
State Tower

State Tower號稱擁有全曼谷最大最高的服務式住宅酒店Lebua AT State Tower，除那佔地15層，近200連露台的超大套房外，位於大廈最頂層63至64樓的The Dome更擁有3間超豪食肆，180度無敵天台美景夜色而聞名，是城中名人最常到的晚蒲點。此外，在那羅馬式圓頂的部份其實是宴會廳The State Room，可容納300至400人的cocktail或作婚禮宴會用。

MAP 別冊 **M09 B-2**

地址 State Tower, 1055/111 Silom Road, Bangrak, Bangkok
網 lebua.com/hotels/lebua-at-state-tower
電 (66)02-624-9999
交 BTS Saphan Taksin站3號出口步行約15至20鐘

6a Sirocco (63F)

到Sirocco餐廳的客人除了嚐嚐他們著名地中海名菜，享受高級的餐飲服務，最重要的還是要體驗那靚絕全曼谷的夜空美景。單從那羅馬式圓頂設計的The Dome步行至Sirocco的長樓梯，加上現場樂隊表演，那種君臨天下的攝人氣勢，比在Banyan Tree Hotel頂樓的Vertigo更「勁」更high，而且也較便宜。此外要留意的是到Sirocco食飯必需提早3至5天預定，遇上雨天的日子，Sirocco的室外部份是關門的，大家最好擇個好日子才拜訪。

不停變色的Sky Bar，氣氛浪漫。

「The Dome」規條：
1. 不可穿拖鞋、爛衫
2. 男士不可穿短袖T恤、短褲
3. 不可帶背囊及行李（保安理由）
4. 5歲以下的小童不獲接待（安全理由）

時 18:30-01:00 (L.O.23:30)　 電 (66)02-624-9555
網 lebua.com/restaurants/sirocco

WOW! MAP
6　6a

7 古法手製家品
Thai Home Industries

Thai Home Industries是一間已有50年歷史，在曼谷非常著名的古法手製鋼鐵餐具、貝殼藝術品、布藝織品及藤器的工藝舖頭，其自家手製的餐具不但備受皇室及附近五星級酒店的垂青(文華東方亦是他們的長期顧客)，也因其過人的口碑而引來不少外地買家。

MAP 別冊 **M09 B-1**

地 35 Charoen Krung Soi 40, Bangrak
時 09:00-18:30　休 星期日
電 (66)02-234-1736
網 www.bangkokriver.com/place/thai-home-industries-thai-craft
交 BTS Saphan Taksin站
3號出口步行14分鐘

8 沈醉在紫醉金迷的晚上
Maggie Choo's

隱身在地庫的Maggie Choo's 分餐廳和酒吧兩部分，食店模彷1930年代舊上海，以紙傘、燈籠和木檯櫈營造中式茶寮的感覺，而酒吧則與餐廳一簾之隔的大廳之內，以紅磚牆、木箱和鐵閘裝飾成充分神秘感的地窖。酒吧之內還會定時有舞蹈和爵士樂等表演，身穿高叉旗袍裙的Maggie Choo Girls會出場表演一小段舞蹈，令現場氣氛更High！雖然酒吧內又有Live music又有美艷女生出場跳舞，排場雖大，但卻沒有預期中的開天殺價，場內亦不設最低消費，點一杯飲品就可以坐一整晚，可謂相當划算。

穿上紅色高叉旗袍的Maggie Choo Girls雖帶幾分妖嬈，但放心...表演絕對健康，最多只是秀秀美腿罷了。

←LADY FLORA 290銖
翠綠糖絲下的雞尾酒酸酸甜甜，酒精味不算濃。

→ 餐廳的裝潢整具舊中國氣氛

MAP 別冊 **M09 B-2**

地 Underground of Hotel Bangkok Fenix Silom, 320 Silom, Bangrak Bangkok, Thailand
時 19:30-02:00　休 星期一
網 www.facebook.com/maggiechoos
電 (66)091-772-2144
註 場內設有Dress code，身穿拖鞋短褲者禁止入內。
交 於BTS Saphan Taksin站3號出口步行約9分鐘

↑酒吧的氣氛很CHILL
←Jazz music由外國音樂好手主理，質素極高。

WOW! MAP

7　8

161

沙潘塔克辛 Saphan Taksin

⑨ 家族大宅泰菜
HARMONIQUE

沿BTS Saphan Taksin 站旁的大馬路直走，會到達一處較少外國遊客留連的舊式住宅區，而在這些古老的大宅之中，有一所隱閉的小餐館，她不但奪得多個最佳餐廳的獎項，更得到海外多間媒體推介，成為曼谷其中一間享負盛名的傳統泰國菜館。HARMONIQUE由三姊妹合營，餐廳改建她自們的祖屋，而餐牌上的菜式則來自家傳秘方，例如有椰汁雞、生菜豬肉碎、香茅炸蝦餅等，每款都有獨特的家鄉風味。

MAP 別冊 **M09 B-1**

地 22, Charoen Krung Road,
Bang Rak, Bangkok
時 11:00-20:00
網 www.facebook.com/harmoniqueth
電 (66)02-237-8175
交 BTS Saphan Taksin站3號出口步行約16分鐘

↑古屋之內最引人注目的是這個綠意盎然的天井位。

←小食拼盤 250 銖
一盤有齊釀蟹蓋、香茅蝦、春卷和蒸蛋。

莎拉當・席隆 Sala Daeng・Silom

多次被選為世界最佳Hotel Spa的The Oriental Spa，是「名人明星」來到曼谷的必到Spa。

⑩ 全球十大酒店
The Oriental Bangkok

The Oriental的名字已經是酒店界的五星級保証，曼谷（文華）東方酒店不但多年成為曼谷NO.1最佳酒店，其酒店及Spa的服務更多次被列入各地旅遊雜誌選為亞洲及世界區的十大。經過一輪豪裝後的The Oriental更有east meets west的東方摩登美，只要親身到過這世界級酒店的大堂，見過那泰式裝修的房間，感受過那些殷勤的服務態度，相信無人會否認那些雜誌的選舉結果。

MAP 別冊 **M09 A-1**

地 48 Oriental Avenue,
Bangkok
網 mandarinoriental.
com/bangkok
電 (66)02-659-9000
交 BTS Saphan Taksin站
3號出口步行約10分鐘

WOW! MAP
9   10

11 藍色大象
Blue ElephantCooking School and Restaurant

全球擁有11間分店的Blue Elephant泰菜餐廳名字在歐洲已有盛名，巴黎、倫敦及布魯塞爾均有這隻「藍大象」的影蹤。曼谷這間位於Suasak的BTS站附近，從河邊乘的士前往都只是5分鐘車程。Blue Elephant那幢古老大屋在晚間亮燈後尤其美麗，很易辨認。下層是

裝修得很精緻的泰菜餐廳，每天的材料都是新鮮從曼谷本地市場運到，由泰籍主廚Nooror Somany精心設計，每道菜均有賣相及質素。餐廳上層則是Blue Bar酒吧及泰菜課室。看見冰藍色的Bar已叫人心曠神怡，上完堂來一杯cocktail輕鬆一下，還可以搜購一下教煮泰菜的書籍。

←煎鵝肝配羅望子汁 580銖

MAP 別冊 **M09 C-2**

地 Blue Elephant Building, 233 South Sathorn Road, kwaeng Yannawa, Khet Sathorn, Bangkok
時 11:30-14:30、17:30-22:00
網 blueelephant.com/restaurant/bangkok
電 (66)02-673-9353
交 Surasak站4號出口步行約1分鐘

沙潘塔克辛 Saphan Taksin

---

12 與媽祖結合的文創
Lhong 1919

園區內設有不同的壁畫，活化老建築。

lhong 1919原本是一個有過百年歷史的碼頭，而這個碼頭是以前是中國人用來對外發展貿易的貿易港。隨著時代的變遷，這裡變身成文化基地，並保留原本的建築，最特別的是保留媽祖，真真正正的做到中泰融合。

有情侶寫上許願牌許願。

MAP 別冊 **M09 A-1**

地 248 Chiang Mai Rd, Khlong San, Bangkok
時 12:00-20:00
網 www.facebook.com/Lhong1919
電 (66)091-187-1919
交 搭乘BTS至Saphan Taksin站，於2號出口前往Sathorn Pier碼頭乘坐Chao Phraya Tourist Boat（藍旗旅遊船）至LHONG 1919碼頭（09:00-17:30每30分鐘發船）。

當地人畫上具中國特色的壁畫。

莎拉當・席隆 Sala Daeng・Silom

11 12

WOW! MAP

163

Sala Daeng·Silom

ศาลาแดง 沙拉當 · สีลม 席隆

必見！
Somtum Der

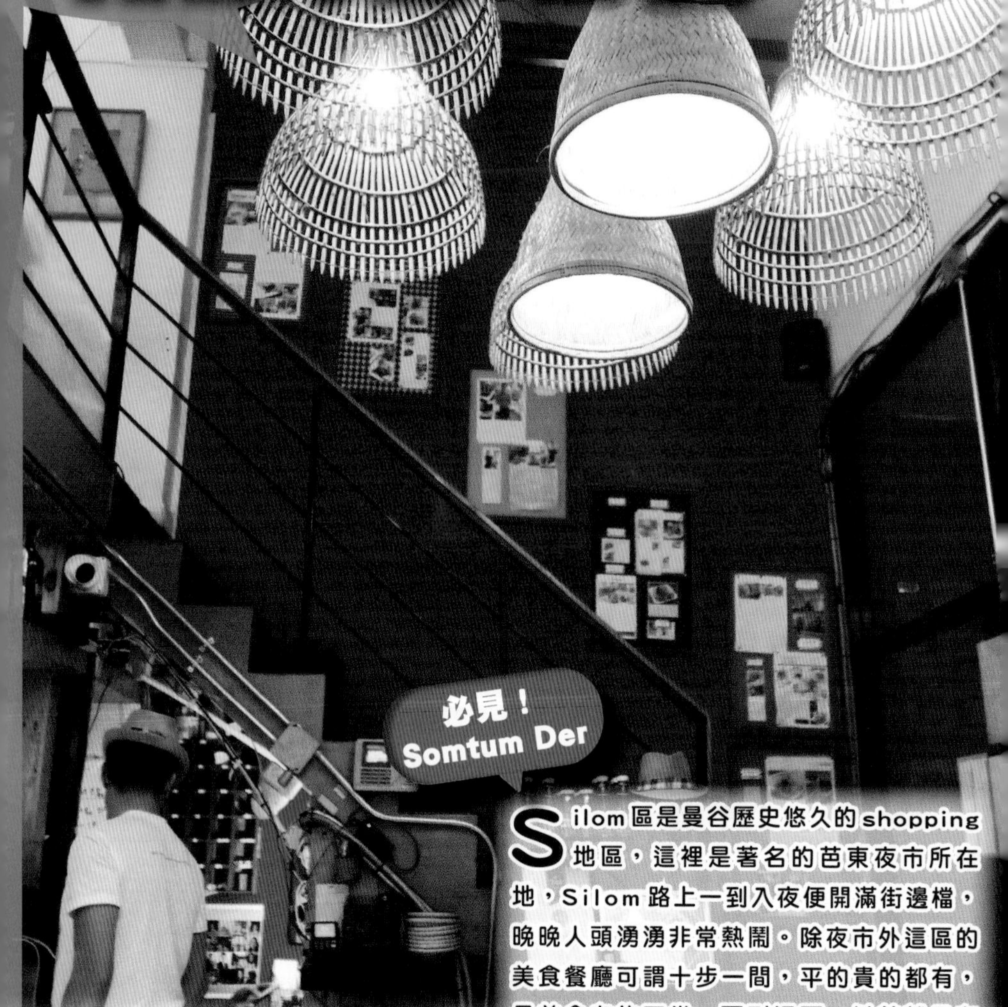

S ilom 區是曼谷歷史悠久的 shopping 地區，這裡是著名的芭東夜市所在地，Silom 路上一到入夜便開滿街邊檔，晚晚人頭湧湧非常熱鬧。除夜市外這區的美食餐廳可謂十步一間，平的貴的都有，是美食者的天堂。要到這區，以前就只有 BTS 的 Sala Daeng 站，現在則可乘 MRT 到 Silom 站下車；兩者的出口只是樓上樓下，轉車也非常方便。

往來沙拉當·席隆交通

Siam(CEN)	BTS Sukhumvit Line 約3分鐘 22銖	**Sala Daeng(S2) · Silom**
Asok(E4)	BTS Sukhumvit Line 約10分鐘 36銖	

① 平價星級東北菜
Somtum Der

在小巷中埋藏了一個星級的東北菜餐廳，東北菜的味道較酸和辣，而且有較多的涼拌菜。雖然店內設有室外的座位，但用餐時間還是需要等待一下。來到店內不得不點招牌的木瓜沙律，遊人可按照自己的口味，調整辣度，木瓜很新鮮爽口，酸辣的味道令人吃得非常過癮，而且不用100銖就非常大盤，划算！店員還會奉上青瓜、紅蘿蔔等等配菜，原來是給顧客解辣，十分細心。另外再吃了一客的蒸魚肉，魚肉非常鮮甜，就算不沾醬也可以品嚐到魚肉帶有檸檬的清香，如果嗜辣的話，不妨沾他們的酸辣醬，提升了魚肉鮮味之餘亦非常開胃，必點！

↑tub tim fish meat with house chill sauce 115銖
魚肉帶有檸檬香，非常好吃！不要錯過！

←店員會送上配菜，是給食客解辣用！

↑半開放式的廚房，遊人可以欣賞他們製作木瓜沙律！

←↑木瓜沙律 90銖
CP值超高，便宜、大份又好吃！

MAP 別冊 **M08 B-1**

地 5/5 Saladaeng Rd, Silom, Bang Rak, Bangkok
時 11:00-23:00 (L.O. 22:15)
網 www.somtumder.com
電 (66)02-632-4499
交 BTS Sala Daeng站步行約4分鐘

165

② 新鮮體驗煮泰菜
Silom Thai cooking school

位置在民區內，課程以道地的家庭泰菜為主。每日分為早午晚3班，每堂4小時，一堂學5種菜式，每日所學的菜式都有所不同。早上和中午班由導師帶學員逛傳統街市，認識泰國的各種特色香料和食材，而晚上班就會移師到課室進行。

↑芒果糯米飯，用新榨的椰汁製成的糯米飯，椰奶味特別香濃美味。

→學泰菜又點少得冬蔭功，賣相味道都不輸給外面的餐廳。

MAP 別冊 **M09 C-1**

地 6/14 Decho Road,Bangrak, Bangkok.
網 www.silomthaicooking.com
電 (66)08-4-726-5669 / (海外熱線)(66)08-4-726-5669

烹飪班時段：

早 09:00-12:20(包括market tour)
午 13:40-17:00(包括market tour)
晚 18:00-21:00
金 1,000銖/人
交 MRT Silom 3號出口，會有工作人員接待。(請先與cooking school聯繫)

---

③ 老字號泰菜 〔建興酒家〕
Somboon Seafood

好食 編者推介

創辦人Pichai和Chittra以提供新鮮肥美的泰國蟹為宗旨，於1969年創立Somboon Seafood（建興酒家），由於它的咖哩炒蟹材料新鮮又夠鑊氣，瞬間就俘虜了本地以至海外老饕的芳心，餐廳更曾被CNN指其咖哩炒蟹的美味冠絕全亞洲，是令曼谷位列「世界最佳城市」的50個原因之一。

←咖哩炒蟹大(1,00-1,2000銖)、中(550銖)及小(380銖)
黃咖哩微辣的口感配合椰奶和蛋香，滋味十足。

↑泰式新鮮生蝦300銖
如果怕街邊檔食生蝦不衛生，不妨在這間星級餐廳試試。

MAP 別冊 **M08 A-1**

地 169,169/7-12 Surawong Road., Suriyawong,
時 Bangrak, Bangkok 10500
網 16:00-23:00(L.O22:45)
電 www.somboonseafood.com
交 (66)02-233-3104
　 BTS Sala Daeng站步行約10分鐘

WOW! MAP
2　　3

④ 平民價歉名廚料理
Issaya Siamese Club

2011年開業的Issaya Siamese Club是由泰國名廚Ian Kittichai經營，它座落在一幢樓高兩層的法式大宅裡，四周被大片青草地圍繞，室內則用上鮮明而豐富的顏色，甚具異國風情。食物方面，餐廳以Ian大廚的兒時回憶為菜式靈感，並以自家種植的香草入饌，製成一碟碟極富特色的佳餚。最抵讚的是午市和晚市Menu價錢和份量都是一樣，絕不將貨就價。

↑ Issaya Mojito 350 銖 (右)
La Issaya Mocktail 295 銖 (左)

↑ Wok Sauteed Short Grain Rice with Hed Por 280 銖
Kradook Moo Aob Sauce 380 銖
餐廳的招牌菜有以燒烤爐上菜的BB豬肋骨，還有以豆類、黑糯米和薏米製成的撈飯，內邁的清邁磨菇以人手採摘，非常矜貴。

沙潘塔克辛 Saphan Taksin

莎拉當・席隆 Sala Daeng・Silom

MAP 別冊 **M08 C-1**

地 4 Soi Sri Aksorn, Chua Ploeng Road, Sathorn, Bangkok
時 11:30-14:30、18:00-22:30 (酒吧營業至01:00)
網 www.issaya.com
電 (66)062-787-8768
交 MRT Khlong Toei站1號出口 步行約10分鐘

室內多採用大藍大紅的顏色。

WOW! MAP

沙潘塔 aksin

莎拉當・席隆 Sala Daeng・Silom

餐廳格調雖高，但卻無Dress code限制，而且食物定價亦算親民。

← **Raw Thai Tuna 300 銖**
以炸黑糯米、生鮪魚粒、向日葵苗和香蔥凍湯製成，味道清爽開胃。

→ **Local Sole Fish 600 銖** 西芹和薑放在鱈魚肉上，上樓時加入微甜醬油加熱。

⑤

米芝蓮大廚主理
LE DU Wine Bar & Restaurant

餐廳由兩位於美國廚藝學校畢業的大廚主理，他們在畢業後分別在不同的米芝蓮星級餐廳工作，回流到曼谷後利用自己的經驗和技能，在2014年11月開設Le Du Wine Bar & Restaurant，開店不久被列入「2014 最佳餐廳」，成為最受注目的新餐廳之一。餐廳主打新派泰國菜，以創新的手法，再加入自家花園種植的罕見香草和芭蕉花等食材。客人來到除了可以單點之外，更可選擇4道或7道菜的Tasting menu，試試大廚手勢。

MAP 別冊 **M08 A-2**

地 39/3 Silom soi 7, Bangrak
休 星期日 網 www.ledubkk.com
交 BTS Sala Daeng站2號出口步行約9分鐘
時 18:00-22:30
電 (66)092-919-9969

⑥

泰國版無印雜貨
Everyday kmkm Silom

在翟度翟起家的香薰店KARMAKAMET愈做愈大，早幾年已「過界」到餐飲業，近年更在Sala Daeng開設分店「Everyday kmkm Silom」打正旗號專賣家品雜貨，售賣如杯子、背包、文具、衣飾等貨品。店內分成雜貨店和咖啡館兩部分，雜貨店不但有自家品牌的家品和香薰產品，還有來自泰國的本地品牌如The Ash Store、banks等，共通點是全部Made in Thailand，客人逛累了還可以在室內Café呷上一杯咖啡，坐下來好好休息之後又可以再作戰。

→h! Darling身體沐浴啫喱344銖，含維生素C和牛奶成份，滋潤肌膚之餘又帶淡淡的香氣。

←寫上「You're Weird I Like That」的雪花玻璃球，好浪漫！

←EVD Heart Attack Tote Bag 890銖

MAP 別冊 **M08 B-1**

地 G/F, Yada building, Silom,Bangkok
時 10:00-22:00
網 www.everydaykmkm.com
電 (66)02-237-1148
交 BTS Sala Daeng站3號出口步行約1分鐘

WOW! MAP

5

6

⑦ 《BEST COFFEE IN ASIA》9.2分星級café
Rocket Coffee Bar

2013年開業的Rocket Coffee Bar在網上好評如潮，皆因這間小小的咖啡館不僅環境舒適，而且每杯咖啡都會附上小簡介，告知食客咖啡豆的產地和種類，可謂十分貼心。食物方面，招牌早餐Rocket's Benedict 的煮蛋時間拿捏得極好，一刀切開，嫩黃的蛋黃便慢慢流出來，蛋汁味道雖然不算濃稠，但配帶酸的酵母麵包和辣得惹味的沙樂美腸卻又是另一份美味。

好食 編者推介

→Lychee Cold Brew Tonic 140銖
清甜荔枝加入冷泡咖啡和湯力水，入口清爽得令人耳目一新。

↑Rocket Streak and Eggs 650銖
美好的早晨餐由220g的西冷牛扒、薯仔、紅酒浸番茄及煎雙蛋開始！

↓Rocket's Benedict 290銖
配上多士、辣肉腸和火箭菜沙律，賣相討好。

←Rocket Fuel 300銖 (大)、120銖(小)
招牌冷泡咖啡貼上「火箭燃料」的標籤，甚具巧思。

MAP 別冊 **M08 A-2**

- 地 147,Soi Sathon 12, Khwaeng Silom
- 時 07:00-23:00(飲品L.O.22:30,食物22:00)
- 網 www.rocketcoffeebar.com
- 電 (66)096-791-3192
- 交 BTS Sala Daeng站2號出口步行約15分鐘

沙潘塔克辛 Saphan Taksin

8 老場新裝
SILOM COMPLEX

1993年開業的老牌商場Silom Complex，於2012年大裝後重開，5層合共11,200平方米。翻新後的Silom Complex，增添不少潮流感，進駐的品牌亦更多更廣，如Muji、Daiso、Azona、FIORUCCI、Central百貨公司、Tops超級市場等。多間曼谷食店主要集中在地庫，商場內亦有意大利等餐廳。

MAP 別冊 **M08 B-1**

191Silom Road, Silom, Bangkok
10:30-21:30
www.silomcomplex.net
(66)02-632-1199
BTS Sala Daeng站4號出口有天橋直達

8a 甜甜吐司盒
After You Dessert (2F)

After You Dessert除了招牌吐司盒之外，她的朱古力心太軟、雪糕曲奇和無花果布甸都是美味推介之一，而且店內更會不時推出季節限定的甜點，例如有以黑朱古力混合麵粉製成的黑朱古力吐司、草莓和芒果刨冰，滿足一眾貪新鮮的Sweet tooths。

←**Shibuya Honey Toast**175銖
吐司外皮烤至挺身但又不會有焦味，真正做到內脆外軟的口感。

www.afteryoudessertcafe.com
(66)02-231-3255

現場所見座上客大多都是學生和年輕人。

莎拉當・席隆 Sala Daeng・Silom

WOW! MAP

8

8a

8b 連泰國人都愛
Banana Leaf (4F)

1992年成立的連鎖泰國餐廳，一直深受自遊人喜愛，經常坐無虛席，款式多樣，而且又好吃又便宜。想吃的泰菜，這裡幾乎都有，甚至是其他地方吃不到的菜色，這裡也有。建議自遊人必點招牌檸檬炸雞，炸至外脆內軟，再配上沙津醬和檸檬汁，酸酸甜甜，令人胃口大開，不少自遊人更會點兩客呢！

網 www.bananaleafthailand.com
電 (66)02-231-3124

↑ 檸檬炸雞 100銖
是招牌菜，雞肉緊實，香甜沙津醬，配上酸的檸檬雞，中和了油膩感，非常醒胃。

← 咖喱炒蟹肉 450銖

→ 月亮蝦餅 130銖
沾咖喱再吃，真是一流！

8c 網友大推
ORIENTAL PRINCESS (2F)

以平價香體產品作招徠的泰國品牌，ORIENTAL PRINCESS專售多種不同香氣的乳霜、香水、洗髮水、沐浴乳等產品，香味可分成花系、水果系和糖果甜味，當然亦有中性一點的洋甘菊和青檸。由於選擇多，價錢又平(約125銖起)，一直深得不少遊泰Blogger推介。

↑ 店內亦有香薰成份較低的防曬系列和面部護理系列。

網 www.orientalprin
電 cesssociety.com
(66)02-231-3272

← 小蒼蘭花香體乳霜50ml
155銖，味道清新，質地易推，惟香味未算持久。

↑ Forever Bright
身體噴霧100 ml
175銖

← 腋下美白精華305銖，精華質地清涼，不含酒精成份，可以收緊毛孔，美白肌膚，同時殺菌除臭達8小時，讓腋下肌膚保持清爽。

8b

8c

WOW! MAP

⑨ 米芝蓮迷必到

nahm

沙潘塔克辛 Saphan Taksin

歐洲米芝蓮1星級泰菜餐廳，已登陸於曼谷The Metropolitan酒店內，並且由澳洲總廚David Thompson主理，帶同原有班底到來泰國，主要製作傳統泰國菜，就連皇族泰菜也可在此品嚐。座落於泰國做的泰菜固然夠地道，只有這裡才能吃到，就如榴槤糯米飯和發酵魚等等，是歐洲總店也未能吃到的傳統菜色。

↑ Miang nopakao 420銖
以檳榔葉包著河蝦、雞肉、青芒果、椰絲等材料，入口有香草的清新同時又有甜酸鹹辣，屬泰國傳統的開胃小食。

↓ Ngob Talay 780銖
藍蟹、大蝦和石斑加入紅咖哩裹在蕉葉內烤熟，最後加入一抹椰子醬，可伴米菓同吃。

→烤牛肉沙律 820銖
牛肉烤至7成熟，入口十分嫩滑，加上九層塔、香茅、花生碎及原條辣椒，令整個沙律也香味撲鼻。

🍜 **MAP** 別冊 **M08 C-2**

地 27 South Sathorn Road, Tungmahamek, Sathorn, Bangkok
時 12:00-14:00，18:30-22:15(L.O)
体 星期一及二
電 (66)02-625-3388
交 BTS Sala Daeng站4號出口沿Saladaeng Road直行再過條大馬路，行過Banyan Tree後看見酒店的招牌後轉入小路

沙潘 · 席隆 Sala Daeng · Silom

↑2020年由泰籍廚師Peace掌廚，於2023年繼續獲米芝蓮1星榮譽。

WOW! MAP

⑩ 溫室裡的西餐館
Bitterman

位於Silom Soi 1的Bitterman有一種叫人心甘情願坐在陽光下的魅力。餐廳老闆是一班修讀建築的學生，他們在兩層高的餐廳外加建了一座有蓋的相連玻璃屋，內裡種植大量綠色植物，有如置身在溫室一樣，亦因為它的天花是由玻璃和鐵皮製成，下午時份來得特別侷促，就算室內其他有瓦頂地方開了空調，但冷空氣一來到溫室之下卻總是煙消雲散。話雖如此，但當你看到陽光透過玻璃窗傾瀉在木檯、植物和食物上的時候，又會忍不住想坐過去，然後點杯令人暑氣全消的冰凍飲品，平衡那種不正常的心理狀態。

↑ **OH CRAB! BANH MI珍寶蟹肉熱狗**
內藏大量蟹肉、芥末羅勒醬、是拉差蛋黃醬和辣椒，味道層次豐富。

MAP 別冊 M08 C-1

地 Silom Soi 1, Bangkok
時 星期一至四 11:00-22:30、
　 星期五至日 11:00-23:00
網 www.facebook.com/
　 bitterman.bkk
電 (66) 63-846-2288
交 BTS Sala Daeng站4號出口步行
　 約10分鐘

↓ **Passion fruit soda 80銖**

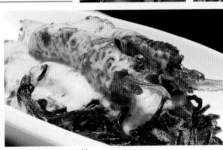

↑ **Mr. RAPEE 380銖**
採用開邊河蝦加入辣汁番茄墨魚汁意粉，醬汁惹味意粉彈牙，惟蝦肉不新鮮。

→ **焗茄子薄餅**
圓圓的意大利茄非常多汁，加上一片堤魚，魚的鹹香剛好配合淡淡的茄子，簡直是Perfect Match。

MAP 別冊 M08 C-2

地 21/2 1st Floor, Saladaeng
　 Colonnade Condominium
　 Bangkok, Saladaeng Road,
　 silomn, Bangrak
時 11:30-14:00、18:00-22:30
網 www.zanotti-ristorante.com
電 (66)02-636-0002
交 BTS Sala Daeng站4號出口步行約9分鐘

⑪ 平靚正宗意菜 好食 編者推介
Zanotti

位於Soi Yommarat街角的Zanotti以昏黃的燈光配上白色椅套，裝修高貴，是正宗意大利菜，水準穩定。來到曼谷，要食一次意大利菜的話，Zanotti會是超值之選，午餐附有自家製意式麵包，由前菜至甜品。

WOW! MAP

Chatuchak·Ari

เขตจตุจักร 翟道翟·อารีย์ 阿里

粵語讀音：翟道翟·阿里

必見！
Chatuchak Weekend Market

Chatuchak Weekend Market(翟道翟)及Chatuchak Plaza是曼谷著名的週末跳蚤市場，沒有空調的市場內，總是人山人海，熱鬧非常。行到餓了，可到對面曼谷最大街市Or Tor Kor Market，食一餐又平又地道的泰國美食及買手信。乘的士到附近的Bon Marche，可感受滿有歐洲風情的市場，有如到了西方市集一樣。

往來翟道翟·阿里交通

出發	交通	路線	時間/車費	到達
Sukhumvit	🚇	MRT Line	約18分鐘 36銖	Kamphaeng Phet
Siam(CEN)	🚈 BTS	Sukhumvit Line	約14分鐘 42銖	Mo Chit (N8)
Siam(CEN)	🚈 BTS	Sukhumvit Line	約10分鐘 32銖	Ari (N5)

① 必去週末跳蚤市場
Chatuchak Weekend Market

MAP 別冊 **M10**

地 Phahonyothin Road, Bangkok
時 星期六、日09:00-18:00 (各店不同)
網 www.chatuchakmarket.org
交 MRT Chatuchak Park站1號出口/ MRT Kamphaeng Phet站1、2號出口/ BTS Mo Chit 站1號出口

這個曼谷最大最著名的週末跳蚤市場，有人稱之為「Chatuchak」亦有人寫成「Jatujak」，其實兩者都是一樣，只是前者是新的英文併音而已。粵語可以叫「翟道翟」或「翟都翟」。市場內有過萬個細小檔口，一間接一間由鐵棚搭成，貨品種類多到數不完，但以時裝、首飾、皮具、家居用品、工藝品及食肆最多，且大部份都是泰國製造，質素不差，但售價卻只是香港同類貨品的五至七成價錢。部份舖頭更可做批發，有不少本港的小舖都在這裡入貨。不要妄想一日可以行完整個市場，不怕熱的話分開兩日行比較理想，因為可以慢慢尋找心頭好。

翟道翟掃貨攻略

翟道翟Shuttle Bus：

翟道翟市場一向以多店舖、多人見稱，有見及此，近年在市場內加設了免費Shuttle Bus行走主要大街，若大家有緣遇上又好彩有位的話，可省回少許腳骨力。

認清舖頭門牌：

翟道翟市場內有上千個檔口，加上很多舖頭都沒有招牌，要快捷找到目標店舖便一定要認清那統一的黃色門牌。這裡分開27區(Section)，第幾間舖則是Address No.，每一區的直街是Soi，行數是Soi之後的數字。例子：這舖位是在27區(Section)，118號(Address No.)，68街(Soi)，第1行(/1)。

討價還價：

基本上跳蚤市場內的貨品都可還價，尤其是大件又較貴的貨品，這亦是在跳蚤市場內購物好玩的一部份。

顧客服務中心：

位於Dream Section前面的翟道翟Information Center，是跳蚤市場的顧客服務中心，內有地圖、中文宣傳冊子派發、設報案及報失中心；此外更有ATM及銀行，是閣下為荷包充電的必到地。

翟道翟・阿里 Chatuchak・Ari

大皇宮・塔宏猶清 Grand Palace・Phahon Yothin

唐人街 Chinatown

1a 和風夏威夷恤
ARMONG

逛翟度翟最有趣的就是發掘一眾不同的新晉品牌，這間ARMONG成立於2019年，售賣自家設計的夏威夷恤、銀包、袋、連身裙等男女時裝，布料多以素雅的印度棉布製作，版型偏向休閒的簡約和風，價錢由790銖起。

↑ 服飾由老闆設計，主打易襯的夏威夷恤。

↑ 印度棉 Cap 帽 790 銖

←天藍石榴夏威夷恤 1,590 銖

MAP 別冊 **M10 B-2**

地 Section 25 Soi 3/5
時 星期六及日 10:00-17:00
休 星期一至五
網 www.instagram.com/
電 armong_shop
(66)083-777-2357

1b 藍染民族店
Dejojo

店內陳列著各式從泰北、印度等地進口的時裝，同時也售賣由店主設計的藍染和蠟染民族風連身裙。店內的小物如頭巾、耳環、頸巾等飾品也相當豐富，令人目不暇給，可配合不同裝束，為穿搭增添個性。

↑ 店內以民族風時裝飾品為主。

↑→印度棉布頭巾 各 390 銖

↑ 棉織布耳環 390 銖

MAP 別冊 **M10 B-2**

地 Section 25 Soi 3/5
時 星期六及日
休 星期一至五
網 www.instagram.com/dejojo_
電 (66)09-7428-9793

🅒 親民抵買
Halo Craft

2014年創立的香薰品牌Halo Craf,致力以合理的價錢向客人提供高品質而且安全的香薰用品。產品由香薰蠟燭、精油,到潤膚乳、潤唇膏、肥皂等產品都一應俱全,配合華麗的黑色包裝和親民的價格,無論是做手信還是自用都十分合適。

↑ 採用100%純綿燈芯的米蠟香薰蠟燭200銖,可燃燒時間為12小時。

← 薰衣草精油 200銖

↑ 可懸掛的汽車香薰 160銖 /10ml

MAP 別冊 **M10 B-2**

地 Section 19 Soi 6/1
時 星期六及日10:00-17:00
休 星期一至五
網 www.halocraft.net/en/home
電 (66)081-809-8294

🅓 人氣刺繡袋
HAMBLEPIE

在代購網長期有訂單的人氣設計品牌,主要售賣自家出品的刺繡袋和帽,設計天馬行空,有時是插在花瓶中的鬱金香,有時可能是外星生物,玩味極重。翟度翟分店面積不大,但放眼望布袋款式卻非常豐富,除了有經典的Tote bag,還有Picnic bag、Wild bag、Basket bag等款式,適合不同風格的穿搭。

MAP 別冊 **M10 B-3**

地 Section 4 Soi 51/2
時 星期六及日
休 星期一至五
網 www.instagram.com/hamblepie
電 (66)081-809-8294

↓ 植物刺繡 Picnic Bag 1,090銖,帆布袋質地,繡滿鬱金香圖案。

← Hello World Tote Bag 790銖

↑ 啡色登山帽 Let's wander hat 890銖

WOW! MAP

1c 1d

逛翠・阿里 Chatuchak・Ari

大皇宮・塔宏猶清 Grand Palace・Phahon Yothin

唐人街 Chinatown

1e 女裝短袖恤衫
joy

由設計師Joy於1997年創立的本土時裝品牌，由設計至製作均在本土進行。品牌主要以女裝短袖和背心恤衫為主，設計清爽，配以色彩繽紛和質地舒適透氣的布料。

→設計俐落簡潔的短袖長裙 1,290 銖

MAP 別冊 **M10 A-3**
地 Section 3 Soi 44/1
時 星期六及日
休 星期一至五
網 www.instagram.com/joydressup
電 (66)081-833-0646

↑ 灰底黃花恤衫 890 銖

↑ 淺藍印花恤衫 690 銖

1f 手製飾品
Masaaki Nakazawa

相比起大量生產的首飾，手作飾物似乎來得更有溫度。這間Masaaki Nakazawa店面不大，但陳列的飾品款式卻相當豐富，材質由珍珠、流蘇、木和黃銅等一一齊備，還有編織和串珠手鏈，一部分來自泰國本土或印尼等地，另一部分則由店主自己設計及製作，喜歡手作飾物的朋友不可錯過。

↑ 牆上掛著各式各樣的手作飾品。

↑ 方形珍珠耳環 180 銖

→三色民族手珠鏈 150 銖

↑ 珍珠貝耳環 270 銖

→充滿東南亞風情的手鐲是民族店內不可或缺的 items。

MAP 別冊 **M10 A-2**
地 Section 23 Soi 32/6
時 星期六及日10:00-17:00
休 星期一至五
電 (66)063-193-8625

WOW! MAP
 1e
 1f

🅖 皮具專賣店
Guate

Guate這皮具專門店在翟都翟有兩間分店，各款新潮實用的皮手袋是Guate最受歡迎的貨品，部份款式更似十足名牌。此外，那些設計簡約的皮製銀包、電話繩都非常抵買。

↑ TRIP 真皮袋 3,200 銖

↑ SARN17 M-DOT 織皮帶波點水桶籐袋 3,800 銖

 MAP 別冊 **M10 A-3**

地 Section 3 Soi 44/2
時 星期六及日 10:00-18:00
休 星期一至五

🅗 樽仔茶品
Sicha

在大熱天時逛翟度翟，一支解渴消暑的飲品必不可少。泰式茶品店Sicha採用優質茶葉和原料製作飲料，最具人氣的有泰式奶茶、生酮杏仁奶、法國水果茶和焦糖朱古力等，價錢由90銖至110銖。

→ 客人選好味道，店員就會將茶倒入裝有冰塊的膠杯，務求為客人奉上最冰凍的飲料。

↑樽裝泰式奶茶及低糖泰式奶茶各90銖

MAP 別冊 **M10 B-3**

地 Section 4 Soi 52/1
時 星期六及日10:30-19:00
休 星期一至五
網 www.instagram.com/sicha_tea
電 (66)081-835-6349

WOW! MAP
1g　1h

大皇宮・塔宏猶清 Grand Palace Yothin

唐人街 Chinatown

11 人氣泰菜餐廳

JAD-JAN

有甚麼驅使大家在沒有空調的餐廳吃飯？不是愛也不是責任，是美味！JAD-JAN是翟度翟的人氣地道餐廳之一，提供泰北辣魷魚、大蝦沙律、青木瓜沙律、冬蔭湯等泰式料理，它的炸雞翼、燒豬頸肉都是必點的菜式。

→海鮮粉絲 180銖
魷魚和大蝦非常爽口，底下的粉絲吸盡酸辣醬汁，開胃又惹味。

←雞翼 75銖
雞翼炸得香脆可口。

→店內人潮極多，幸好上菜速度快，掛隊等候的時間只需約10-15分鐘。

→粟米鹹蛋沙律 85銖
集酸、鹹、辣、甜於一身的經典泰菜。

MAP 別冊 **M10 B-3**

地 Section 4 Soi 2/23
時 星期六及日 11:30-19:00
休 星期一至五
電 (66)085-071-9882

WOW! MAP
1i

→全店唯一冷氣位！能不能坐進去也是幸運指數的考驗。

大皇宮‧塔宏猶清 Grand Palace‧Phahon Yothin

到了傍晚時分人潮沒有散去，反而愈來愈多人湧現。

夜遊翟道翟

如果不想在烈日當空下與大家迫翟道翟，可以選擇傍晚時分再出動，大概下午6點開始，翟道翟化身為夜市，雖然市場內的店舖大都已經關門，但翟道翟大街卻異常熱鬧，攤販們開始擺地攤，而且亦有多個道地小食攤檔，自遊人可以體驗夜間翟道翟的魅力。

←↑除了小食檔，亦有不少路邊餐廳，專賣海鮮熱炒小菜，價錢相當便宜。

↑香煎法式麵包 20銖
鹹甜多款口味，任君選擇。

↑手織草鞋沒有標價，記得要問清楚價錢，而且可以挑戰下自己的講價實力。

↑烤魷魚乾 50銖
遠遠就聞到烤魷魚乾的香味，泰國的烤魷魚乾特別在於特製的酸辣醬汁，令魷魚乾更加惹味。

↑→泰式各種烤肉串 20銖
肉質嫩口，醬汁滋味。

↑逛地攤最重要是買平野，T-shirt、格仔恤衫通通150銖

② 曼谷最佳鮮貨市場
Or Tor Kor Market

在翟道翟斜對面，是全曼谷最大的街市，濕貨、水果、乾貨及熟食集於一身。整個市場夠光猛寬闊，食品售價亦是地道價錢，連手信也可在這裡買到，絕對是值得一逛的市場。

↑ 大頭蝦 980 銖，疫情後所有海鮮都用保鮮紙妥善包好。

↑ 芒果乾、羅望子乾、龍眼乾等等通通有齊，而且比其他地方更便宜。

MAP 別冊 **M12 A-2**

地	101, Phahonyothin Road,Chatuchak, Bangkok
時	06:00-18:00
交	MRT Kamphaeng Phet 站3號出口，向右邊行。翟道翟 Section 2過對面馬路

↑ 場內不乏乾貨店，這間售賣炸豬皮、肉鬆、冬蔭魚乾和乾果等產品。

③ 二手攤尋寶
BANGSUE JUNCTION

翟度翟對面有個專賣佛牌和復古傢俬的商場「BANGSUE JUNCTION」，今次介紹的主角不是它，而是逢周末都會在商場外舉行的中古雜貨市集。市集聚集了多個地攤，售賣眾多二手雜貨如中古洋娃娃、60年代搪膠公仔、舊式菲林相機、黑膠唱片等，還有許多千奇百怪的貨品等待你發掘！

↑ 雜貨攤內隱藏著不少有趣玩意。

MAP 別冊 **M12 A-2**

地	511 Kamphaeng Phet 2 Road, Chatuchak, Bangkok
時	星期一至五10:00-20:00、星期六日 10:00-22:00
網	www.facebook.com/bangsuejunction
電	(66)02-108-5555
交	MRT Kamphaeng Phet站步行約兩分鐘

↑ 泰文版的《西遊記第壹佰零零壹回之月光寶盒》電影海報。

↑ 不少海外遊客都會前來尋寶。

WOW! MAP

2　3

4 翟道翟2.0
Mixt Chatuchak

JJ market 是大部分遊人必到的旅遊景點，但若碰巧周末，天氣又炎熱，對某些人來說的確是一大挑戰。不過遊人現在有福了！全新開幕的Mixt Chatuchak位於JJ market旁，這個商場最大賣點就是有冷氣及每天開放，不但可以讓遊人入內「過冷河」之外，還不用特地等周末前來，非常方便。這個商場的規模相當大，可容納逾700間商舖，並貫徹JJ market的特色，有不少的泰國當地的品牌、小店進駐；而且頂層設有food court，方便遊人「醫肚」。

MAP 別冊 **M12 A-2**

地	8 Kamphaeng Phet 3 Rd, Chatuchak, Bangkok
時	星期一至四 10:00-20:00，星期五至日及假期10:00-22:00
網	www.mixtchatuchak.com
電	(66)02-079-4888
交	BTS Mo Chit站步行約7分鐘

場內有逾20間餐廳。

4a Food court

位於商場3樓的Food court，除了有泰食美食外，還有不少的街頭小食移師到這裡，場內有逾20間食店，任君選擇。這個food court不得不提的就是它的用餐區，設有落地大玻璃，可以看到JJ market的全景；另外，設有吧台及鞦韆位，在用餐的時候增加格調。

↑烤魷魚 80銖
雖說不上非常便宜，但勝在夠乾淨衛生。

↑落地大玻璃可以欣賞到JJ market的景色。

↑food court內也有很多不同的街頭小食，可以在室內「掃街」。

↑點餐時先換價現金卡，每次點餐時就可以直接在卡中扣除，最後到櫃台換回現金即可。

WOW! MAP

183

4

⑤ 法式街市
Bon Marche Market Park

環境優美的市場，售賣的不只是泰式食品，更有大廚主理的西式美食檔。遊人可帶同食物到用餐區享用，假日更會有樂隊表演，在池邊聽著歌聲享用美點，已是賞心樂事。

MAP 別冊 **M12 A-1**

地 105/1 Thetsaban Songkroh Road, Lad Yao, Chatuchak, Bangkok
時 10:00-21:00 (各店不同)
交 從Kamphaeng Phet站坐的士約10分鐘，從Siam坐的士約40分鐘。因沒有鐵路站，建議搭的士直接前往較方便

曲奇餅 100銖起/1包

曲奇餅店

自家製曲奇，有牛油、芝麻多種味道，更有大大條的麵包、蛋糕等等，以絲帶包裝，送禮也可以。

健康小食

售賣泰國香脆小食的檔口，最吸引是西蘭花乾，內裡全是已烘乾的一顆顆西蘭花，沒加任何調味，香脆得來也健康，也有榴槤乾及菠蘿乾。

西蘭花脆片 50銖/1盒

Sun焗闊條麵

主打焗闊條麵的Sun，店名是大廚阿Ken太太名字。由1999年開始焗製闊條麵，供應到各大酒店及餐廳，現於此推廣自己的品牌。

↑大廚阿Ken與太太Sun

↑焗闊條麵細盒 每盒45銖起
牛肉、豬肉、雞及波菜芝士4種口味。

→Warut(中)與Pachara(右)只專注做煙薰肉類，做出的豬腿及鴨胸，充滿木香及多汁嫩滑。

煙薰鴨胸 120銖/1件

Woodpecker煙肉檔

↑煙薰豬腿 80銖/100克

在檔前放了大大隻煙豬腿，煙薰香味撲鼻。兩位年輕廚師Warut與Pachara，專做煙薰肉類。以楓木煙薰至熟，鴨胸需要6小時，而整隻豬腿則需要18小時才熟透，其煙薰的出色，就是肉質仍是嫩滑多汁。

↓豬肉丸拌麵50銖
麵底味道輕甜帶微辣，拌以芽菜蔥花和蒜片，嗜辣的朋友可加點店家特製的辣醬。

→除了湯豬肉丸子外，還有烤豬肉丸子，每串10銖。

↑傳說中日賣2,000粒的豬肉丸。

⑥ 肉丸清湯麵店
Nai Daeng Nam Sai Meatballs Restaurant

門口掛著老闆嘜頭，店家的招牌清湯肉丸是老闆的信心保證。店家每天用兩小時熬製豬腿骨，湯頭味道清香腍味，特製的潮汕手工豬肉丸，在製作過程中經熱水灼走油份，去除肉類油腥，令肉丸質地清爽不油膩，食落肉質鮮嫩兼有彈性，難怪可以每日賣上2,000粒！店內所提供的麵食主分為湯麵（可選米粉、河粉和金邊等）和拌麵，如要嚐清湯頭真味，建議點拌麵，店家會另上豬骨清湯一碗，食客可享受湯與麵各自的滋味。

↑早上到訪客人不算太多，不過外賣單卻接個不停。

MAP 別冊 **M05 A-1**

地 66 Rama VI Soi 30, Samsen Nai, Phaya Thai, Bangkok
時 09:00-19:00
電 (66)022-784-049
交 BTS Ari站乘的士約3分鐘

7 魔鬼中的天使
香港首推
FRANK cake bar

這家店主打的是不同的朱古力飲品，你一定會想說會很甜吧！這樣就錯了，店家使用70%的可可來做朱古來飲料，而且客人可以按照自己的口味加糖，當然，如果可以忍受70%可可的甘苦的味道，不加糖是最健康的選擇。這次點了抹茶朱古力，絕不誇張，朱古力的濃度竟然可以做到掛杯的效果，非常好拍。這次沒有加糖，拌均後能夠喝出抹茶的甘香、朱古力的濃厚，又能夠解嘴饞，又健康不甜膩！

MAP 別冊 **M05 B-1**

地	46 soi Ari 1,Bangkok
時	星期一至五08:30-19:00，星期六、日09:30-18:30
網	www.frankcakebar.com
電	(66)088-577-0502
交	BTS Ari站步行約2分鐘

↑店內的空間不大，所以需要在門外等候。

←MILITARY 120銖
朱古力及抹茶的味道都相當濃厚。

店員也忙著燙麵。

8 層層叠船麵
Rua Thong Noodle

昔日的船麵是因為方便漁民在船上進食，所以設計成一口一碗，現在卻成了遊人打卡的地方。遊人吃船麵喜歡鬥多，一位男生吃十碗應該沒有難度，十隻碗叠起來的情況也蠻壯觀。位於勝利紀念碑的Rua Thong Noodle，餐牌上有六款不同的湯麵選擇，這次吃了豬肉麵，湯底呈深色，帶有淡淡的藥材味及帶辣，麵條非常幼細，但吸盡湯汁。

↑這家店很受當地人歡迎，幾乎每桌都有「一棟碗」。

↑吃十碗對男生來說沒有難度。

↑Thai Noodle with pork
12銖 一口一碗的份量。

MAP 別冊 **M05 B-2**

地	1/7 Ratchawithi Rd, Samsen Nai, Phaya Thai, Bangkok
時	09:00-20:00
休	星期一
電	(66)086-422-4932
交	BTS Victory Monument站步行約8分鐘

WOW! MAP
7   8

↑牛油果多士 180銖
沒有誇張，多士被大量的牛油果及蔬菜掩蓋！

香港首推

⑨ 牛油果專門店
Oh! Vacoda Cafe

牛油果是近年大熱的superfood，Oh! Vacoda Cafe就是以牛油果主題，店內有不少以牛油果為主的餐點，在店員的推薦下吃了一個牛油果多士，在烘熱的多士上放了牛油果、番石榴、火箭菜，多士的味道和口感都很豐富；而另一個必點的就是Avoothie，沒有加水或奶打成的smoothie，口感細滑，呷一就能讓果香充滿整個口腔。

→Avoothie 150銖
用牛油果打成的smoothie，沒有添加牛奶或水，味道濃厚。

MAP 別冊 M05 A-2

地　1, 1 Ari Samphan 4 Alley, Samsen Nai, Phaya Thai, Bangkok
時　星期一 11:30- 00:30、星期三 11:30-23:00、星期四至日 11:30-01:30
休　星期二
網　facebook.com/ohvacodabkk
電　(66) 80-569-7892
交　BTS Ari站步行約10分鐘

↑花不但可以用來觀賞，還可以入饌造成曲奇，不但好看，味道也不錯，拍照放上網，一定很吸 like。

MAP 別冊 M05 B-1

地　33, Soi Pradipat 17, Pradipat Road, Phaya Thai, Bangkok
時　11:00-19:00
休　星期三
網　flowerinhandbyp.com
電　(66)062-758-2233
交　BTS Ari站步行約10分鐘

一進店，花香撲鼻而來，店內有很大的空間，坐下聊天都非常舒服

⑩ 花花世界
Flower in hand by P

一踏入這家店，就被一片的花海圍著，但她並不是單純的花店，同時也是一間café。他們將花加入食物中，讓賞心悅目的花朵變成能看也能吃的曲奇。店的中間有一張很大的工作台，除了用餐之外，原來店內有時候都會舉行一些工作坊，教授一些花藝、甚至以花做曲奇的課程。

WOW! MAP

9　10

走遠一點點

1 恍如置身於非洲大草原
Safari World

是全亞洲最大的野生動物園，佔地480公頃，分為兩個區域Safari World（野生世界）和Marine Park（海洋世界）。Safari World呈現非洲大草原的感覺，野生動物成群結隊，自由自在地生活，十分寫意。遊人可以乘搭密封式旅遊巴，慢慢行駛，可以近距離欣賞各種野生動物百態，45分鐘的生態旅程包你大開眼界，驚喜萬分。

→還是第一次看見小鹿睡覺，表情十分安詳。

❶ 野生動物園入口
❷ 海洋公園門票
❸ 會員中心
❹ 總部
❺ 鱷魚河
❻ 獅子的巢穴餐廳
❼ 野餐船
❽ 餵天鵝
❾ shinenum餐廳
❿ 野生動物園餐廳
⓫ 遊戲站
⓬ 叢林餐廳
⓭ 迷你世界
⓮ 叢林散步區
⓯ 錦鯉園
⓰ 犀鳥鳥舍
⓱ 冠鴿鳥舍
⓲ 野生平台
⓳ 紅毛猩猩園
⓴ 海象
㉑ 巨型魚缸
㉒ 金剛鸚鵡鳥舍
㉓ 蛋世界
㉔ 巨型黃貂魚

長頸鹿常與人接觸，一點都不怕生。

🏠 99 Panyaintra Road, Samwatawantok, Klongsamwa, Bangkok
🕐 星期二至日 09:00-16:30（最後入場時間：16:00）
🚫 星期一
💰 大人 1,580銖、小童1,480
🌐 www.safariworld.com
☎ (66)02-518-1000-19
🚇 MRT Rhra Ram 9站乘的士約50分鐘

↓ 在 Safari Terrace 遊人可以花 20 銖購買飼料餵飼長頸鹿，只要手上拿著食物，一群長頸鹿立即圍著你。

⑪ᵃ Marine Park

Marine Park其實有點名不符實，園內海洋生物並沒有很多種類，只有海獅、海象、海豚、海龜和鯊魚等，但好在還有馬來獏、水豚、袋鼠、北極熊和駝鳥等多種動物。園內有多個表演區域，每日都有7個不同動物的表演show，表演絕無冷場，十分精彩，非常適合一家大細同遊，親身體驗野生動物世界。

↑ 西部牛仔槍擊表演，十分驚險，包你睇得過癮。

↑ 行到累可以中途休息下，場內到處可見小食攤位，十分便利。

↑ 大象發揮小宇宙，即場表演畫畫藝術天份。

↑ 猩猩打泰拳，表演搞笑抵死，現場笑聲不斷。

WOW! MAP

11a

Grand Palace · Phahon Yothin

พระบรมมหาราชวัง 大皇宮 ·
พหลโยธิน 塔宏猶清

**必見!
大皇宮**

大皇宮是泰國王朝的象徵，更是曼谷市中心的標誌。而隔鄰的臥
佛寺及湄南河對岸的鄭王廟，同樣是到曼谷旅遊的重點參觀之
處。而以前的 Phahon Yothin 是空中服務員經常到來的區域。近
年，進駐
不少中檔
路線的商
場，成為
年輕人必
遊之地。

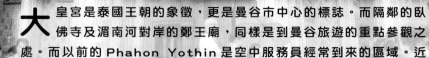

往來考山·大皇宮·塔宏猶清·叻拋交通

Sukhumvit	MRT Line 約10分鐘 28銖	Hua Lamphong	的士 約20分鐘 約100銖	Khao San
	MRT Line 約21分鐘 45銖	Sanam Chai	步行 約15分鐘	Grand Palace
Sukhumvit	MRT Line 約16分鐘 32銖			Phahon Yothin
	MRT Line 約13分鐘 31銖			Lat Phrao

1 泰王宮殿
The Royal Grand Palace & Wat Phra Kaew
大皇宮及玉佛寺

佔地極廣的大皇宮及玉佛寺由拉瑪皇一世於1782年始建，是曼谷成為泰國首府後的第一所宮殿，亦是當時的政府辦公室，現時開放予公眾參觀，泰皇也已遷離，但有時會用作招待外國來賓及慶典，內有22座精雕玉琢的建築，有泰國傳統宮殿，也有中西合壁的設計，玉佛寺亦建於皇宮之內，極有藝術價值，是曼谷最重要的名勝之一。

↑ 圓形金塔是第四世皇時代所興建，供奉佛陀舍利，稱為樂達納舍利塔。

大皇宮內的玉佛寺是皇室舉行宗教儀式的重要地方。

大皇宮入口處可免費借用沙龍，費用全免，但需先付200銖押金。

↑ 節基殿融合了維多利亞和泰國特色的建築風格，是泰皇接待賓客的地方。

↑ 出入大皇宮遊客要注意服裝，不可穿背心、短裙和短褲等。

MAP 別冊 **M13 A-3**

地 Na Phralan Road, Phra Nakhon District, Bangkok
時 08:00-17:00　金 500銖(包連玉佛寺入場費)
網 www.royalgrandpalace.th/en/home
交 MRT Sanam Chai站步行約15分鐘

WOW! MAP

2 黃昏美景
Wat Arun 鄭皇廟

Wat Arun人稱鄭皇廟又叫黎明寺，相傳古時泰國鄭皇帝於二百多年前下巡至此後，發現它的日出景緻非常美麗，便替其改名為Wat Jang（即Temple of Dawn）。這裡是鄭皇晚年出家的寺院，其後泰皇為紀念鄭皇而替其改名為鄭皇廟。寺院內那高79米的彩色陶瓷大塔十分有名，陶瓷大塔在陽光照耀下發出閃爍光彩，非常獨特，因此，Wat Arun亦成為湄南河畔的標誌名勝。

MAP 別冊 **M13 A-4**

地 Wat Arun, Bangkok Yai, Bangkok
時 09:00-18:00
金 50銖
網 www.facebook.com/watarunofficial/
交 MRT Hua Lamphong站3號出口轉乘的士約15-20分鐘到臥佛寺，再於臥佛寺的8號碼頭（Tha Tien Pler）轉乘約5分鐘船（2銖船費）到對面岸便是；在Saphan Taksin的中央碼頭乘船往8號碼頭（Tha Tien Pler），再轉乘約5分鐘船到對面岸

↑ 寺廟內有販賣已開光的佛牌。

↑ 大塔樓梯十分陡峭，上落要非常小心，注意安全。

→ 信徒向著佛像手上的金碗拋銀仔許願。

泰國人非常尊敬神明，入廟內拜神一定要脫鞋。

3 日落美景
Wat Suthat & The Giant Swing 蘇泰寺

寺內那宏偉的寶殿、19世紀的壁畫及美麗的石皮地，使蘇泰寺顯得很是瑰麗；而寺外那仿似日本「鳥居」的是巨型鞦韆架，雖已被禁用多時，但現在卻成為了蘇泰寺的地標。在由Khao San乘的士往唐人街的路程上，通常都會經過大鞦韆，大家不妨留意一下。日落時的大鞦韆非常美麗，絕對是拍照的好景點。

MAP 別冊 **M13 B-3**

地 146 Bumrung Muang, Bangkok
時 08:00-17:00　金 100銖
網 www.facebook.com/WatSuthatBangkok
交 MRT SAM YOY站步行約3分鐘

WOW! MAP
2　3

④ 最古老寺院
臥佛寺 Wat Pho

臥佛寺是泰國最古老、最巨型又最出名的佛寺，亦是第一所民間學校的所在地。那長46米高15米的鍍金鑲珍珠的臥佛像極具手工與藝術美，大殿內牆雕刻精細，叫任何參觀的人都會驚嘆這美麗的傑作，是到曼谷必遊景點。據說臥佛最靈驗是消除病痛，只要添香燭及把金泊貼在臥佛前的小臥佛上便可。寺內有一間著名按摩學院，既提供按摩服務，也有開辦按摩班教授泰式古法按摩，有興趣學番一手舒筋活胳的泰式按摩，可向按摩學院的職員查詢。

MAP 別冊 **M13 A-4**

地 2 Sanamchai Road, Phranakhon District, Bangkok
時 08:00-18:30
金 200銖
網 www.watpho.com
電 (66)02-226-0335
交 MRT Sanam Chai站步行約5分鐘

⑤ 半百馳名印度薄餅
Roti Mataba

專賣Roti印度薄餅70多年的Roti Mataba，遠近馳名，手打麵皮，即叫即做，碗口大小的Roti帶有淡淡的奶香味，表面微脆口感煙韌，配上不同味道的印尼咖哩，滋味無窮，難怪每天吸引不少食客專門前來排隊購買。

MAP 別冊 **M13 B-3**

地 136 Phra Athit Rd, Chana-Songkram, Phra Nakhon, Bangkok
時 星期一至四09:30-21:30、星期五至日09:30-22:00
網 www.roti-mataba.net
電 (66)02-282-2119
交 由大皇宮乘搭的士約5分鐘

↑店員熟練地又揉又拋麵團，即場製作美味的Roti。

↑ **Sea food Mataba** 69銖
香脆的外皮包著蔬菜和魷魚，味道偏甜，加上漬青瓜，口感特別。

←**Banana Roti with condensed milk** 65銖
薄皮軟韌包著熱烘烘的香蕉，加上煉奶，令人食指大動。

WOW! MAP

4　　5

193

翟道翟 · 阿里 Chatuchak · Ari

大皇宮 · 塔宏猶清 Grand Palace · Phahon Yothin

唐人街 Chinatown

↑糖醋麵(Crispy Noodles with Chicken) 95銖
糖醋麵可選鮮蝦或雞肉作配料，以米粉炸至酥脆後，把特製的糖醋汁加入慢火炆煮而成，口感香脆不油膩，味道酸中帶甜，必試。

6 百年道地泰菜
Chote Chitr

隱身於小巷內的Chote Chitr，只有5張桌子，看似是平凡簡陋的小餐館，卻可能是泰國最美味的泰式餐廳之一，有百年歷史，傳承三代，以道地泰式家庭菜為主，最著名的菜式是糖醋麵和香蕉花辣沙律，吸引不少外國旅客來嚐鮮，更被國際知名媒體The New York Times所報導。

 MAP 別冊 **M13 B-3**

地 146 Prang Pu Thorn,
Tanao Road, Bangkok
時 09:00-16:00　休 星期日
電 (66)02-221-4082
交 大皇宮乘搭的士約5分鐘

↑香蕉花辣沙律(Banana flower salad) 95銖
香蕉花切成絲，以花生、椰子油、青檸汁、辣椒和魚露調味，口感清爽，味道複雜，辛酸香濃，非常獨特。

7 「考山路」大街
Khao San Road

據知Khao San路在外國年輕人的圈子非常聞名，可能與電影《迷幻沙灘》曾於這裡取景有關。置身於Khao San的確猶如置身歐洲或南美國家，是一個別具風格的地區。此外，這裡亦是hostel、廉價旅館集中地，加上店舖及攤檔均以「平」為賣點，衣服、首飾、二手書、CD、街邊小食的攤檔由Khao San路的街頭開到街尾，日夜無休，平價西式咖啡室、酒吧、的士高、食肆、internet café更是多到不知如何選擇，故吸引不少背囊友到訪。另外，Khao San路上開有不少本地旅行社，他們可幫大家以最平的價錢往泰國其他地區如清邁、蘇梅、沙美島等。由於這裡聚集了各式人種，品流亦較複雜，晚上到來要稍為留神。

電影
《迷幻沙灘》

↑街邊的辦仔檔，只要坐下十多分鐘便可換個至潮的辦仔髮型。

快靚正的泰式按摩

三手書、CD 街邊小販檔

↓型佬街頭表演

MAP 別冊 **M13 B-1**

地 Khao San Road, Taladyod,
Phranakorn, Bangkok
時 酒吧(約下午2時至凌晨2時)/
店舖(約早上9時至晚上9時)
*各店不同
交 MRT Hua Lamphong站再轉乘的士約20分鐘

WOW! MAP

6　　7

8 地標泰菜
Tom Yum Kung

Tom Yum Kung泰菜餐廳位置正在True Coffee前的花園，有不少本地人熟客光顧。晚飯時間，每張桌上總有一鍋熱辣辣的冬蔭功，皆因餐廳的食物價格便宜，即使是茹素的人在這裡亦很多美味的選擇。

MAP 別冊 **M13 A-1**

地 9 Khao Sam Rd,Taladyod, Pranakorn, Bangkok
時 12:00-24:00
網 www.facebook.com/TomyumkungRestaurant
電 (66) 065-519-3000
交 MRT Hua Lamphong站再轉乘的士約20分鐘

招牌鮮蝦冬蔭功 180銖 (小) / 320銖 (大)
不算很辣，鮮蝦頗多，熱食較滋味。

←新鮮生蠔配蘸各式泰國醬汁

蝦餅150銖

9 軍服街
Atsadang Road

這條位於Khao San及佛寺之間的Atsadang Road聚集了十多間專賣軍器及野外用品的舖頭，種類與款式都非常齊備，有軍褸、軍褲、軍袋、軍靴、軍刀、睡袋及尼龍摺椅等，售價便宜。提議大家可先鎖定心水貨品，然後格價，才決定購買。此外，在這些軍舖之間夾雜著多間專業音樂器材店，結他、小提琴、鼓、口琴，甚至搖鼓都有很多選擇；店員會不時坐在店外夾歌自娛，樂器迷不妨來看看是否有心水樂器再嘗試議價！

↑美軍背囊
1,500銖

↑夾棉迷彩褸
1,000銖

MAP 別冊 **M13 B-2**

地 Atsadang road
時 店舖星期一至六09:00-18:00 (各店略有不同)
交 MRT Hua Lamphong站3號出口
　轉乘的士約10至15分鐘

軍靴約500銖

WOW! MAP

大皇宮 · 塔宏猶清 Grand Palace · Phahon Yothin

唐人街 Chinatown

碼頭市集內最最最不可錯過的是，每到黃昏時分，靛藍天空劃上的一抹艷紅，好不浪漫。

⑩ 河岸的文青市集

Tha Maharaj

→每逢周末會舉行工作坊、周末市集或小型演唱會，今次的主題是美國西部音樂之夜！

瑪哈拉碼頭市集的前身是一處由民宅和貨庫組成的碼頭倉庫，後來修整改建成樓高3層的半開放式社區商場，原先用作儲存貨物的倉庫變成食肆和商店，包括擁有40年歷史的泰國海鮮餐廳Savoey、創意雪條店Stickhouse和爆谷雪糕店Sweet MONSTER等，2樓更開設了多家可眺望河畔美景的酒吧，簡直就是寫意人生的代表！

MAP 別冊 M13 A-3

地 1/11 Trok Mahathat, Maharaj Road, Phranakorn District, Bangkok
時 10:30-20:00(各店不同)
網 www.thamaharaj.com
電 (66)02-024-1393
交 於大皇宮區步行約5分鐘，或乘藍色交通船或橙色交通船直達Tha Maharaj Pier。

咖喱炒蟹 695銖
採用肉厚鮮味的原隻螃蟹加入蛋、椰漿、香草和咖喱同炒，是伴飯美食！

⑩a 泰國人心中的No.1海鮮餐廳

Savoey

如果你問遊客最喜歡的海鮮餐廳是哪間，十之八九都會答你建興酒家，但如果問本地人呢，就十個都會答你Savoey！這間在泰國人氣爆燈的餐廳自1972年開業至今，屹立多年的秘訣在於以平實的價錢奉上高品質的食物，招牌菜有咖喱炒蟹、酥炸紅衫魚、金錢蝦餅等。

→晚上清風送爽，坐在戶外甚有「歎世界」的感覺。

地 G2-01, 2/F
時 11:00-21:30
電 (66)02-024-1317

WOW! MAP

10

10a

貨庫樓高3層，每層都擠滿貨物，畫面極之壯觀。

11 任影復古傢具店
PAPAYA

座落在Lat Pharo路的PAPAYA是一間專售復古傢俱的商店，它的老闆向來都喜歡收集不同的復古雜貨，包括老爺鐘、吊燈、打寫機等等至少一萬件珍藏，而最值得稱讚的是他喜歡把自己的收藏共諸同好，來的客人不但可以將合心水的傢具搬回家，歡迎遊人內進參觀或拍照，不少本地電影、MV，甚至是龍友或結婚的新人都會到此取景拍照，成為新一代的遊覽熱點。

↑ 店內貨品全部不設標價，想問價的朋友可以拍下照片到門口櫃樓詢問價錢，據講貨物會根據老闆的心情而有所改變。

↑ 謹記場內的所有「展品」其實都是商品，就算逛得多累都要保持尊重，別要賴在座椅上休息啊。

↑ 不少本地新人都會來此拍照。

MAP 別冊 **M12 B-1**

地 306/1 Soi Lat Phrao 55/2 Lat Phrao Rd, Phlabphla,Khet Wang Thonglang, Bangkok
時 09:00-19:00
網 papaya-studio.com/home
電 (66)02-539-8220
交 MRT Lat Phrao站4號出口轉乘的士約4分鐘

WOW! MAP

餐廳內到處都是影相景點，不妨早點去，由黃昏影到晚上，包保你滿載而歸。

左側（豎排）：

皇宮・塔宏猶清 Grand Palace・Phahon Yothin

唐人街 Chinatown

乍集・阿里 Chatuchak・Ari

↑ 可愛的水豚在場坐鎮。

(12) 歐風小鎮餐廳
CHOCOLATE VILLE

自駕遊MAPCODE N13 48.621 E100 39.830

曼谷到處也是餐廳食肆，但要數近年熱爆的餐廳，就必定是這一間。餐廳面積有13畝地，以歐洲小鎮為設計藍本，餐廳內到處都是尖頂小木屋及河流美景，中央位置還有一個白色燈塔，讓遊客飽覽小鎮附近的靚景，於黃昏magic hour時份到來，配合餐廳內的街燈，景色更是迷人，難怪吸引不少情侶前來拍拖。小鎮內到處都是餐檯及食客，由室外的街道兩旁到木屋內都坐滿了人，氣氛非常熱鬧；至於食物方面，有泰國菜及西餐，必吃有招牌豬手及泰國雜腸拼盤，食物份量頗大，非常適合一家大小到來吃晚飯，吃完飯，客人還可以到處參觀，拍照留念，因此吸引不少本地人專程前來吃飯。

招牌炸豬手

黑白朱古力慕絲

MAP 別冊 **M12 B-2**

地 Soi Nawamin 74, Yak 3-8, Kaset-Nawamin Road, Klong Kum Subdistrict, Bueng Kum District. 10230 Bangkok

時 星期一至五 15:00-24:00、星期六日 14:00-24:00

網 facebook.com/chocolateville

電 (66)081-921-2016

交 MRT Phahon Yothin站或BTS Mo Chit站下車轉乘的士，約40至60分鐘

WOW! MAP
12

⑬ 品味家具 **CDC**

Crystal Design Center由8座商場組成，集合約60家本地及外國設計傢俱公司於一身，可算是全亞洲最大的傢俱商場。無論室內、室外以及家居裝飾，可一次過在這裡買齊，遊客可在這裡購買一些設計獨特的裝飾品，為居所佈置加添新鮮感。而在CDC的中庭區，更設有週末市場，吸引不少設計人士到來，為自己建立個人品牌作開始，場中更不時邀請樂隊表演作現場演奏，在樂韻之中享受購物之樂。

→以籐合成製造出木眼，有如一舊木頭雕成的躺椅，坐落更感涼快。

⑬a 自家手作設計
CDC Weekend

座落於CDC中庭位置的Weekend Market，只開週五、六及日3天。這裡吸引眾多的設計達人擺檔，有時裝設計師、首飾設計師、美術設計系的學生及飲食業等在這裡試業，有些更從已結業的人氣市集Suan Lum Night Bazzar遷移至此。各檔主也甚親切，喜歡與遊人分享、交流其設計心得。不過近年的熱鬧程度大減，擺攤愈來愈少，反而有不少小店開業。

↑設計達人的產品都藏在擺檔中，自遊人需要花些時間尋寶。

↑設有多間餐廳，環境充滿歐陸風情，十分舒適，適合聊天進食，讓身心放鬆。

MAP P199 B-1

地 888 Pradit Manutham Rd, Khlong Chan, Bang Kapi District, Bangkok
時 星期一、星期三至五09:30-20:00星期二10:30-20:00、星期六及日09:30-21:00
網 crystaldesigncenter.kegroup.co.th
電 (66)02-101-5999
交 BTS Lat Phrao站轉乘的士約15分鐘

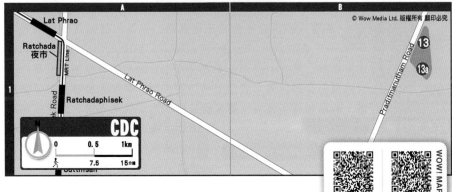

© Wow Media Ltd. 版權所有 翻印必究

Lat Phrao
Ratchada 夜市
MRT Line
Ratchadaphisek
Lat Phrao Road
Pradit manutham Road
⑬
⑬a

CDC
N
0   0.5   1km
7.5   15分鐘

Chinatown

ไชน่าทาวน์ 唐人街 粵語讀音：猜啦灘

必見！
來興餐室

曼谷唐人街位處在曼谷市區西面，是區內最繁盛的商業區之一，由 Sampeng 路、Yaowara 路及 CharoenKrung 路連接而成。而 Yaowara 路是東南亞最著名的黃金飾品交易地，據說曼谷金飾店有七成也分佈在唐人街。來唐人街除了食平價魚翅、燕窩和買手信外，更能品嘗各式潮汕風味美食，而更多的是街頭小食，如豬腳、滷蛋、魚丸或炒粉麵等等各式各樣、五花八門，自遊人來到必能飽滿而歸。

往來唐人街交通

| Sukhumvit | 🚌 MRT Line 約25分鐘 54銖 | Wat Mangkon |

① 炭爐牛肉火鍋
來興餐室

泰國天氣炎熱,當地人還喜歡食火鍋嗎?是的,而且今次介紹的還是一間沒有冷氣的老店。來興餐室又名Lai Heng Pochana,約1968年由泰籍海南人創立,現在已交由孫女Kanokporn接手。晚市來的客人幾乎全點炭爐牛肉火鍋,火鍋先下蔬菜,手切牛肉片混合生雞蛋攪拌,湯滾後下牛肉,輕灼幾下,入口鮮美嫩滑剛剛好。除了火鍋外,當地的老饕還會點紅酒煮雞翼和蠔油炒牛肉,若嫌火鍋不夠吃,不妨點一份試試。

↑紅酒煮雞翼 200 銖,味道酸酸甜甜,佐飯一流。

→炭爐牛肉火鍋400銖

→生牛肉片附上雞蛋,下鍋前可先將蛋與牛肉混合以添口感。

↓蘸上海南秘製南乳辣醬,滋味更上一層樓。

MAP 別冊 **M12 A-4**

地 143 Song Sawat Road, Samphanthawong, Bangkok
時 13:00-21:00
電 (66) 02-234-1909
交 MRT Wat Mangkon站步行約 6分鐘

→餐廳沒有豪華裝修也沒有冷氣,有的是老店的風味。

WOW! MAP

② 忙裡偷閒扮工室
Akirart Cafe Studio

Akirart Café是以辦公室為主題的咖啡店，兩層高的大樓堆滿超巨型的舊式電腦、灰色鐵文件櫃、米灰色鍵盤、磁碟等90年代辦公室用具，原來是因為老闆兼設計師Kendo不忍父親的Production House被丟空，於是在現有的資源下發揮創意，與朋友一同創立這間以辦公室為主題的Akirart Café，他希望Akirart不只是一間咖啡廳，而是以一種類似博物館的形式存在，讓人頃刻回到昔日的時光。

↑ **Peach Tea 150銖**
以90年代的磁碟（外置硬碟）為杯墊，放在同年代的初代電腦旁邊，彷如回到90年代的辦公室。

↑店內的辦公室用具並非刻意四處蒐集的復古裝飾，而是來自Kendo父親昔日的辦公室用品。

↑ 老闆父親購買的初代Mac機仍保存至今。

←**Passion fruit expresso 140銖**
熱果汁加濃縮咖啡和Tonic，是店內的招牌飲料，旁邊的蛋糕由店主朋友每日新鮮製作。

← Kendo指父親的辦公室因租金問題已經停租，兩年前遷至現址繼續經營。

↓隨意地陳設在店內的辦公室用品和坐椅，展現一種舊時代的氛圍。

MAP 別冊 **M12 B-4**

地 138 Pradu Alley, Pom Prap, Pom Prap Sattru Phai, Bangkok
時 10:00-18:00
休 星期一、二
網 www.facebook.com/AkirartCafe
電 (66) 084-504-9146
交 MRT Wat Mangkon站步行約6分鐘

→Egg Custard Toast 25銖
一口咬下竟然可以是醬多過包，爆醬得誇張！

3 人氣爆醬吐司
Yaowarat Toasted Bun

在唐人街屹立逾30年的Yaowarat Toasted Bun以現烤的厚切麵包夾著極豐富的醬料聞名，不少人更因它的「爆醬吐司」慕名而來，餡料可選煉奶、吉士、奶油、甜辣、泰式奶茶、咖啡和朱古力等。吐司的兩片麵包僅僅輕輕烤過，咬落依舊鬆軟，醬料非常澎湃，建議不嗜甜的朋友可選較清新的柑橘醬或菠蘿口味。

MAP 別冊 M12 A-4
地 452 Samphanthawong, Bangkok
時 17:00-24:00
休 星期一
電 (66) 065-553-3635
交 MRT Wat Mangkon站步行約4分鐘

↑買吐司的人潮極多，幸好店員動作俐落，不消10分鐘已將吐司做好。

↑客人要在紙上填寫所需口味和數量，如需入盒就要在最底一項寫上盒子數量。

4 實而不華的美味
PA Tong go Savoey

如果吃油條只停留於配粥或是配豆漿的話，那麼你就太out了！位於曼谷唐人街的PA Tong go savoey他出品的油條不是沾粥或是沾豆漿，而是沾斑蘭醬。先吃沒有沾醬的油條，金黃酥脆，裡面仍保留著水份及有充足的空氣感，不會太油膩；再沾上斑蘭醬的時候，反而提升了油條的香氣，想不到油條也可以這麼的美味。雖然油條很燙，但遊人要趁熱食，因為冷掉吃的話，味道就遜色了。

←油條配斑蘭醬 40銖

↑有不少的遊人即場品嚐新鮮烤好的油條。

MAP 別冊 M12 B-4
地 489 Yaowarat Rd, Samphanthawong, Bangkok
時 17:39-23:00
休 星期一
電 (66)-63-565-5995
網 www.facebook.com/PatonggoSavoeyYaowarat
交 MRT Wat Mangkon站步行約5分鐘

↑師傅馬不停蹄的做新的油條。

3　4

5 胡椒香氣撲鼻
陳億粿條店

→粿汁湯(小) 50銖

在唐人街有不少賣粿條的店，當中就以這一家的人氣最旺，已有逾50年歷史的陳億粿條店。由中午到晚上人潮仍然絡繹不絕，認真誇張。一邊排隊，一邊就能聞到它的胡椒香氣，所以在坐下的時候，就點了一客粿汁湯(即是粿條)，粿條上鋪滿了不同的豬內臟和燒肉，配上胡椒的湯頭，更能帶出豬肉的鮮味。

→椰青 50銖

↑有不少的遊客也特意前來品嚐。

←斬燒肉的聲音此起彼落。

↓店內坐滿人潮，門外有不少人排隊！

MAP 別冊 **M12 A-4**

地 442, 9 Soi Samphanthawong, Bangkok
時 08:00-01:00
電 (66)02-226-4651
交 MRT Wat Mangkon 站步行約 4分鐘

WOW! MAP

6 馳名海鮮餐廳
T&K SEAFOOD

開業多年的海鮮餐廳T&K幾乎是每個遊客來中國城必吃的餐廳，不單因為餐廳歷史悠久，更是因為它多年來的食物價錢都非常親民：炭火燒烤的大頭蝦只售200銖（小）、惹味的咖喱炒蟹由450銖起、蜆蛤只售60銖起，可謂非常抵食！

↑室內只有少量座位，喜歡坐在室內的朋友謹記要預早等位。

↑炭火燒烤的海鮮份外美味

MAP 別冊 **M12 A-3**

地 49-51 Phading Dao, Yaowarat Road, Krung Thep Maha Nakhon, Bangkok
時 16:00-00:00
電 (66)02-223-4519
交 MRT Wat Mangkon步行約4分鐘

生燒活蝦 200銖(小)、300銖(大)
新鮮的大頭蝦以炭火燒烤，橙色的蝦膏甘甜味美，令人一吃上癮！

---

7 街邊燕窩
上等燕窩車仔檔

泰國隨處都有燕窩食，不要以為街邊檔賣的就是「假貨」，其實大家用的燕窩質素差不多，但更為抵食。縱觀多間燕窩車仔檔，這間位於「南星魚翅燕窩店」街口的一檔算是最可靠，原因是檔口光亮又乾淨，老闆娘非常友善，雖不懂英語但卻很樂意展示所賣的燕窩。最重要是為人老實，大大羹燕窩慷慨奉上，而且出菜極快。

↑前：燕窩白果 200銖(細) /
後：燕窩加蛋 100銖

MAP 別冊 **M12 A-3**

地 Phadung Dao Raod, Yaowaraj Raod(兩街交界), Sampanthawongse, Bangkok
交 MRT Wat Mangkon步行約3分鐘

WOW! MAP

205

6　　　7

除了賣雪糕，店內還有很多這個品牌的調味料。吃完雪糕後，可以挑選一些調味料回家。

⑧ 創意無限醬油雪糕

Deksomboon

平時醬油是用來調味，或當成沾醬，你有想過它也可以成為雪糕的醬汁嗎？這個品牌是泰國非常有名的醬油品牌，可能他們覺得醬油有更多的可能性，所以今次就用來與甜點做crossover。醬油淋在雪糕上，味道非常配合，但其實醬油的味道，並不是華人一般那種蒸魚或是調味用的醬油，他的感覺較像意大利的陳醋，帶點酸酸的味道。

↑除了雪糕之外，店內也有提供沙冰，逛街累了喝一杯會令暑氣全消。

→特級醬油王 36銖
這支醬油不但可以炒餸做調味，就連雪糕也可以加上這種醬油，如果覺得對味的話，也可以買一瓶回家慢慢品嚐。

↑辣豆瓣醬 72銖
味道較重，很香的香料味道。

自助買雪糕 Step by Step:

客人先拿起雪糕杯，按自己的需要擠出雪糕，再把雪糕拿去磅重，按重量收費。付款後淋上醬油和加上其他的配料，就可以品嚐。

↑先在收銀處拿一個雪糕杯

←再選擇自己想要的口味，有朱古力、原味及混合口味，再根據自己的所需去擠出雪糕。這次想試清楚醬油的口味，所以選擇了原味。

↑再按重量收費

↑付款後就可以淋上醬油，按自己的喜好添加醬油，會顛覆一般人對醬油的感覺，與雪糕的味道蠻搭。

→除了醬油之外，還可以按照自己的喜好，加入不同的配料。

MAP 別冊 **M12 A-4**

地 501 Yaowarat Rd, Khwaeng Samphanthawong, Khet Samphanthawong, Krung Thep Maha Nakhon
時 08:00-21:00
網 deksomboonshop.com
交 MRT Wat Mangkon步行約6分鐘

WOW! MAP

8

⑨ 鮮榨橙汁
Jay Fai

泰國有一種青色的橘子叫「甜橙」，又名「青翡翠橘子」，因味道酸甜得宜而經常被用作果汁原材料，這間Jay Fai便是以甜橙做主角，獨沽一味賣橙汁。老闆多年都是以簡單的直立式手壓榨汁機，過程全手動，不經機器高速攪拌，相當原始。

↑新鮮即榨的甜橙汁 70 銖

←全手動榨汁的過程快得驚人，最後用篩隔走果肉渣滓便大功告成。

→甜橙真身帶點青黃色，味道酸甜，介乎柑與橙之間。

MAP 別冊 M12 A-4
地 467/1 Samphanthawong, Bangkok (老陳著名鹵鵝外)
時 星期二至日 17:00-24:00
休 星期一
交 MRT Wat Mangkon站步行約4分鐘

⑩ 上等人享受
南星燕窩魚翅

曼谷唐人街最多香港人光顧的食肆非南星燕窩魚翅莫屬，一人一細砂煲盛惠500銖的清湯魚翅已算是上等人的享受，食完一煲已經飽得五、六成。除魚翅外，南星的小菜及海鮮都非常有水準；最細心周到的是那杯免費「無限添飲」的冰凍菊花茶，消暑解渴又夠健康。

紅炆尾勾翅 500銖(細)
有蟹肉及冬菇作配料，很有口感。

MAP 別冊 M12 A-3
地 471 473 Yaowarat Rd, Samphanthawong, Bangkok
時 08:00-02:00
網 www.facebook.com/NamsingBirdnest
電 (66) 02-222-6292
交 MRT Wat Mangkon步行約5分鐘

⑪ 泰國地道甜品
POPYAE

泰國街頭的熱門甜品檔，客人可從5種不同的經典糖水中先挑一種，又或者可憑個人喜好加入白果、蘆薈、海底椰、銀針粉、糖冬瓜、紅腰果、粟米、蓮藕等配料，再加入麵或刨冰和糖水。是極具泰國風味的地道甜品。

車仔檔只有5種甜品，每碗由30-50銖

→泰式刨冰 30銖
內有海底椰、銀針粉、糖冬瓜、白果、紅腰果、涼粉等10種材料。

MAP 別冊 M12 A-3
地 300 Yaowaraj Road, Krung Thep Maha Nakhon, Bangkok
時 07:00-24:00
電 (66)093-241-4965
交 MRT Hua Lamphong步行約12分鐘，位置就在盤谷銀行對面

WOW! MAP
9　　10　　11

12 跟著曼谷人吃
Jek Pui Curry

開在路邊，毫不顯眼的Jek Pui Curry是當地人必吃的咖喱。他位處於路邊，沒有店面，就是一架手推車，在路邊放上幾張椅子，就成了這攤開業約70年的咖喱攤。這裡的咖喱汁口味溫和，不會太過辛辣，香味十足又帶點奶香。配上泰北香腸及青瓜，增加了咖喱的口感之外，還令這咖喱更惹味。

↑除了堂食，也可以外帶，把滋味帶回家。

雖然是小攤販，但每天都吸引了很多的人在這邊吃飯。

雖然是坐在路邊，但就吃得津津有味。

MAP 別冊 **M12 A-3**

地 25 Charoenkrung 19 Mangkon Rd, Khwaeng Pom Prap, Khet Pom Prap Sattru Phai, Bangkok
時 16:00-21:00　休 星期一　電 (66)02-222-5229
交 MRT Wat Mangkon步行約4分鐘

13 逾70年歷史
LOR YAOWARAJ

林泰泉是一間在中國城開業已有70多年的中式雜貨店，專售中式和泰式醬料、乾貨和罐頭等等的雜貨，亦有魷魚乾、椰子糖、芒果乾等零食可供選擇，此外連蝶豆花茶都可在此買到，難怪除了居住在曼谷的華人會來入貨之外，不少遊客都會特意前來購買手信。

→咖喱炒蟹醬128銖(大)、70銖(中)、45銖(小)

→各式泰國醬料20銖起，當然亦有煮泰菜必備的醬料Thai Chili Paste。

MAP 別冊 **M12 A-3**

地 388 Yaowaraj Road, Krung Thep Maha Nakhon, Bangkok
時 08:00-21:00
電 (66)062-417-4566
交 MRT Wat Mangkon 步行約4分鐘

WOW! MAP

12　13

內以木及綠色為主，而且還有「樓上雅座」，空間感十足，不會太焗促。

14 中式café
Lhong Tou

好食 編者推介

這間以中式風格打造的café，以中式點心為賣點，每一款都相當精緻。你以為在香港以外的地方，這些點心就會較為失色?這樣想就錯了，他們做的炸流沙奶黃包，相比粵式餐廳有過之而無不及。首先是流沙奶黃相當有流心的效果，吃下去的奶黃味很濃，口感細滑而沒有顆粒，雖然是經過油炸，但不覺得油膩，而且做得非常精緻，相信能夠俘虜一眾吃貨的心。

一群好姊妹可以一起坐下聊天，不知不覺就會消磨了一整個下午。

↑泰式凍茶 85銖
可以配奶或檸檬，味道香濃，簡單的配上小食，就為一個悠閒的下午加添回憶。

→店員親切有禮的為客人介紹美食。

↑Egg Lava Bun 29銖
店內人氣的炸流沙奶黃包，味道香濃。吃下去有三重的口感，首先是外層的酥脆、麵包的軟熟、流沙奶黃的香滑，一咬下去，麵包輕易滲滿奶黃的香氣。

MAP 別冊 **M12 A-4**

地 538 Yaowarat Rd, Khwaeng Samphanthawong, Khet Samphanthawong, Krung Thep Maha Nakhon
時 09:00-20:00
網 lhong-tou.business.site
電 (66) 64-935-6499
交 MRT Wat Mangkon步行約6分鐘

Ayutthaya
大城府

漫遊古城
感受泰國佛教歷史文化

大城府又稱為Ayutthaya，距離曼谷約一百公里，西元1350年至1767年曾是泰國的第二個首都，亦是年份最悠久的首都，有著四百多年的輝煌歷史。在1767年被緬甸軍戰火所摧殘，只剩斷壁殘瓦，卻保存另一番獨特韻味。在1991年被聯合國教科文組織評為世界級保護級古蹟之一。

① 經典樹中佛

瑪哈泰寺
Wat Mahathat

遊客拍照時，要蹲下來保持佛像一樣的高度，以表示尊敬。

1374年包若瑪拉一世下令建造瑪哈泰寺，直到1388至1395年拉密蘇王在位時才建成。瑪哈泰寺的主塔是高棉式佛塔，主要供奉佛陀舍利子。曾受到緬甸軍的破壞，寺內的所有佛像頭部幾乎都被砍掉，而最有名的是被砍下的佛像頭掉落在無花果樹中，經過歲月的洗禮，樹幹包著佛像頭繼續生長，成為了瑪哈泰寺的經典標誌。

綠蔭油然而生，這個佛像是寺內少有保存完整的佛像。

MAP　別冊 M02 A-1

地　Chikun, Tha Wasukri, Phra Nakhon Si Ayutthaya, 13000, Thailand
時　07:30-18:00
金　50銖
網　www.watmahathat.com

被戰火摧殘後，留下著另一番樸實之美。

大城府交通資訊

由曼谷市前往大城府

1) 火車
- 由MRT Bang Sue站2號出口步行至Bang Sue Railway Station乘搭火車前往 Ayutthaya 大城府火車站，最早05:34由Bang Sue出發，約1.5小時一班，車程約1.5小時，車費20銖起，火車分成快車（Rapid）、快車（Express）及特快車（Special Experss），只有快車及特快車才有冷氣。

2) 小巴
- 由BTS Mo Chit站乘的士至Bangkok Bus Terminal Chatuchak，乘搭前往Ayutthaya 大城府的小巴，每日06:00-19:00每小時發車，車程大約1.5至2小時，視乎交通狀況，車費70銖。

當地交通資訊
- 火車站下車後，讀者可先到月台上的tourist police櫃台拿免費地圖。
- 大城府火車站附近有多間租車行，租車時需押證件，自遊人記得要帶護照證件。
- 租駕駛車Tuk Tuk，每小時約200銖。
- 租單車一日，約50銖。
- 租電單車一日，約200-300銖。
- *大城區交通諸多不便，建議人多的自遊人不妨考慮用手機app Grab叫車半天，或事前到Klook或KKday等網站預訂一日遊行程。

WOW! MAP
1

② 泰國皇室最美行宮

那芭茵夏宮
Bang Pa In Palace

始建於17世紀，為當時大城皇室的夏日行宮，後因緬甸人入侵而遭到焚毀。在19世紀由皇朝拉瑪四世開始重建，經拉瑪五世繼續修建完成，距今已有約150多年的歷史。由於拉瑪四世及五世受到西方文化的影響，所以夏宮融合了維多利亞、哥德式和中式的建築風格，多元化又別具特色，是泰國五大行宮中最大最美的一座行宮。

MAP 別冊 **M02 B-2**

地 Ban Len, Bang Pa-in District, Phra Nakhon Si Ayutthaya, Thailand
時 08:00-16:00(最後入場15:30)
電 (66)035-260-144
金 100銖

---

③ 黃袍加身祈福

帕南春寺
Wat Phanan Choeng

始建於1324年，早在大城王國建立之前便已存在，是當地華人的信仰中心，每逢坐船出遠門都會前來拜祭，這裡亦以求子著名，吸引無數信眾慕名而來。寺廟裝潢富有中國色彩，寺內的三寶佛公佛像闊20公尺、高19公尺，約有6層樓高，是全泰國歷史最悠久、最大的坐佛像。另外，寺廟四周也有很多專門供奉中國神祇的華人寺廟，不妨一看。

「黃袍加身」的祈福儀式，遊人若想參與可先捐善款借用黃巾，工作人員會將閣下的黃巾拋向佛像，由上面的工作人員接住再將黃巾繞過佛像，善信需同時披上黃巾祈福。

MAP 別冊 **M02 B-2**

地 Amphoe Phra Nakhon Si Ayutthaya, Phra Nakhon Si Ayutthaya
時 08:00-17:00
金 20銖

原址是皇室宮殿，於公元1448年波隆摩戴萊洛伽納王將原本的宮殿移到別處，把宮殿改建成皇家寺院。帕席桑碧寺以前主要用來舉行皇家儀式和典禮，在3座鐘形佛塔分別存放國王及皇室成員的骨灰，在公元1767年緬甸軍洗劫後，寺內除了被搶走了黃金和各種珍貴飾品，聞名於世的帕席桑碧佛也被搶走了，從此銷聲匿跡。

←帕席桑碧寺的佛塔保存尚算完整。

④ 皇室墓園

帕席桑碧寺
Wat Phra Si Sanphet

MAP 別冊 **M02 A-1**

地 Phra Nakhon Si Ayutthaya District, Phra Nakhon Si Ayutthaya, Thailand
時 08:00-17:00
金 50銖

2　　3　　4

WOW! MAP

在拉恰提洛王死後，兩個兒子為了爭取王位而互相殘殺，最後兩敗俱傷收場。其後由最小的兒子波隆摩羅閣二世（亦稱為昭善披耶王）繼承王位，於西元1424年建造了這個寺廟，埋藏父兄的骨灰。在1957年的挖掘和修復過程中，發現了很多極具價值的藝術品。現時，這些文物已成為昭森帕拉國家博物館的展品。

5 神秘地下室

拉嘉布拉那寺
Wat Ratchaburana

佛塔的基座上有神秘森林動物雕像，夜神（Yaksha）和喜馬瓦納（Himavan）。

MAP 別冊 M02 A-1

地 Pratuchai Phra Nakhon, Ayutthaya, Thailand
時 08:30-17:00
金 50銖

6 33重天鐘形寶塔

崖差蒙空寺
Wat Yai Chai Mongkol

主塔內有 8 個佛像，泰國人的祈福儀式是在佛像身上貼金箔。金箔可於現場購買，20 銖 / 塊。

建於1357年，納黎萱國王為紀念擊退緬甸軍，在1592年下令興建了巨大鐘形主塔，分為3層平台象徵天堂、人間和地獄，而塔尖上的圓圈象徵佛教的33重天。寺內雖然曾受到戰火的摧殘，但寶塔和佛像仍保存完整，氣勢磅礡，景色壯麗。另外，主塔內有一口深井，用水來代表原諒當年失職的戰官。

寺內的佛像沒有金碧輝煌的裝飾，全是樸實的石泥身。

MAP 別冊 M02 C-2

地 Moo 3, 40/3 Khlong Suan Plu Subdistrict, Phra Nakhon Si Ayutthaya District, Phra Nakhon Si Ayutthaya
時 08:30-17:00
電 (66)035-242-640
金 20銖

❶ 華麗工藝雕刻

帕蒙空博碧寺
Wihan Phra Mongkhon Bophit

相較於大城內寺廟遺址的殘破，經過多次修復的帕蒙空博碧寺顯得華麗得多，紅頂白牆的建築，精細的工藝雕刻，形成宏偉莊嚴的寺廟。帕蒙空博碧寺建於1357年，大殿內供奉著十五世紀的全泰最大的銅製佛像，加上豐富的歷史背景，吸引無數善信前來膜拜。

MAP 別冊 M02 A-2

地　Naresuan Rd, Pratu Chai Sub-district, Phra Nakhon Si Ayutthaya District

時　星期一至五 09:00-16:30、星期六日09:00-17:30

---

❽ 仿古水上市場

Ayothaya Floating Market

遊完古城可以到附近的大城府水上市場逛逛。Ayothaya Floating Market在2010年開幕，是泰國旅遊局力推的水上市集，面積約有7個足球場的大小，走傳統泰式風格，仿古的建築物，木造傳統高腳屋，小橋流水，形成特色水上市集風貌。市集內有300多間店舖食肆，商品亦種類繁多，由衣物、飾品、文具到紀念品，包羅萬有，每逢假日在舞台區更有泰式歌舞、歷史劇場表演等傳統特色表演，包你可以慢慢逛個夠。

MAP 別冊 M02 C-1

地　Phra Nakhon Si Ayutthaya District
時　09:00-18:00
電　(66)035-881-733
網　ayothayafloatingmarket.in.th/en

7　　8

213

WOW! MAP

盡享陽光與海灘
芭堤雅
pattaya

往來芭堤雅交通

| 曼谷
Suvarnabhumi Airport | 巴士
約2小時 143銖 | 芭堤雅 |
| 曼谷
Bangkok Bus Terminal
(Eastern) | 巴士
約2.5小時 150銖 | |

長長的海岸線、清澈的海水，藍天白雲，再加上多姿多彩的娛樂，讓位於曼谷東南方的芭堤雅成為不少到曼谷的自遊人為旅程加入陽光與海灘的不二之選。而近年新增不少超級resort及激玩激買元素更令芭堤雅成為不少自遊人的度假天堂。

芭堤雅旅遊資料

來往芭堤雅的交通

芭堤雅位於曼谷東南方，面向暹邏灣，由曼谷開車只需約兩小時便可到達，曾為泰國皇室海上俱樂部的所在地。從1950年開始之後，因為擁有著名的海灘度假區，加上與首都曼谷十分接近，所以吸引不少遊客在曼谷暢遊之餘順道到訪。

▓航空

乘搭班機到曼谷後，再轉搭國內巴士直抵達芭堤雅。由於 Suvarnabhumi 國際機場 (BKK) 位處曼谷與芭堤雅中間，故自遊人可選擇直接由機場乘車到芭堤雅，回程時才返回曼谷遊玩，或以芭堤雅為尾站，省卻一點交通時間。

▓巴士
☏ (66)02-391-9829

由曼谷往芭堤雅，可以在 Sukhumvit Rd. 巴士總站 (位 於 Ekkamai BTS 站附近的 Bangkok Bus Terminal Eastern) 乘搭巴士，車程約兩小時。國營空調巴士，由上午 05:30 至 20:45，大約每 30 分鐘至 1 小時一班，單程收費 141 銖起。

▓火車

由曼谷往芭堤雅，可以在曼谷 Hua Lampong 車站搭火車，由上午 05:30 至 21:00（班次略有不同），車程約 3.5 小時。車費分 50 銖起，視乎火車及車廂級別而定。

🌐 www.railway.co.th

▓私人包車

想直接由 Suvarnabhumi 機場往芭堤雅，可於出發前致電私家的士公司，在曼谷機場上車便可直接到達芭堤雅酒店，價錢由 1,000 銖起，已連高速公路費用。

芭堤雅資料

芭堤雅市內交通

■ 篤篤 (Tuk Tuk)

芭堤雅市內交通主要以篤篤為主，不設咪錶收費，上車前要先與司機議價，一般 15 分鐘的車程收費約 50 至 100 銖。

■ 的士

在芭堤雅的士始終是最受香港人歡迎的交通工具。車費便宜固然是賣點，加上芭堤雅地方不大，所以的士極受歡迎。

■ 兩排車

兩排車是最受遊客及本地人歡迎的交通工具。只需在上車時告訴司機目的地，他們便會示意你上車，到達時往司機位付款便可，每程 20 銖 / 1 位，視乎距離而定。要留意的是，兩排車只是單一條路來回行駛，並不會轉左或右到另一道路，若要在 Sukhumvit Highway 往 Pattaya Beach Road，便要在 Pattaya Klang 下車，轉乘往 Pattaya Beach 的車前往。

■ 活動 / 節日

時間	節日	內容	地點
3月下旬	Pattaya International Music Festival 芭達雅音樂節	邀請國際知名歌手與泰國歌手交流，有不同音樂類型演出，如 Pop、Rock、Hip Hop、Jazz 等，充滿音樂氣氛。	Pataya Beach、Mueang Pattaya、Chon Buri
4月中旬	Pattaya Wan Lai Tradition 芭達雅宋甘潑水節	根據宋甘潑水節的傳統，人們將水潑到僧侶的身上表示對他們的敬意，時至今日，所有人都會在潑水節盡情頑皮，將水潑到其他人的身上。	Chaimongkon Temple、South Pattaya、Chong Buri
7月下旬	Pattaya International Marathon 芭達雅國際馬拉松節	一年一度的盛大的馬拉松比賽，在風景優美的芭達雅海岸邊舉行，每年吸引許多世界級的馬拉松選手及泰國選手參加。	Muean Pattaya及 Chon Buri

芭堤雅資料

芭堤雅 Pattaya

🚗 自駕遊往芭堤雅

駕車往芭堤雅非常方便，由機場出發全程約兩小時。全程皆是高速公路，非常寬闊，公路路面平坦，但駕駛者亦需要小心，避免發生意外。

高速公路全程3至4線行車，車輛亦不多，十分安全。

■曼谷往芭堤雅

駕車由曼谷市中心出發，駛往 Srinagarindra Rd.，沿著 Chon Buri 一直駛，中間會經過 3 個收費站，每程 30 銖，直至見到 Pattaya 的指示牌便沿著前往，到盡頭會見到 Sukhumvit 路牌，轉左邊進 Sukhumvit Highway 便能到達 Central Pattaya Rd.，往右轉入 Central Pattaya Rd. 便能到達海灘區域。

往芭堤雅途中會經過3個收費站，每次收費30銖。

Pattaya 2 Road的盡頭會見到迴旋處，轉右行便能到達Pattaya Beach Road。

從Sukhumvit Highway直駛，會見到大路牌上寫著「Pattaya Klang」(紅圈)便是往海灘中心區的「芭堤雅大道」，依箭咀轉入直駛，到盡頭便會到達海灘區。要留意的是，芭堤雅的街道多是單向行車，如走錯路，要再找路口駛回Pattaya 2 Road，駛至迴旋處轉右，可再到達Pattaya Beach Road。

Pattaya Beach Road的路況。

泊車需知

在芭堤雅均可隨處泊車，只要有空位便可泊下坐駕去Shopping、食飯等等。但要留意的是，在路壆上會有顏色標記，分為紅白間及黃白間兩種。紅白間為不可停車及泊車，黃白間則只可停車，而不許泊車。

黃白間是不許泊車，但可停車等候。

紅白間是不可停車及泊車。

有趣的是，只要停車時，車輪未壓到顏色位置，也算是合法停車。

芭堤雅資料

芭堤雅 Pattaya

↑把座椅造成行李運輸帶的模樣，創意十足。

→不論內外都設有不同的裝飾，生動有趣。

① 芭堤雅地標

Terminal 21 Pattaya

大家對曼谷的Terminal 21絕不陌生吧！2018年底，這個以航廈為主題的Terminal 21「飛」到芭堤雅，每層都以不同國家作為主題，雖然商場不是很大，但是逛起來卻十分舒適。商場內除了有文創商店外，還有不同的泰國及國際品牌，能滿足一眾愛Shopping的自遊人。

MAP 別冊 **M14 B-1**

地 456, 777, 777/1 Moo 6 Na Kluea,Bang La mung, Chonburi
時 11:00-23:00
網 www.terminal21.co.th/pattaya
電 (66) 33-079-777
交 Pattaya Beach 乘車約20分鐘

巴黎 (GF)

巴黎為主題的G/F，最令人驚艷的就是放置了五層樓高的巴黎鐵塔。這層主要是以時尚品牌為主，最為港人熟悉的H&M、UNIQLO都位於這一層。有「泰版SASA」之稱EVEANDBOY也設有分店在T21，店內有大量的平價的化妝品，店內不時都會與不同的卡通人物做聯乘化妝品，好看又好用，來泰國不能錯過。

→EVEANDBOY與不同的卡通聯乘，推出不同的化妝品。

↑六層高的巴黎鐵塔是遊人必拍的景點。

↑有不少的遊人在扮演浪漫的求婚情節。

↑EVEANDBOY位於G/F

↑EVEANDBOY內有不同的化妝品牌。

WOW! MAP

雙層巴士是倫敦的代表。

↑位於M/F的24小時supermarket。

↑After you 是曼谷著名的甜品店，深受港人喜愛。

倫敦 [MF]

M層放置了雙層巴士，代表大家來到倫敦。這裡有一個24小時的超市，非常適合遊人補充手信，可惜這間超市的種類比較少及貴。除了超市外，還有熟悉的After you，人潮相對較少。

↑用餐的位置相當闊落。

↑Pier21的美食選擇眾多。

三藩市 [3F]

三藩市這一層就是Food Court，與曼谷的T21一樣，把Pier 21搬過來，為遊人提供便宜又好吃的美食。Pier21 有齊中、西、泰式的美食，真的讓人目不暇給。另外，要在Food court消費，就要先換一張現金消費卡，用畢以後可以到櫃檯換回現金。

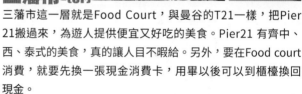

除了餐廳，也有一些的特色小店。

↑相撲是日本的國家運動。

東京 [2F]

東京主題的樓層的玩味感覺很重，當中有一半是餐廳，亦有部分的小店，喜歡尋寶的朋友一定不能錯過。這樓層的擺設十分可愛，不但充滿日本特色，而且還是不少遊人的打卡點。

② 被戀愛包圍的綿羊牧場
Swiss sheep farm Pattaya

芭堤雅除了陽光與海灘之外,還有自然原始的一面。綿羊牧場被山谷包圍著,整個環境都以歐式風格包裝,非常浪漫。參觀的遊人可以憑門票換取飼料餵飼綿羊或驢仔,牠們的十分貪吃,會很大力的拉扯,所以要小心喔!另外,這裡也吸引了不少的家庭及情侶出遊,因為這裡有不少的打卡點,拍出來的照片也相當溫馨!

MAP 別冊 **M15 B-2**

地	19/20 Moo 7, Soi Nong Chap Tao, Pattaya
時	星期一至五 10:00-19:00, 星期六及日 09:00-19:00
金	成人350銖,
小童	小童160銖,
網	www.swisssheep farmpattaya.com
電	(66)03-811-9095
交	Cartoon Network Amazone坐車約7分鐘

牧場是以歐式風格打造,有不少的打卡位。

餵食是必玩活動!

餐廳吸引了不少當地人及遊客。

奶油青口
150銖

③ 崖邊的浪漫
Rimpa Lapin

好食
編者推介

沿著崖邊打造的Rimpa Lapin,有不少的泰國人及遊客前來。這家餐廳主打日落景色,但晚上的浪漫氛圍同樣吸引。聽著海浪聲、吹著海風用餐,讓這個芭堤雅之旅加添悠閒、浪漫的感覺。如果你以為這裡的景色,會令食物質素下降或價值不菲的話,這樣想的話就錯了。店內的食物選擇眾多,價錢便宜。這次品嚐奶油青口及生蝦,青口十分新鮮,味道鮮甜、爽口;而生蝦也很鮮甜、爽口,配上泰式醬汁,非常開胃。

MAP 別冊 **M15 B-1**

地	Na Jomtien 36, Sukhumvit Road, KM.160 Baan Amphoe, Sattahip, Pattaya
時	星期一至三及五 16:00-24:00、星期四 14:00-21:00、星期六12:00-21:00、星期日14:00-24:00
休	不定休
網	www.rimpa-lapin.com
電	(66)038-235-515
交	Cartoon Network Amazone 坐車約4分鐘

→生蝦
250銖
非常抵食!

4 夢幻玻璃屋
The Glass House Silver

↑ 玻璃屋的設計帶有點熱帶雨林的感覺，感覺脫俗、典雅。

能欣賞芭堤雅最美沙灘的餐廳，就非The Glass House Silver莫屬。餐廳位於Wongamat Beach，在海邊興建了一個玻璃屋，食客不論坐在玻璃屋或是坐在海灘上，都能夠欣賞到美景。在日落的時份，坐在玻璃屋內點了斑蘭葉燒雞及椰子海鮮咖喱。斑蘭葉燒雞味道有點偏鹹，但沾上店家特製的醬汁後，中和了鹹味之外，更突出了燒雞的香氣；而椰子海鮮咖喱內有大量的海鮮，如青口、魷魚、蝦等等，每一款都非常新鮮，同時咖哩亦吸盡海鮮精華，配飯一流！

↑ 椰子海鮮咖喱 350銖

↓ 斑蘭葉燒雞 190銖

↑ 餐廳每一個位置都係打卡位。

MAP 別冊 **M14 A-1**

地 456 Zire Wongamat,(687) Moo 5 ,Soi Naklua 18,Banglamung, Pattaya, Chonburi
時 11:00-午夜
網 www.glasshouse-pattaya.com/en
電 (66)098-930-9800
交 Terminal 21 Pattaya 乘車約10分鐘

↑ 餐廳設有戶外的位置，可以欣賞最美沙灘的日落。

WOW! MAP

4

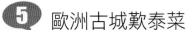

芭堤雅資料

芭堤雅 Pattaya

5 歐洲古城歎泰菜
A'La Campagne Pattaya

餐廳以傳統泰北菜為主。

同樣位於歐洲古城內的A'La Campagne Pattaya，是一間主打泰北菜的餐廳。特別推薦炸木瓜沙律，先把青木瓜炸香，木瓜炸後沒有軟掉，還保持著清爽的口感；再加上攪拌了沙律汁，讓木瓜的炸衣同時也吸收了醬汁的味道，十分開胃，但略為有點偏辣。值得注意的地方是，由於餐廳是屬於半開放的地方，蚊子會較多，雖然店員也會為顧客提供蚊怕水，但擔心被蚊子叮的遊人，還是穿長袖去較好。

→泰式木瓜沙律伴三文魚大蝦 285銖

MAP 別冊 **M15 B-1**

地 21/2 moo1 20250 Ban Huai Yai, Chonburi
時 星期一至四 10:00-20:00、
　 星期五六日 10:00-21:00
網 www.facebook.com/
　 alacampagnepattaya
電 (66)061-441-5181
交 Pattaya Beach乘的士約30分鐘

↑蟹肉餅配辣椒醬 295銖

抵食
編者推介

6 人氣餐廳
SomTam Pooma Pa-Prapai

←炸軟殼蟹 130銖

↓炒通菜 100銖 以價錢來說，的確較貴，但一分錢一分貨。

在泰國網上超紅的餐廳，用餐環境寬敞，價錢相宜，而且有不錯的水準。就連通菜也很好吃，但與華人平常吃的那種略有不同，吃起來是比較爽脆，還用了大蒜除去青草味，同時又增加了通菜的味道，非常好吃。而軟殼蟹也做得非常出色，軟殼蟹與九層塔一起炸，散發出淡淡的香氣，讓人不知不覺就吃下了一整盤，很適合配酒；唯一缺點就是有部份的軟殼蟹炸得不夠脆。

MAP 別冊 **M15 B-1**

地 152 Na Kluea 16 Alley, Muang
　 Pattaya, Bang Lamung
　 District, Chon Buri
時 10:00-21:00
網 www.paprapai.com
電 (66) 63-651-1165
交 Pattaya Beach乘的士約35分鐘

→來到這裡用餐較為推薦戶外，因為整體氣氛較有格調，而且晚上用餐的話，自然風吹過的時候非常舒服。

⑦ 文青必到
Tea Factory

位於歐式的古城內、以玻璃屋的設計，走田園風格的Tea factory，除了提供正餐及下午茶之外，還提供了不少的飲料，當中最有名的，就當然是茶飲。這家的茶大多數是來自斯里蘭卡，所以喝的感覺與平時所喝的中式茶有些不同，本身茶的味道就帶一些酸甜的味道。再配上不同的水果作調味，使飲品更適合少女聚會時喝，酸味的口味相當解渴。

→Dimbula lemon
100銖
很濃的檸檬味，茶味相比之下較弱，喝下去時很解渴，而且很提神。

↑另一邊打造成玻璃室的效果，看著室外的風景，令人心曠神怡。

Oh là là, it's a
BEEF BURGER 285銖
牛肉漢堡加入牛至、百里香等香草煎香，夾著爽口的奶油生菜、洋蔥、番茄、紅菜頭和半溶的車打芝士，最後加入自家製醬汁。

←蘋果金寶配雲尼拿醬
130銖

↓招牌冷泡茶
140銖
有玫瑰、烏龍荔枝、雲尼拿3款口味可供選擇。

MAP 別冊 **M15 B-2**

地 21/2 Sukhumvit Rd, Na Chom Thian, Sattahip District, Chonburi
時 星期一至五 09:00-19:00；星期六日09:00-20:00
網 www.alacampagnepattaya.com
電 (66) 62-575-4411
交 Pattaya Beach乘的士約30分鐘

芭堤雅資料

芭堤雅 Pattaya

WOW! MAP

7

入口就有白色的沙雕來歡迎遊人。沙雕是以泰國不同的神獸做主題。

8 東盟最大 泰版冰雪奇緣

Frost Magical Ice Of Siam

親子

↑滑梯是每個冰雕必備的item之一，坐上去後高速滑落，非常刺激。

泰國熱辣辣，想找個地方涼一下也不容易。在芭堤雅就有一個地方，為遊人提供一個冰雪魔幻的新體驗。這裡佔地約三萬多平方呎，分成幾個區域：首先白色沙雕藝術區，以沙雕打造不同的神獸，以帶出泰國的傳統文化。接著就是暹羅天堂，用冰雕展示各種具泰國特色的文化，例如篤篤及神像，更少不了大人和小朋友都喜歡的冰滑梯；在零下10度的冰雕區內，同時設有酒吧區，遊人在冰凍的環境下，飲一杯冰涼的飲品，真的暑氣全消。

→當然神像也是泰國特色之一，來到這裡又怎能不拍照呢。

↑冰雕加入了泰國的元素，包括篤篤，遊人可以坐在車內拍照。

↑這裡還有一個以冰雕的吧台，可以在這裡換領飲品一杯。

MAP 別冊 **M15 A-1**

地 75/6 MOO 3, NONG PLA LAI, BANGLAMUNG,Chonburi
時 09:00-19:00 金 600銖 (預先在 Klook網站預計有優惠)
電 (66)063-669-4559
交 Pattaya Beach乘的士約30分鐘

入場費包含租借羽絨大衣及飲品，用冰杯喝飲品，別有一番風味，不怕冷的朋友，可以挑戰一下赤手拿著冰杯喔。

芭堤雅 Pattaya

⑨ 主要碼頭
Pattaya Pier

Beach旁之Pattaya pier為主要往返芭堤雅與鄰近島嶼的碼頭,自遊人可在此碼頭乘搭接駁船往珊瑚島Koh Larn (又稱「格蘭島」),享受一下遠離繁囂、水清沙幼的沙灘,約15分鐘便可抵達小島 Koh Larn。Koh Larn是水上活動的天堂,有很多不同種類的水上活動可供選擇,包括滑浪風帆、滑水、徒手潛水及水肺潛水,更可乘坐玻璃船觀看水底美不勝收的珊瑚礁及參加跳傘等活動。

→除KohLarn外,Koral Island (又稱「珊瑚zvz島」)也是另一個十分受歡迎的小島,一日有8班船前往。

MAP 別冊 **M14 A-3**

地 Bang Lamung, Chonburi

⑩ 地標沙灘 🚗自駕
Pattaya Beach

Pattaya Beach海灘面向芭堤雅海,連綿長達4公里,是乘船往離島的主要地點。海灘從北卡兩弧形伸展,側面為林蔭海濱大道及Beach Road,四周有不少酒店、餐廳、商店、商場、超級市場、酒吧、的士高及夜店等等,林林總總,是自遊人感受芭堤雅風情的絕佳地點。

MAP 別冊 **M14 A-2**

地交 North Pattaya, Pattaya Beach Road, Chonburi
Teddy Bear Museum步行約15分鐘

潛水 Diving

 達人教室

憑著泰國的海岸線及天然地利,潛水成為了其中一項最受自遊人歡迎的水上刺激運動,每年都有成千上萬的人士到泰國學習潛水,取得牌照。大部份的潛水商店都轄屬 PADI或其他國際潛水機構,由於大部份的參加者都是旅遊人士,故大部份中心的教練及工作人員都通曉英語。

香蕉船

在芭堤雅隨處可見的香蕉船是不少自遊人追求刺激感的基本步,亦是不少自遊人在沙灘享受陽光與海灘之餘的好選擇。

海鮮炒麵（小）100銖
麵以甜豉油炒，因麵身極幼，吸收所有豉油非常入味，師傅手勢也了得，麵炒得十分乾身，而海鮮今次可算是陪襯。

⑪ 通宵小菜館
張龍記 LONG KEE

有30年歷史的張龍記，24小時營業，價錢不貴，因此吸引很多本地及遊客到來。地方寬闊，劃分了外面無冷氣及冷氣房，怕熱的可在冷氣房用膳。張龍記所食的是泰式中菜，以小炒為主，是宵夜的好去處。

↑泰式炸魚餅 200銖

↑泰式蒸鱸魚 400~600銖

MAP 別冊 **M14 B-2**

地 341/3-6 M.9 Pattaya, Banglamung, Pattaya City, Chonburi
時 24小時
電 (66) 03-842-6291
交 Pattaya Beach乘的士約5分鐘

⑫ 夜蒲人最啱
Let's Relax Spa (North Pattaya)

Let's Relax在泰國頗有名氣，規模頗大，而且在芭提雅、清邁及布吉有多間分店，是出名平靚正的spa選擇，深得不少香港人及日本人的愛戴。這間位於芭堤雅北面海灘路迴旋處附近的Let's Relax，由兩座單層樓層組合而成，中間以一長長水池分隔開，設計簡潔沒多花巧裝飾。長長的足部護理及肩頸背按摩房間，可容納多人，落地大玻璃面對著水池，做按摩時倍感舒適。水療房間分1人及2人，有獨立沐浴間，甚為方便。

必試療程套餐

「泰式按摩」
1,200銖 / 60分鐘

「香薰油按摩」
1,300銖 / 60分鐘

MAP 別冊 **M14 B-1**

地 240/9 Mu5 Nakluar, Banglamung, Pattaya, Chonburi
時 10:00-24:00　網 letsrelaxspa.com
電 (66)03-848-8591(需要預約)
交 Pattaya Beach乘的士4分鐘

←除了可以選擇在陸上瀏覽，還可以選擇坐船，需要另外付費。

⑬ 芭堤雅必到 四方水上市場
Pattaya Floating Market

這是一個為觀光而打造的水上市場，有良好的規劃，地上也劃好路線，方便行人遊覽。遊人不但可以在木橋上穿插瀏覽這個水上市場的風光，也可以選擇坐觀光船，讓大家可以更能感受泰國文化，了解當地人的生活。還會有泰國的素人唱歌表現及人妖拍照。市場內也有很多不同的泰式小食，又怎能不試試看呢！

MAP 別冊 **M15 B-2**

地	451/304 moo12 Sukhumvit-Pattaya Rd, Amphoe Bang Lamung, Chang Wat Chonburi
時	09:00-19:00
金	200銖(門票連船票800銖)
網	www.pattayafloatingmarket.com
電	(66)086-366-1010
交	Pattaya Beach乘的士約30分鐘

---

⑬a 復古咖啡店 興哥奶茶

好食 編者推介

充滿懷舊的風味，一進店內就充斥著滿滿的咖啡香。店內最著名的就是即沖泰式奶茶，入口不太甜，味道卻很香醇，加上大量冰塊，一喝下去很透心涼。加上店內懷舊的擺設，足以讓各位遊人可以瘋狂拍照。

保留復古的設計，令人不禁想回到過去懷念一番。

←興哥奶茶 35銖 來這裡的人都幾乎一人一杯，是這裡人氣的飲品，來到這裡一定要試一下。

→奶茶即場沖製，遇上人潮的時候，可能要稍為等一等。

---

⑬b 傳統的味道 Thai Dessert

以糯米所造成的點心，混入椰奶及不同的配料製造而成。當中推薦鮮蝦肉的口味，椰奶糯米的味道帶出了鮮蝦的鹹鮮味，或許你會覺得很奇怪，但吃下去以後，你就會感覺兩者來得非常配合，鹹味又中和了椰奶的甜味，值得一試。

有5個不同口味可以選擇，較推薦最左邊的鮮蝦味。

→泰式甜品
椰奶糯米鮮蝦口味 20銖
下層時椰奶糯米，上層則放上蝦米，再淋上椰奶，非常惹味。

芭堤雅資料

14 海濱商場
Central Festival

亞洲最大規模的海濱商場Central Festival Pattaya Beach，佔地達24萬平方米，集合超過370間國際零售店及樓高5層的Central百貨公司。除購物以外，商場更集娛樂於一身，設有16條球道的保齡球場，而10間電影院中更包括泰國首間海景戲院。商場依著海濱而建，內裡有不少餐廳均坐擁海景，其中Food Loft不但設有面對海邊的露天位置，更集合中、西、意、越、泰等多國美食。另外商場內有不少餐廳也營業至凌晨2時，讓夜遊人在芭堤雅又多個聚腳點。

MAP 別冊 **M14 B-2**

地 Pattaya Beach 333/99 M.9 Banglamung, Chonburi
時 11:00-23:00 1-6/F/11:00-00:00G/F (部份食肆及商店營業至02:00)
網 www.central.co.th/en
電 (66)03-300-3999
交 Pattaya Beach步行約5分鐘

芭堤雅 Pattaya

15 重點Shopping Mall
Royal Garden Plaza

Royal Garden Plaza可說是芭堤雅市內中高檔時裝品牌的集中地，一口氣囊括了多個極受自遊人歡迎的品牌，包括BIG JOHN、Levi's、LEE、LACOSTE、CHIC CLUB等優質牛仔及便服品牌、運動王國SUPERSPORTS、女士恩物Wacoal、Boots，以及潮流品牌DSQUARED等，絕對是不甘只有陽光與海灘的人士的必到勝地。此外，更有不少食肆餐廳，當中不乏大家有信心保證的日本菜連鎖店ZEN及泰國有名的Food Court等等，是購物之餘滿足食慾的好地方。

←Food Wave泰式湯河與雞飯是必點食物，售價當然比街邊檔貴一點。

↑專賣Wacoal的Thunya與Sabina的貨式不同，一向是港人到泰國掃貨目標。

MAP 別冊 **M14 A-2**

地 218 Moo, 10 Beach Road, Pattay, Chonburi
時 11:00-23:00
網 royalgardenplaza.co.th
電 (66)03-871-0297
交 Pattaya Beach步行約5分鐘

WOW! MAP

14   15

15a 信不信由你 親子

Ripley's Believe It or Not Museum (3F)

位於Royal Plaza Garden內的Ripley's Believe It or Not Museum，由美國人Robert Leroy Ripley於1933年在芝加哥所創辦，而芭堤雅這家分館則是亞洲區的5家分館之一，展出Ripley及其後人在世界各地所搜尋到的300多件奇人奇事的事跡。

用一塊原木雕成一架1:1的JAGUAR汽車模型

時 11:00-22:00
金 630銖起 (各館收費不同)
網 www.ripleysthailand.com
電 (66)03-871-0294

15b Infinity Maze (2F)

在Infinity Maze這個魔幻迷宮內，自遊人要穿上特製的鞋子與手套進場，然後進入設有不同燈光效果的多家房間內，開展其神奇旅程。由於每間房的設計，包括間格、燈光及陳設各有不同，再輔以不同的鏡子與燈光製造出多樣幻變的效果，令大家在探索出口的時候充滿挑戰，想挑戰一下自己膽量與定力的自遊人，不妨試玩。

時 11:00-22:00
金 630銖

15c Ripley's Haunted Adventure (2F)

於2004年開幕的Ripley's Haunted Adventure，是希望帶給大家一個恐怖的「遇鬼」經歷。在旅程的早段，「鬼嚮導」們會先將遊人分成10人一個小組，然後叮囑每位參加者捉緊用作聯繫的繩子，避免有人受驚迷路。然後，便會帶領大家進入不同的部份接受各種不同類型但十分逼真的「鬼」的招待，開展長約15至30分鐘的驚嚇旅程。

時 11:00-22:00 金 630銖

←由於場內佈置恐怖，各位演員化妝逼真、演出投入，故請有心理準備。

15a   15b   15c

WOW! MAP

229

屋主闢出一個巨大的佛堂

16 超級豪宅
Sukhawadee

↑宮廷式花園仿照歐洲古堡設計，不單面積極廣，更有一個迷宮、極多雕像及無敵大海景。

MAP 別冊 M15 A-1

地 228 Moo 2, Naklua Sub-district, Bang Lamung District, Chonburi Provirce
時 08:00-23:00
金 大人500銖、小童180銖
（包門票＆遊覽車）
電 (66)03-822-1515
交 Pattaya Beach乘的士約14分鐘

Sukhawadee這個超級豪宅由當地一名超級富豪所擁有，內有3座建築物，每座裝修充滿特色，唯一共通點是選料超豪、金碧輝煌，陳設及傢具都手工精細。自屋主將其開放予公眾參觀後，大家終於可見證現代泰國富豪的品味與豪氣。

17 鳥瞰芭堤雅
Pattaya Hill 自駕

位於Pattaya高點的Pattaya Hill，可說是鳥瞰欣賞芭堤雅全景的最佳位置，在這裡，各位自遊人可慢慢欣賞芭堤雅沿岸及與清澈的海洋連成一線的美景。

MAP 別冊 M15 B-2

地 Yok Khao, Tappraya, Pattaya City, Chonburi
時 09:00-18:00
交 Jomtien Beach乘的士約15分鐘

各位自遊人可利用Pattaya Hill上的瞭望台欣賞芭堤雅沿岸美景。

→Pattaya Hill上有紀念品店，除一般充滿芭堤雅風情的紀念品外，亦有海軍公仔出售。

←半自助式的Cafe，讓大家一邊歡咖啡，一邊悠閒欣賞風景。

18 酒店樂園
Pattaya Park Beach Resort

鄰近Jomtien Beach的Pattaya Park Beach Resort分為酒店、Pattaya Park Tower、Funny Land、Water Park4個主要部份。酒店提供約700個房間,客人以泰國本地的客人為主,多是一家大小到Pattaya Park遊玩的人士。樓高55層的Pattaya Park Tower內有旋轉餐廳、瞭望台,更設有登塔纜車(Sky Shuttle)、單人滑動(Tower Jump)及雙人滑動車卡(Speed Shuttle),讓自遊人自由選擇最適合自己膽量與喜好的方法欣賞美景。

↑WaterPark的幻彩天梯真令人有點懷念海洋公園。

↑TowerJump、Speed Shuttle及Sky Shuttle費用全免,但每人限玩一次。

MAP 別冊 **M15 B-2**

地 345 Jomtien Beach, Pattaya, Chonburi
網 www.pattayapark.com
電 (66)03-825-1201
交 Pattaya乘的士約8分鐘

MAP 別冊 **M15 B-2**

地 408/2 Moo 12, Sukhumvit Road, Banglamung, Chonburi
時 08:00-22:00
網 www.lotuss.com/th
交 Pattaya乘的士約5分鐘

19 巨型超市
TESCO Lotus

BIG C和TESCO Lotus是泰國兩大連鎖超級市場集團,而位於Pattaya Outlet Mall旁的TESCO Lotus形式極像外國的超級「廣場」,在一層高的巨型獨立屋內,根據貨品種類劃成不同區域,再設有不同的食肆,方便顧客。

WOW! MAP

18   19

走遠一點點

羅勇 RAYONG

羅勇是泰國東部的一個府，位於芭堤雅的東部。這裡較為恬靜，在街道上大多都是本地人的面孔。羅勇擁有很多美麗的海灘，當中包括沙美島，因此有水上活動一點也不輸芭堤雅，同時也吸引了不少當地人在這裡度假。羅勇吸引之處不只是陽光與海灘，還有很多大大小小的果園，差不多提供了泰國七成的水果供應，所以也擁有全泰國最大的觀光果園。

前往羅勇方法

■巴士

由曼谷出發
到BTS Ekkamai站，由曼谷出發到BTS Ekkamai站，由曼谷東部巴士站（Bangkok Bus Terminal Eastern）乘搭前往Banphe的巴士。每日7:00-17:30，車程約3至4小時，車費180銖。

由芭堤雅出發
到芭堤雅公共汽車站乘到羅勇的巴士，冷氣巴士車費125銖，車程約1至2小時。

■包車

或可選擇包車服務一天約2,750銖起，按照人數、車型及行程，而有所不同。

20 任你吃果園
Suphattra Land

Suphattra Land是泰國最大的觀光果園，種植很多不同的熱帶水果，同時也開放給遊人邊摘生果、一邊吃的體驗。另外更有一個很大的空間提供水果任食。在夏天的時候，也有提供榴槤任食。遊人乘搭遊園車參觀，可以觀賞到不同的水果生長情況。自己吃飽了，也要顧及沒有來的朋友，所以可以在入口處購買新鮮的水果回家，這裡買的話較便宜。

↑ 想任吃，也要付出一下，自己在樹上勾下來吧。不過一點也不容易，很考你的技巧。

←在榴槤季的時候，有 1-2 款的榴槤以供任食，專業的職員會問你的喜愛，而選擇乾包或濕包的榴槤。（榴槤的供應，按照園方的產量而定）

↑ 除了榴槤之外，果園全年都會供應紅毛丹、山竹、蛇皮果、龍貢等等的水果。

↑ 吃不夠的話，就買回家再吃吧。

→ 大家都吃得津津有味。

MAP 別冊 M16 A-1

地 70 Moo 10 Nong Lalok, Ban Khai District,Rayong
時 08:00-17:00
金 400銖
網 www.suphattraland.com
電 (66)03-889-2048-9
交 Central Plaza Rayong開車約30分鐘

21 隱藏版精緻café

INNER CAKE

抵食 編者推介

如果你去沙美島的話，你會經過這一家的小店，但是你不曾發現她的存在。外觀上毫不顯眼，但店內空間闊落。店內有很多不同的蛋糕，令人眼花撩亂；INNER CAKE也有提供不同的輕食和飲品。遊人如果船還沒到，可以在這裡一邊吃一邊等，下次去沙美島前，記得去試試。

→**Straberry Soda 55銖**
味道偏點，有很重的士多啤梨味。

朱古力布朗尼蛋糕 70銖

MAP 別冊 **M16 B-2**

地 Phe, Mueang Rayong District, Rayong
時 09:00-20:00
網 www.facebook.com/people/INNER-CAKE
電 (66) 99-442-5126
交 Ban Phe Pier步行約10分鐘

MAP 別冊 **M16 B-1**

地 110, Soi 1 MU 10, Chanthanimit, Mueang
時 Chanthaburi, Chang Wat Chanthaburi
網 星期一至六 09:00-15:00、星期日 12:00-16:00
電 www.facebook.com/ChanthaburiCathedral
交 (66)03-931-1578
Central Plaza Rayong 乘車約2小時

22 散發光芒的聖母像

瑪麗教堂

尖竹汶府是出泰國一個主要出產寶石的地方，在這個地方擁有一座過百年歷史的天主教堂，是泰國最大、最美麗的教堂。以歌德式的鐘樓設計，有彩繪的玻璃窗；而裡面更有一座超貴氣的聖母像，是由20萬顆寶石鑲嵌而成，因此有不少人特意前來拍照留念。想去參觀的遊人要注意，這裡和曼谷的廟宇一樣，都是不能穿得太性感和短褲，想去參觀的朋友就要留意。

---

23 傳統泰國水上市場

Ko Kloi Floating Market

這個水上市場，相比在芭堤雅的四方水上市場固然較小，但同時也較少觀光客及以本地人為主。這個水上市場以賣一些當地特色的產品，而且有很多不同的傳統美食，價錢也很便宜，遊人更可以在附近的商店買一些魚糧餵魚。另外，在晚上的時間，這個市集也會化身為夜市及有很多的酒吧，換上另一番的景象。

↑這個水上以當地人為主，所以傳統的味道比較重。

MAP 別冊 **M16 A-1**

地 65/3 M.3 Bypass 36 Road, Choeng Noen Subdistrict, Rayong
時 09:00-18:00
交 Ban Phe Pier 乘車約25分鐘

21

22

23

WOW! MAP

榴槤咖喱雞　180銖
這一個咖喱雞就連不愛吃榴槤的人也可以嘗試一下。

↑ Traditional fried noodle woth crab(小)　50銖

24 時尚的正宗泰菜
Chanthorn Restaurant

在尖竹汶府一個相對比較鄉郊的城市中，有一間裝潢非常時尚的泰國餐廳，主打的是Fusion的泰國菜式。Pad Thai據說就是由這一間店發明的，再傳揚出去，所以這裡的Pad Thai是必食的菜式。另一個必試的就是榴槤咖喱雞，咖喱不會很辣，但味道卻很香。重點在於榴槤，你不會聞到及吃到榴槤的味道，榴槤的口感與蕃薯很像，有很香的咖喱味之餘，又帶出淡淡清香味道。

MAP 別冊 M16 B-1

地　102/5-8, Benchamanuthit Road, Tambon Wat Mai, Amphoe Mueang Chanthaburi, Chanthaburi
時　10:00-20:00
網　facebook.com/chanthornrestaurant
電　(66)039-327-179
交　瑪麗教堂乘車約5分鐘

除了室內的位置之外，食客還可以坐在沙灘上。黃昏的時候，可以看著日落品嚐晚餐。

↑ 餐點的份量都比較大，海鮮的份量十足、味道鮮味。

25 羅勇人氣海邊餐廳
PAYA Seafood

好食 編者推介

MAP 別冊 M16 B-2

地　1001 Tambon Taphong, Amphoe Mueang Rayong, Chang Wat Rayong
時　11:00-21:00
電　(66)08-144-17185
交　Ban Phe Pier乘車約15分鐘

這是羅勇的一間海邊餐廳，食客可以坐在戶外，吹著海風品嚐著海鮮。這裡的海鮮有很多不同的種類，份量較多。當中的咖喱蟹差不多是每枱必點的菜式，蟹肉鮮味不再話下，咖喱的香味香濃，咖喱中帶出海鮮的鮮味，非常下飯。炸魚也做得非常出色，外層炸得很乾很脆，但內裡仍保留鮮魚的肉汁，意想不到的美味。

走遠一點點

沙美島
Koh Samet

↑ 往沙美島的渡輪，來回 100 銖起，但船程較久。

沙美島是泰國王室指定島嶼之一，這裡是一個天然的國家公園。這個島雖然不大，但卻有很多不同的渡假村。在這裡人煙稀少，雖然沒有曼谷的繁華、芭堤雅的熱鬧，但在這裡可以遠離繁囂，能夠真正感受陽光與海灘，靜靜的享受悠閒的時光，盡情放鬆。來吧！跟著WOW一起來到這個被譽為最近天堂的島嶼。

↑ 還未到達碼頭，遊人就可以從船上就可以看到她的背影。

乘搭快艇的時間較快，價錢較貴；有一些酒店會包快艇接送，訂房時可以查詢。

前往沙美島方法

■ 包車

由曼谷市區包車到Ban Phe Pier約2400銖起，約3小時，再轉乘渡輪，航程約1小時，來回100銖起。或可轉乘快艇250銖起一程，約15分鐘。由芭堤雅市區包車到Ban Phe Pier約1300銖起，約1.5小時，再轉乘渡輪，航程約1小時，來回100銖起。或可轉乘快艇250銖起一程，約15分鐘。

由於有很多的 Resort 靠近這個海灘，所以有很多的快艇來回接送客人。而且這個沙灘的沙較幼細，有很多年青人在這裡玩水上活動。

26 人氣海灘 Ao Prao沙灘

由於這位個沙灘橫跨三個不同的Resort，亦因為這個關係有些飯店的快艇會在這裡停泊接送客人，所以人流亦較多，這個沙灘的沙比較細，而且水很清，成為人氣沙灘也不無原因。在海灘上，有一個人魚的雕像，為沙灘帶來不同的風光。Ao Prao還設有不同的水上活動，因此有很多年輕人都喜歡在這個沙灘Chill一日。

↑ 佇立在 Ao Prao 沙灘旁的人魚雕像，她的手上有一個小嬰兒，是來自泰國王子與美人魚的一個傳說。

MAP 別冊 **M16 A-4**

地 Phe, Mueang Rayong District

WOW! MAP

26

↑有些住在海邊的住客的花園可以直通到海灘，住客可以坐在他們的小花園之中，晚上看星星、聽著海浪聲，十分治癒。

←入住時會有迎賓的餐點，以供住客享用。

27 獨立泳池
Paradee Resort Ko Samed

位於沙美島南邊，與沙美島市區有一段距離，所以相比之下，有自成一角的感覺。這一間五星級的酒店，是有提供快艇的接送服務，所以在Ban Phe Pier的時候，就可以預先check in，與此同時，還有很不同的精油、肥皂及酒給住客選擇，是入住期間所使用的，非常細心。酒店設有海景及園林景的房間，兩者都各有特色。每個房間都設有獨立花園及水力按摩

池的設施、甚至有一些更有獨立的游泳池或直接通向海灘。

←客房的設計充滿東南亞的特色；有一個落地大玻璃，就算躺在床上也可以欣賞外面的景色。

MAP 別冊 **M16 B-3**

地 76 Moo 4, Tumbol Phe, Amphur Mueng, Rayong
金 二人一室，包快艇接送12,516銖起/晚
網 www.samedresorts.com/paradee/index.html
電 (66) 38-644 285 – 7

28 「泰」有風味
Buzz Restaurant

位於Le Vimarn Cottages & Spa酒店內的Buzz Restaurant，同時也是位於Ao Prao Beach，所以食客可以一邊欣賞海景、一邊感受泰國美食。這裡主打是泰國東北部料理，在味道上會比較辣，不過餐廳可以按照客人的口味調整。餐廳的冬蔭功味道香濃，加入了椰奶，而且很足料，酸辣味中能帶出鮮味，雖然價錢偏貴，但值得一試。

→餐廳有落地玻璃，除了增加了空間感之外，食客還可以看無敵大海景用餐，也是一件賞心樂事。

↑Yam Woonsen Talya 295銖
冬粉加上調味，有些辣味；配上海鮮，味道很清爽，很開胃。

←Tom Yam Goong rue Talay 295銖
冬蔭功的用料十足，除了酸辣的味道之外，還帶出了鮮味。

MAP 別冊 **M16 A-4**

地 40/11 Moo 4, Tumbol
Phe, Amphur Mueng,
Rayong
時 11:00-22:30
網 www.samedresorts.com
電 (66)038-644-104-7

WOW! MAP

27 28

29 皇室指定入住
Sai Kaew Beach Resort

↑酒店內有三個游泳池，當中這個游泳池的中央設有 poolside 酒吧，識嘆之人不能錯過。

來到沙美島這個水清沙幼的地方，當然要住靠近海邊的地方，才有渡假的感覺。酒店走自然的風格，所以在迎賓的大堂是沒有冷氣的。房間揉合泰式及西式的風格，時尚中帶點泰式的味道。不要少看這一家的Resort，除了是皇室的指定飯店之外，內裡還有三個泳池，其中一個泳池裡有poolside的酒吧。在炎熱的泰國，一邊浸在池邊，一邊享受透心涼的飲品，多寫意。

↑酒店房間的設計很溫馨，相當舒適。

MAP 別冊 **M16 B-4**

地 8/1 Moo 4, Tumbol Phe,
　 Amphur Mueng, Rayong
金 二人一室，包快艇接送
　 4,250銖起/晚
網 saikaewbeach-resort.com
電 (66)038-644-195

↑食客坐在海灘上，觀看舞台上表演人員的表演，他們的表演非常精彩，現場看的話，更加刺激。

這間餐廳以各式各樣的方法料理海鮮，味道還算不錯。

MAP 別冊 **M16 B-4**

地 82 Moo 4, Hat Saikaew Beach,
　 Ko Samet 21160, Thailand
時 11:00-22:00
網 ploytalay.com
電 (66)038-644-212

30 熱情如火的火舞
Ploy Talay Restaurant

在沙美島最熱鬧的Saw Kaew Beach上，有很多不同的餐廳，當中就以這一家Ploy Talay Restaurant最受歡迎，事關這一間餐廳每到晚上，就會有火舞的表演。表演人員會拿著火把表演，造成很多大大小小的火花，吸引了很多的食客舉機拍照，炒熱全場的氣氛。

WOW! MAP

29　30

泰國
Hotel & Resort

1 Carlton Hotel Bangkok Sukhumvit

Phrom Phong 位置優越的商務酒店

距離BTS Phrom Phong站僅9分鐘路程，位置優越，曼谷鬧市的景色盡收眼底。位於2樓的中菜廳Wak Lok是米芝蓮的推薦餐廳，主要提供中菜類如點心、北京填鴨等，而位於10樓的連鎖按摩店Let's relax設有多間私人廂房，提供泰式按摩及水療服務，讓客人在百忙中亦能消除疲勞及壓力。

↑酒店內的中餐是米芝蓮級水平。

MAP 別冊 MO6 A-2

地 491 Sukhumvit Road,
　 Khlong Toei Nuea, Watthana,
　 Bangkok
金 雙人房 5,097銖起/晚
網 www.carltonhotel.co.th
電 (66)02-090-7888
交 BTS Phrom Phong站步行約9分鐘

↓配合酒店手繪圖的歡迎信，非常窩心！。

Let's relax 位於10樓，按摩完即可回客房休息，超級方便。

WOW! MAP
1

② 137 Pillars Suites & Residences Bangkok

如欲享受家一般的豪華體驗，不妨到訪於2017年落成的137 Pillars Suites & Residences Bangkok。酒店提供尊貴的豪華套房和服務式公寓，兩者都以富現代感的舒適裝潢為主，當中豪華套房有專屬的24小時管家服務，隨時隨地滿足客人需要。設施方面，酒店設有標誌性的無邊際「linfinity pool」以及設在酒吧旁的按摩浴池，此外還有迷你哥爾夫球場和健身室等休閒設施。

←↑酒吧位置有調酒用具及雞尾酒的製作方法，極具心思！

MAP　別冊 M06 B-2

地　491 Sukhumvit Road, Khlong Toei Nuea, Watthana, Bangkok
金　雙人房 5,097銖起/晚
網　www.carltonhotel.co.th
電　(66)02-090-7888
交　BTS Phrom Phong站步行約9分鐘

↑套房內設圓形大浴缸，即使在浴室裡也能欣賞醉人的城市景色。

3 The Mustang Blu

復古格調酒吧

擁有復古外形的露台與長形的建築十分奪目，內部保存了昔日古典陳舊的歷史氣息：工業感重的破損磚牆、傘形石柱、古舊的木地板和四腳獨立浴缸，連大堂登記櫃位擺放的木質文件櫃都別具懷舊風格。此外，酒店提供早餐的餐廳貫切典雅的歐陸風格，其鏤空螺旋鐵梯和西式傘柱令人印象深刻。

復古傢俱與室內裝潢風格統一，沒有違和感。

餐廳的復古風氛叫人難忘。

酒店原址曾為醫院、銀行和按摩院，空置多年後被商人收購並改裝成酒店。

MAP 別冊 M12 B-4

地 721 Maitri Chit Road,
Khwaeng Pom Prap,
Khet Pom Prap Sattru Phai,
Bangkok

金 雙人房 7,485銖起/晚

網 www.facebook.com/themustangblu

電 (66)062-293-6191

交 MRT Hua Lamphong站步行約3分鐘

WOW! MAP

客房裝潢用色明亮，令房間感覺倍添活力。

The Standard Bangkok

Silom　玩味十足

2022年7月開幕，坐落於全曼谷最高的King Power Mahanakhon之上，是品牌於曼谷開設的首間旗艦酒店。酒店融合繽紛的顏色和時尚設計，為客人締造休閒有活力的年輕時尚感。在這裡設有全曼谷最高的空中酒吧Sky Beach，讓客人可邊品嚐美食邊飽覽360度城市景緻。此外，酒店的客人更會獲邀免費到訪離地314米的天空步道，俯瞰繁華的曼谷美景。

沒有稜角的櫃和鏡子，甚有時尚感。

全曼谷最高的雞尾酒酒吧Sky Beach。

MAP　別冊 M08 A-2

地 114 Narathiwas Road, Silom Bangrak, Bangkok
金 雙人房 10,713銖起/晚
網 www.standardhotels.com
電 (66)02-085-8888
交 BTS Chong Nons站步行約3分鐘

WOW! MAP

5 Valia Hotel Bangkok

Silom　家庭友善

位於Sukhumvit 24的五星級酒店Valia Hotel Bangkok 在2022年12月開幕，擁有279間時尚寬敞的客房，除了一般單人房及雙人房之外，亦有適合多人家庭同住的Family Suite。酒店客人可享用健身室、城市景觀的半室內泳池，以及在池畔酒吧BelleValia品嚐雞尾酒。

浴室光潔明亮，設計時尚。

6樓的泳池有12米深的成人泳池和小朋友專用的兒童泳池。

MAP 別冊 MO6 A-3

地 95, 370, 22 Sukhumvit 24, Khwaeng Klongton, Khet Klongtoey, Bangkok
金 雙人房 3,039銖起/晚
網 www.valiahotelbangkok.com
電 (66)02-4833-999
交 MRT Queen Sirikit National Convention Centre站步行約11分鐘

6 Aira Hotel Bangkok

Nana　價格親民

浴室小巧精緻，最重要的是乾淨整齊。

2022年7月開幕的4星酒店，位置毗鄰BTS Nana站和各大型購物商場如Terminal 21，方便一眾Shopping精盡情血拼。酒店內設露天泳池、餐廳、愛爾蘭酒吧及STARBUCKS，此外酒店更與國際知名SPA品牌 Divana Nuture Spa合作，住客可乘免費接駁專車直達 Divana，指定療程可享10%折扣優惠。

MAP 別冊 MO5 A-3

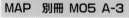

地 14 Soi Sukhumvit 11, Khwaeng Khlong Toei Nuea, Khet Watthana, Bangkok
金 雙人房 1,932銖起/晚
網 www.airahotelbangkok.com
電 (66)02-0783-999
交 BTS Nana站步行約4分鐘

Premier 雙人豪華房寬敞舒適。

7 The Coach Hotel Bangkok

→ 看到身穿火車職員制服、推著手推車將早餐送到房間，真有點身處火車的感覺。

Asok 火車車廂主題酒店

↑ 客房仿火車車廂設計，低調優雅。

以火車車廂為設計靈感的The Coach Hotel Bangkok於2022年4月開幕，走精品酒店路線。91間設計獨特的客房以不同車廂等級區分，包括有普通車廂、一等車廂、雙層相連車廂和包廂車廂及相連的雙層車廂，設計具經典歐洲鐵路或典雅，無論是情侶和家庭住宿都非常合適。為配合火車主題，每朝早上7至10點，職員更會親身送遞早餐，讓客人安坐「車廂」內享用餐點。

酒店頂層設無邊際游池，雖然面積不大，但勝在可觀賞城市景色。

MAP 別冊 M05 B-4

地 41 Soi Sukhumvit 14 Klongtoey Subdistrict, Klongtoey District, Bangkok
金 雙人房 2,499銖起/晚
網 www.thecoachbangkok.com
電 (66)02-259-7007
交 BTS Asok站步行約3分鐘

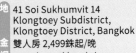

8 VIE Hotel

客房乾淨整齊，環境舒適。

Siam 曼谷裡的巴黎

由Accor集團開設，由巴黎設計事務所J+H Boiffils設計。「VIE」是法語「生活」的意思，故設計上均用上簡約的線條，以休閒舒適的裝潢為主。值得一提的是酒店11樓的法國菜餐廳Signature Bangkok榮獲米芝蓮一星推介，逢星期二至日每晚僅招待30位客人，想品嚐米芝蓮級法國菜就要提早預約了。

↑ 酒店設有按摩及水療設備，讓客人足不出戶都可以一洗疲勞。

頂樓設有可飽覽城市景色的泳池。

MAP 別冊 M03 A-1

地 117 39 40 Phaya Thai Rd, Thanon Phetchaburi, Khet Ratchathewi, Bangkok
金 雙人房 4,250銖起/晚
網 www.viehotelbangkok.com
電 (66)02-309-3939
交 BTS Ratchathewi站步行約1分鐘

WOW! MAP

7 8

9 Bangkok Marriott Marquis Queen's Park

Phrom Phong CP值極高的五星級酒店

沐浴套裝選用泰國香薰品牌THANN是奢華的享受。

距離BTS Phrom Phong站僅9分鐘路程，位置優越，曼谷鬧市的景色盡收眼底。位於2樓的中菜廳Wak Lok是米芝蓮的推薦餐廳，主要提供中菜類如點心、北京填鴨等，而位於10樓的連鎖按摩店Let's relax設有多間私人廂房，提供泰式按摩及水療服務，讓客人在百忙中亦能消除疲勞及壓力。

酒店的設施亦相當齊全，有泳池、24小時健身室外，還提供Kids club，給小朋友看書、玩樂的地方。酒店亦有不同的餐廳，以滿足不同人士的需要，而酒店的早餐更是不能錯過的一環，選擇眾多之外，而且不論是經典的泰式美食，還是街頭美食都一應俱全，以迎合不同住客的習慣及需要。

浴室空間非常廣闊。

早餐有即製 bagel，是其他酒店少有的 item。

設有 Kids club，讓小朋友們玩耍及看書。

MAP 別冊 M06 A-2

地 199 Soi Sukhumvit 22, Klong Ton, Khlong Toei, Bangkok

金 雙人房4,067銖起/晚

網 www.marriott.com.cn/hotels/travel/bkkqp-bangkok-marriott-marquis-queen's-park

電 (66)02-059-5555

交 BTS Phrom Phong站 步行約10分鐘

半圓型的浴缸充滿歐陸風情。

10 Akara Bangkok

高貴典雅的五星級酒店

在2018年底開幕的Akara Bangkok，由進入大門的一刻就讓住客感受與別不同的氣派，兩層高的大堂設有半開放式的樓梯，並設計成圖書館及休息的地方；走入房間，更讓住客驚嘆，以歐洲貴族的風格打造，超高的床墊非常柔軟舒適；浴室由落地大玻璃搭配圓型浴缸，盡顯歐式氣派。另外，酒店的設備相當齊全，除有24小時的健身外，不得不提天台的infinity pool，能夠欣賞附近景色，晚上亮起燈光後，令泳池更有氣氛，有不少住客晚上也特意前來拍照。

房間散發著歐洲貴族的感覺。

天台的泳池可以眺望附近的景色，日晚各有不同的美。

MAP 別冊 M03 B-1

地 372 Sri Ayutthaya Road, Thanon Phyathai, Rajthevi, Bangkok
金 雙人房2,914銖起/晚
網 akarahotel.com
電 (66)02-248-5511
交 Airport Rail Link Ratchaprarop 站步行約3分鐘

與大堂連接，半開放式的樓梯能走到圖書館，整個感覺超適合拍照打卡。

WOW! MAP

10

11 The Okura Prestige Bangkok

Phloen Chit 日本知名集團

曼谷大倉新頤酒店是日本知名的飯店集團，共有240間房間。位於曼谷的中心地帶，鄰近輕軌站，交通便捷。房內內飾以淺色調為主，配上輕薄的窗簾，能全方位引進自然陽光，舒適自在。每一間客房更精心準備休閒服飾，住客返回酒店後，可先換上舒適的衣物，盡享如家一般的溫暖。

↑客人除了可選擇傳統的西式早餐之外，酒店更貼心的準備了極具特色的日式早餐以供選擇，滿足不同需要。

↑酒店內設有免費的健身房，寬敞明亮的落地窗，帶來不一樣的運動體驗。

特色無邊泳池，身處曼谷市中心，坐落於高樓大廈之間，令人心曠神怡。

酒店還設有SPA，讓每一位住客用最優惠的價格享受到最極致的服務。

WOW! MAP

MAP 別冊 M04 B-2

地 57 Wireless Road, Lumpini, Pathumwan, Bangkok
金 雙人房8,400銖起/晚
網 www.okurabangkok.com
電 (66)02-687-9000
交 BTS Phloen Chit站
2號出口直達

12 Emporium Suites by Chatrium

Phrom Phong 方便Shopping

小花園連泳池，住客可以在這裡暢泳。

位於貴婦商場The Emporium旁的Emporium Suites by Chatrium，在BTS Phrom Phong站下車後，可以直接從商場穿過，走到酒店，非常方便。酒店內有一個露天的泳池，旁邊還有一間SPA，不要少看這間SPA，他們所使用的精油都是來自泰國品牌Thann，住客到這裡做spa還有折扣。另外，這裡的房間就以套房為主，同時也包含廚房的設備，住客也可以在店內自己煮食。提供wifi已經是最基本，所以房間內更有一組Sony音響，提供高質的住宿享受。

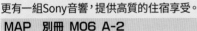

←智能電話提供住客使用，有免費的數據連接，住客可以帶出外使用。

房間的空間感很大，十分舒適。

MAP 別冊 M06 A-2

地 622 Sukhumvit Soi 24, Sukhumvit, Bangkok
金 雙人房4,826銖起/晚
網 www.chatrium.com/chatrium/emporiumsuitesbangkok
電 (66)02-664-9999
交 BTS Phrom Phong站步行約2分鐘

酒店內提供自助餐形式的早餐，十分多元化。

13 Conrad Bangkok

Phloen Chit 殷勤服務

泰國的服務質素一直都是走在最前面，而這間酒店的服務更可說是頂尖級，由步入酒店一刻開始，就會感受到他們細心關懷的服務態度，讓住客非常安心。Conrad Bangkok 在2019年完成翻新工程，整體的住宿環境level up，房間設有辦公桌、符合人體工學的椅子，讓遊人在旅途中有一個舒適的位置處理工作。酒店提供室外游泳池及poolside bar，真的「chill」享受，另外，酒店設有24小時的健身室，並設有瑜珈房間。

五星級酒店的基本配備─廣闊的泳池。

MAP 別冊 M04 B-2

地 87 Witthayu Rd, Lumphini, Pathum Wan District, Bangkok
金 雙人房3,889銖起/晚
網 www.hilton.com
電 (66)02-690-9999
交 Phloen Chit站乘車約4分鐘

房間眺望曼谷市的景色。

享用早餐的地方十分寬闊，多人用餐也不會覺得擁擠。

WOW! MAP

12　　13

房間細細，但應有盡有。

大部分的房間設有露台。

↑大堂放置多張梳化，供遊人
等候接送。
←職員有善，笑容親切。

14 VELA be Bangkok Ratchathewi

Ratchaprarop 「呃LIKE」必到

2018年開幕，房間走簡約風，地方的殷卻五臟俱全，並設有小露台，雖然望泳池景但誠意十足。而酒店大堂的裝潢亦很花心思，以金色花卉配上寶藍色的背景，帶有濃濃的中式韻味，吸引了不少的遊人打卡拍照；同時在大堂放置了大型梳化，遊人可以舒適地等候接送。

↑房務員很細心的把毛巾堆成大象公仔，很可愛。
←酒店設有游泳池。

金色花卉配上寶藍色的背景，
吸引不少住客拍照打卡。

MAP 別冊 M03 A-1

地 598 Soi Phaya Nak, Khwaeng Thanon Phetchaburi, Ratchathewi, Bangkok
金 雙人房1,165銖起/晚
網 www.vela360hotels.com
電 (66)02-216-2363
交 Ratchathewi站步行約7分鐘

14

15 X2 Vibe Bangkok Sukhumvit Hotel

On Nut 時尚文青之選

曼谷愈來愈多文青酒店，它們的特點除了住得舒適以外，也是一流的打卡勝地。進入大堂時，這挑高天花配上落地大玻璃，感覺明亮。而房間選用純白色的設計，時尚簡約。酒店泳池雖然不大，但靜靜躺在沙灘椅上享受日光浴，也相當寫意！

↑酒店亦放置了很多的綠色植物，讓住客享受渡假的感覺。

↑餐廳的設計也充滿時尚感。

↑酒店設有露天泳池。

↑酒店的設計十分花心思，就連樓梯也設計成打卡位。

大堂的設計時尚，高挑的天花令整個的空間感增加。

MAP 別冊 M07 A-3

地 10, 20 Sukhumvit 52 ,Phra Khanong, Khlong ,Bangkok
金 雙人房1,455銖起/晚
網 www.crosshotelsandresorts.com
電 (66)02-331-9091
交 BTS On Nut站步行約4分鐘

16 Banyan Tree Hotel

Banyan Tree這酒店品牌以經營高級度假式酒店而聞名世界，尤其是在泰國，只要入住得Banyan Tree，差不多百分百有滿意的服務保證。當中最為人所熟悉及讚許的或許是在布吉島的一間，但在曼谷的這間則以其59層高的大樓及天台餐廳Vertigo及酒吧Moon Bar而聞名國際，在上面幾可遠眺整個曼谷市中心，其日落及晚間的景緻配合高級的餐飲服務，相信沒有幾多間同級酒店可與之相比。酒店貫徹其熱帶度假式的設計風格，酒店到處都是綠色的花草樹木，大堂又有泰國美女彈奏豎琴，非常有氣氛。而其首屈一指的Banyan Tree Spa更是Spa界的名牌，住在Banyan Tree而未試過這裡的SPA，就等如入寶山空手回一樣。

↑Mini Bar內的無酒精飲品通通免費！

←房內提供基本個人護理用品。

浴室可看到鬧市景色。

MAP　別冊 M08 C-2

地 21/100 South Sathorn Road, Bangkok
金 標準雙人房 5,532銖/晚起
網 www.banyantree.com
電 (66)02-679-1200
交 於BTS Sala Daeng站乘車約5分鐘

17 Hotel INDIGO Bangkok

Phloen Chit 型格新酒店

酒店內建有192間客房並分成6種與泰國文化有關的設計，包括佛寺、泰拳、Tuk Tuk等。室內的24樓及2樓分別設有超廣角的Infinity pool和提供地道泰菜及國際美食的餐廳，此外還有提供輕食和各式飲料的Café&Bar。雖然是新開的酒店，但無論是心思還是質素都比老牌五星酒店有過之而無不及。

↑24樓的Infinity pool雖然面積不大，但在視覺上卻可以無限延伸。

MAP 別冊 M04 B-2

地 81 Wireless Road, Bangkok
金 標準雙人房 4,037銖起/晚
網 www.ihg.com
電 (66)02-207-4999
交 BTS Phloen Chit 2號出口步行約3分鐘

↑餐廳使用採光良好的落地玻璃窗，感覺開揚明亮。

↑酒店強調貴精不貴多的餐點服務，特意把自助早餐的選擇減少，並提供每位客人一份專屬的餐點以提高食物品質。

18 Night Hotel Sukhumvit 15

Asok 夢想酒店

Night hotel的設計，不論是大堂、還是秀間，都彌漫著浮誇與奢華，令人在極為超現實的環境中發著「最狂野的夢」，度過著不一樣的假期。

↑房間內非常舒適。

↑這裡早餐的選擇非常多。

MAP 別冊 M04 B-2

地 10 Sukhumvit Soi 15, Klongtoey Nua, Wattana, Bangkok
金 雙人房2,900銖起/晚
網 nighthotels.com
電 (66)02-254-8500
交 BTS Phloen Chit 2號出口步行約3分鐘

↑餐廳設有酒吧區，讓住客可以在這裡小酌聊天。

19 Centara Grand Mirage Beach Resort Pattaya

Pattaya 尊貴享受

以「Lost World迷失世界」為主題，耗資30億銖於2009年尾開幕的Centara Grand Mirage酒店，樓高18層的兩座大樓，正中央入口處的巨型木做弧形門口，如進入森林區域。其中一區設有水上樂園，更有激流滑道，適合一家大小來住。想享受真正的陽光沙灘，酒店有門口直出海灘非常方便。室內設有兒童俱樂部、室內野生動物園、遊戲室以及E-Zone電腦遊戲區，適合不同年齡的小朋友。酒店共有555所房間，每一間房全是海景及有露台，能飽覽整個芭堤雅海灣。

→LostWorld水上樂園，有激流及遊樂設施，而對出便是WongAmat沙灘。

MAP 別冊 M14 A-1

地 277 Moo 5, Naklua, Banglamung, Pattaya
金 雙人房5,400銖起/晚
網 www.centarahotelsresorts.com/centaragrand/cmbr
電 (66)03-830-1234
交 Pattaya Beach乘的士約6分鐘

20 Rabbit Resort

Pattaya 泰式村落

與一般由大集團經營的酒店不同，Rabbit Resort由一個當地家族在30多年前自行買地興建及管理。為了能夠令客人盡情享受芭堤雅的大自然，Rabbit Resort以泰國傳統村落為藍本，善用本身位處Dongtan Beach附近及森林的優越地利，加上附近地區在早上10時至凌晨5時全面禁止車輛出入，令Rabbit Resort成為一個與別不同、百份百寧靜的度假天堂，最適合希望在度假時徹底遠離繁囂的人士。

↑Rabbit Resort共設有45個度假套房，配合不同客人的度假心情。

MAP 別冊 M15 B-2

地 318/84 Moo 12, Soi Dongtan Police Station,
金 Jomtien, Nongprue, Banglamung, Pattaya
網 雙人房3,000銖起/晚
電 www.rabbitresort.com
交 (66)03-825-1730
Pattaya Beach乘的士約10分鐘

↑RabbitResort共有兩個室外泳池，環境優美，是客人流連忘返的地方。

21 Hard Rock Hotel Pattaya

Pattaya　美式音樂

是Hard Rock在亞洲開設的第二家酒店,在2005年榮膺全年最佳Hard Rock Hotel。最與眾不同的地方是無論整體氣氛、陳設、安排都充分展現出不同的Hard Rock及rock'n'roll元素,猶如在參與一個令人無拘無束的音樂之旅。充滿美國地道風情可說是將搖滾文化帶到了泰國東部的始祖。Hard Rock Restaurant面向海灘,供應漢堡包、炸薯條等份量十足的美式食品。餐廳更有多不勝數的娛樂選擇,樂隊每晚9點開始作現場表演直到深夜,更有DJ播放最新歌曲。當然不要錯過紀念品店購買只此一家的紀念品。

MAP　別冊 M14 B-2

地 429 Moo 9, Pattaya Beach Road, Cholburi
金 雙人房2,293銖起/晚　　網 all.accor.com
電 (66)03-842-8755-9　　交 Pattaya Beach步行約5分鐘

22 Mercure Hotel Pattaya

Pattaya　方便簡約

Mercure Hotel Pattaya就位於海灣旁,是另一家位置十分方便的酒店,與其他由超級酒店品牌相比,Mercure Hotel Pattaya可說較為平凡,整體陳設走東方路線,但各式設施與服務齊備。Mercure Hotel Pattaya擁有245間客房,每間房間的陳設走簡約東方路線,平實不花巧。

↑頗為廣闊的泳池,最特別是提供 spa 服務的 Pavillion Spa 小屋就在泳池旁!

MAP　別冊 M14 B-3

地 484 Moo 10, Pattaya 2nd Road, Soi 15 Pattaya City, Chonburi
金 雙人房2,500銖起/晚
網 www.mercurepattaya.com
電 (66)03-842-5050
交 Pattaya Beach乘的士約4分鐘

21　22

WOW! MAP

23 AVANI PATTAYA RESORT & SPA

`Pattaya` 享受寧靜

位於芭堤雅市中心的AVANI PATTAYA RESORT & SPA號稱「tropical oasis in the heart of action」，即繁囂中的一股熱帶清泉，可說是具體地將每一個到芭堤雅度假的人的心態十分具體的表現出來。AVANI PATTAYA RESORT & SPA內有十分廣闊的花園，種植有很多不同品種的植物，讓客人自由自在地散步，享受片刻的寧靜與閒情。

←AVANISPA提供多種spa及按摩服務，亦可安排按摩師到客人房間提供泰式按摩及腳底按摩服務。

每間房內都有私人露台及特大睡床，令你在優美的環境下更易進入夢鄉。

MAP 別冊 M14 A-2

地 218/2-4 Moo10, Beach Road, Pattaya
時 Spa:10:00-22:00
金 雙人房3,500銖起/晚
網 www.minorhotels.com/
en/avani/pattaya
電 (66)03-841-2120、
SPA:預約電話: 66(0)3841-2120
交 Pattaya Beach乘的士約3分鐘

WOW! MAP
23

24 Long Beach Garden Hotel & Pavilions

Pattaya 長灘酒店

鄰近Wongamart Beach的Long Beach Garden Hotel & Spa走中檔路線，價格較便宜，所以吸引不少本地人及旅行團在此留宿。雖說便宜，但Long Beach Garden Hotel & Spa亦有齊一般自遊人的必選item，包括舒適、有特色的房間、令人心曠神怡的海景、選擇夠多且味道有保證的餐廳，以及有一定水準的泳池及健身設施等，當然，酒店所提供的spa服務亦會加分。

←房間設計的基本概念是讓客人在寬敞舒適的環境下享受及休息。

→泳池就在Wongamart Beach旁，營造出泳池與天然海洋及沙灘連成一體的感覺。

MAP 別冊 M14 A-1

地 499/7 Moo 5, 16 Naklua Road, Banglamung, Chonburi
金 雙人房2,000銖起/晚
電 (66)03-841-4616-26
網 www.longbeachgardenhotel.com
交 Pattaya Beach乘的士約8分鐘

↑酒店房間十分寬敞，四面落地大窗讓大家欣賞芭堤雅海岸的怡人景色，開放式的浴室，令人充滿度假感覺。

25 Amari Ocean Pattaya

Pattaya 時尚Resort

除原有的Garden Wing外，加了達五星設備的Ocean Tower，內有近300間房間，房間面積較寬敞之餘，設計亦走時尚路線，更配合酒店愈來愈年輕化的形象。酒店分成Garden Wing及Ocean Tower兩個主翼，Garden Wing共有235個房間，在07年經過翻新，大部份都有不俗的景觀。而新翼Ocean Tower則有297個房間，走時尚年輕路線。

MAP 別冊 M14 A-2

地 240 Pattaya-Naklua Road, Pattaya
金 雙人房3,700銖起/晚
網 www.amari.com
電 (66)03-841-8418
交 Pattaya Beach步行約16分鐘

24 25

最 Like 自駕遊泰國

現在於泰國自駕遊也非常方便，無論往華欣或芭堤雅，已不用再乘的士或等巴士，隨著全球衛星定位系統(GPS)的普及，甚至可選擇中文發聲來引導前往目的地，親切又易明。要自在地玩遊泰國，自駕是一個很好的選擇。

自駕遊出發前準備功夫

除一般的計劃行程步驟外，打算自駕遊的自遊人，必需作出以下的準備功夫，令您的自駕遊更順利。

駕駛執照

租車者必須持有有效的泰國駕駛執照或被認可的國際駕駛執照，方可租用汽車在泰國境內駕駛。

持有香港駕駛執照人士可到運輸署申請國際駕駛執照，一般情況下可即日取得(若以郵寄方式申請，需時10個工作天。)，收費港幣80元(需要個人照片兩張)，有關資料，請參閱運輸署網頁www.td.gov.hk或致電熱線2804 2600查詢。

台北申請國際駕駛執照

持有中華民國國際駕照，便可於泰國自駕遊。
國際駕駛執照均可於全國各公路監理所、監理站及監理處辦理。

申請所需文件：
1. 國民身份證正本或僑民居留證明。
2. 原領之各級駕駛執照正本(有效期限內或未逾期審驗)。
3. 護照(正、副本或自行提供與護照相同之英文姓名)。
4. 申請人最近6個月內拍攝之2吋光面正面半身照(淺色背景)兩張。
5. 申請費用NT$250元。

網 www.thb.gov.tw/TM/Menus/Menu03/Menu03_01.aspx

租車方法

想在泰國租車自駕遊十分方便容易，可於出發前網上預訂，也可抵達目的地後，到機場租車公司櫃台租車亦可。到達入境大堂，選擇心水的租車公司，填寫表格及付款，便有職員帶領取車，非常方便。

網上租車

出發前，可選擇合適的租車公司網頁於網上預約，選擇合適大小的車輛，而不少汽車出租公司的網頁，會推出折扣優惠供選擇。

泰國租車公司網頁

●Avis

1946年成立的Avis國際租車公司，在泰國**14個地區也有服務站，覆蓋範圍甚廣**，甚至可在目的地還車，方便自駕人士。汽車種類由4人車至12人車也有供應。

網 www.avisthailand.com

●Hertz car rental

世界各地也有的租車公司Hartz，在泰國也有多個服務站。車種以實用的私家車為主，**價錢是4間中較便宜的一間**。

網 www.hertzthailand.com

●master car rental

泰國本地租車公司，車種款式較其他的更多，由2人至11人座位也有，甚至**有寶馬及Mini開篷車**，往陽光海灘地方，能完全感受一個度假之旅。

網 www.mastercarrental.com

●Budget car rental

環球性租車公司Budget在泰國各地也有分店。汽車款式共有9個種類選擇，以實用為主，甚至連**農夫車也有，方便擺放更大的行李**。

網 www.budget.co.th

網上預約租車程序

泰國的租車公司網站都有英文介面，方便外國人士可以享受租車服務。

以下以Avis租車網站(www.avisthailand.com)示範租車程序：

開始租車 Step 1

登入租車公司網頁後，在欄裡選擇出發點(如Suvarnabhumi Int'l Airport，選擇同一地點還車會較方便)，再選車的種類及租車日期與還車日期。
1. 租車地點店舖選擇
2. 車款選擇
3. 租車/還車日期及時間選擇

Step 2

租車資訊及輸入個人資料(請用英文填寫)。確認資料沒錯漏，在方格按✔(紅圈位置)，填寫後按繼續。
4. 租車地點、日期、時間等資訊
5. 初步租車費用+稅
6. 填寫姓名、地址、電郵地址、密碼等。
7. 選擇租用的車款

Step 3

此頁可選擇加大保險等事宜，按個人喜好選擇所需項目，再逐一加費。建議選擇加入GPS系統，需另加160銖(不同公司收費有所不同)，因在外地駕車，GPS導航系統是最佳幫忙，按"Request the Rate"。
8. 按個人需要可選擇加大保險及不同配置，需額外收費。

Step 4

按之前所選擇列出清單及所需租車費用總額，如資料沒錯漏便可按PAY(紅圈位置)，以信用咭付款。

Step 5

完成租車手續後，確認收據會e-mail到電郵地址，列印單據，在曼谷機場(如選擇在Suvarnabhumi Int'l Airport取車)時到租車公司櫃台出示此確認單據，租車公司便會安排取車。

註：另一租車辦法是抵達機場後，直接到櫃台前租車也可，但未必有適合的車種讓你選擇。

於泰國租車及取車程序

註：部份汽車會有USB或iPhone連接裝置，可預備好自己喜歡的音樂，以記憶手指或iPhone接駁播放。又或預備FM傳輸器，接駁自己的音樂播放裝置，便可以車內的收音機收聽自己的音樂了。當然還可以帶同CD享受自駕之旅。

抵埗後到租車公司租車的人士
(以曼谷Suvarnabhumi Int'l Airport租車為例。)

已於網上辦好租車手續的人士

STEP 1
如即時租車，可往不同租車公司詢問價格及資料。

STEP 2
向職員表明所需車種、乘客人數及其他附加設備，以便選擇合適的車子。職員也會按你的人數與行李，提議選擇較合適的車種。

STEP 3
填妥租車表格，選擇合適的車種。(已於網上辦好租車手續人士)在機場的櫃台前，講出名字及拿出確認信作確認。

STEP 4
提供有效的國際駕駛執照、旅遊證件及信用咭予職員，信用咭以不過數形式刷卡作按金。

STEP 1
到汽車出租公司，出示網上確認單據。(下一步跳STEP 4)

STEP 6
職員會陪同一起檢驗車輛，這時請認真仔細地逐一檢查清楚，有任何微小的凹痕也要提出並指示職員登記於驗車紙上，避免還車時有任何不必要的爭拗。

STEP 5
簽定租車合約(內有租車條款、租金及保險範圍)。

STEP 7
取車時，必須要留意油缸是否已注滿汽油。

STEP 8
簽收所租汽車，謹記帶走所有單據及地圖等，手續完成便可向目的地出發。

還車程序

STEP 1
還車時，必須注滿汽油，否則，租車公司會收取較市價高昂的油費。

STEP 2
在職員陪同下驗車，對照取車時的照車紙是否有額外問題。若車子有明顯花痕、機件故障或其它問題，租車公司會依照條款收取墊底費(如有購買保險)。

全球衛星定位系統 (GPS)

隨著全球定位系統 (GPS)的普及，差不多有世界任何地方也可作自駕遊。在泰國，一般租車公司也會提供GPS機給客人租賃，更會附有英文說明書，內裡清楚說明操作方法。對於不熟悉地理環境的海外遊客，確是十分重要的設備。

出發前請職員幫忙設定GPS目的地，便較容易按提示前往。

設定GPS注意事項

1. 要設定語言，在Tools內選擇Language，可選擇廣東話或國語(視乎牌子而定，另可取出以步行模式使用)。

2. 汽車上的導航系統十分有用，但始終是輔助設備，各位自駕人務必以路面實際情況為準，更要留意附近的指示牌、行人及行車情況，特別是曼谷經常塞車。如需操作導航系統或設定新路線，應先把車子停在一旁較安全的地方，選定好合適的路線後才再開始駕駛，免生意外。

3. 基本上利用GPS已能夠到達泰國各地，甚至打入想去的地方、酒店等也能指示你前往，但也要留意路牌指示。泰國路上有時會沒有清晰路標，只要根據GPS指示便能繼續前往目的地。

4. 大部份GPS是外置式，因此離開車子時，緊記把GPS機收起或拿走，以免招惹小偷光顧。

註：每間公司提供的GPS系統操作上或會有不同

泰國自駕遊注意事項

交通安全

曼谷市內的道路比較擠塞，而高速公路較暢順，大家可盡情享受駕駛樂趣，但建議各位遊人不要超速，並提高警覺，經常留意周圍的交通及道路環境，以免發生意外。

泰國駕車需知

1. 泰國駕車同樣是左上右落，亦是右軚，對於港人來說是應沒甚難度。

2. 公路上不時有U-turn位置，若有地方想去但錯過了路口，可駛往最右線，留意一些U-turn位置，利用它回到你想去的地方。

3. 要留意的是，泰國人駕車會較喜歡踏著鄰的行車線駕駛，在路上也很多大型車輛，並且喜歡高速行車及胡亂切線，對於自駕遊的朋友便要小心。

停車注意

在泰國多是可隨意泊車，但其實在行人路壆是有分紅白間和黃白間，紅白間為不可停車，黃白間則不可泊車，停車也不可多於兩分鐘。而其餘沒有任何標示的路壆就可隨便泊車。

黃白間是不許泊車，但可停車等候。

紅白間是不可停車及泊車。

入油需知

首先要注意所駕的汽車是用何等類型的油，其中以91無鉛汽油較為普遍，油缸蓋上是有註明此車用什麼類型的汽油。

在公路上可按GPS尋找附近油站，但記得要靠左，在慢線行駛，方便於下一個入口轉左，進入內行車線往油站，不然會很容易錯過。入油過程如香港一樣，由職員入油，入完再付款。

註：泰國油站其中以本地的PTT最多，但以我們的經驗，外國品牌的汽油如Shell、Caltax等也比PTT便宜。

休息站

油站內多有便利店，有些更是連著休息站，內有各類餐廳，但往芭堤雅或華欣的路段上則較少見，往華欣與芭堤雅也只是約兩小時。

高速公路

泰國高速公路連接境內各城市以至週邊國家，一般高速公路的時速限制最高為130公里/小時，加上路面寬闊，差不多全程也能以高速行駛。

常見的高速公路，7號公路是往來機場至曼谷市區及芭堤雅，分別有兩種顏色，綠色是免費公路，而藍色則是收費公路。白色為國家公路標致，不同號碼能往泰國其他國內省市。

常見的高速公路標致

 收費高速公路

 高速公路

 一級國家公路

 二級國家公路

三級國家公路

四級國家公路

高速公路收費站

道路標誌

 停車及讓路

讓路予大路上車輛

不准進入

 警察路障

 最高車速限制

 高度限制

 重量限制

 禁止響號

不准左轉

不准掉頭

不可越右線及右方掉頭

不可轉左線行車

讓路予對面行車線車輛

切勿爬頭

禁止汽車駛入（電單車和單車除外）

禁止汽車駛入

不准停車及泊車

不准泊車

靠右行駛

只准向前駛

左轉

前面路口左轉

只限3人或以上車輛使用

迴旋處

T字路口在前

分叉路在前

十字路口在前

左方路口在前

前面左方併入

前面左彎

右轉

前面先左轉的連續彎道

前面先左彎的迂迴路

分隔道路在前

前面右轉調頭

交通匯合

左線結束

不能轉左線

不可駛入右面出口

雙程路

迴旋處在前

兩面均可行駛

窄路在前

前面道路右邊收窄

前方路滑

行人過路線

小心兒童

注意前方有動物橫過

交通燈在前

前方危險

前面有開合式橋樑

前面有窄橋

上坡路段

前面有火車橫過，不設閘門

小心石塊墮下

注意路旁碎石

前方路面有減速里

前面道路不平

前面高度限制

建議速度

注意前方意外

低波行駛

兩方向均受限制

禁止進入地區

限制區終止

注意前方修路

左邊設有臨時路

黃白間禁止泊車

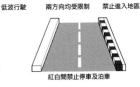
紅白間禁止停車及泊車

泰國資訊

泰國地理概況

泰國原稱暹羅，位於東南亞的中心地帶，東面連接寮國和柬埔寨，南面是暹邏灣和馬來西亞，西面是緬甸和安達曼海。泰國全國分為76個行政區(75個府及首都曼谷)，並劃分為5個主要地區，包括北部、東北部、東部、中部與南部。北部是山區叢林、中部是土地肥沃的湄南河平地、東北是半耕作平原，而擁有多個小島及漫長海岸線的南部，近年被重點發展成為泰國的海灘度假勝地。

貨幣

泰國貨幣單位為Bhat (泰銖)，1銖為100沙丹(Satang)

THB Ƀ

貨幣兌換率

硬幣▼

| 5沙丹 | 50沙丹 | 1銖 | 5銖 | 10銖 |

紙幣▼

20 — 20銖
50 — 50銖
100 — 100銖
500 — 500銖
1000 — 1000銖

語言

英語 / 泰語

泰語為泰國的官方語言，幸好不少泰國人都懂簡單英語，尤其是在曼谷的旅遊點。可惜大部份的士司機都不懂英語，因此乘搭的士還是必備泰文地圖及泰文地址。

時差

泰國時間是GMT+7，而香港地區是GMT+8，即說泰國是比香港地區慢1小時，亦無冬、夏令時間之分。

11:00 香港地區　10:00 曼谷

自來水

泰國的自來水不可直接飲用。旅客宜買瓶裝水飲用。

貨幣兌換

泰銖的幣值波動很快，兌換前最好先參考報紙所列的最新匯價。在泰國當地除了銀行，還有Super Rich、P&P、Siam exchange等兌換店同樣提供外幣兌換服務，而位於唐人街的林珍香更被譽為「最抵」的兌換店。

電壓

電壓與香港地區一樣同為220V，但插頭是兩腳扁插。出發前請檢查所攜帶電器的插頭是否配合，有需要請準備多個萬能插頭。

宗教

泰國是佛教國家，超過九成以上的泰國人是佛教徒，因此他們對佛像、佛器和僧侶都十分尊敬，同時亦禁止一切賭博活動。除佛教之外，泰國亦有少部份人信奉基督教、天主教、回教及印度教等宗教。

-曼谷國際機場交通資訊-
蘇凡納布機場〔BKK〕

Suvarnabhumi International Airport位於曼谷東面25公里，雖然只有一幢機場大樓，但佔地極廣(56多萬平方米)，號稱世界第二大的機場，可同時處理國際及內陸航班，較以前方便。

的士

機場的士站設於機場大樓1樓4號及7號閘口，見到「Public Taxi」便可向櫃台職員說明要往哪裡，領取車站單後交予司機即可。單張上印有投訴資料，遇上麻煩司機的時候可作投訴之用。

地 機場大樓1樓4號及7號閘口
金 約500銖(另加60-80過橋費及50銖服務費)

Limousine

Limousine的車身較新和舒適，價錢亦較貴，一般收費約950銖起，視乎目的地的遠近而定。

地 機場入境大堂
金 一般收費約為950銖、芭堤雅需約2,600銖

曼谷機場鐵路

曼谷機場鐵路SA City Line，每15分鐘一班車由機場往市中心約15-25分鐘，車費最貴只是45銖，比乘的士更便宜，也能避免曼谷的塞車慘況。

SA City Line

SA City Line線共有8個站，總站是Phaya Thai，有天橋連接著BTS，途中也會經過Makkasan站，若不趕時間可選擇乘搭此線往市中心。

時 約30分鐘
金 15-45銖

曼谷國際機場	機場鐵路 約30分鐘 45銖	**Phaya Thai**	BTS 約5分鐘 25銖	**Siam站**
	的士 約30-45分鐘 450-500銖			**Siam站**

泰國資訊　實用交通　WIFI & 通訊　救急錦囊　準備出發　輕鬆入境　實用小知識　泰文教室

261INFO

- 廊曼國際機場交通資訊〔DMK〕-

又名曼谷舊國際機場，位於曼谷市區北邊（近翟度翟市集），距離市中心約30分鐘車程，現時為Air Asia和虎航等廉價航空公司的主要升降場地。

廊曼國際機場	的士 約30分鐘 約300銖	曼谷市中心
	巴士 約20分鐘 30銖	BTS Mo Chit站/ MRT Chatuchak站
	火車 約45-60分鐘 約10銖	MRT Hua Lamphong站

的士

入境大堂外設有Taxi stand，遊人可對服務員表明目的地，再由他們與司機溝通，的士收費以咪錶計算，另外再加50銖服務費。若嫌排隊人龍太長，不妨去3樓出境大堂外自行截車，或者用電話App自行Call車。

巴士

乘搭A1巴士可由機場來回BTS Mo Chit站和MRT Chatuchak站，車程約20分鐘。巴士站設於入境大堂5號出口外，由早上07:30至午夜24:00每20分鐘一班，價錢30銖。

火車

遊人亦可選擇從入境大堂2樓的廊曼火車站，乘搭火車到曼谷的Hua Lamphong火車站（即唐人街附近），價錢10銖，車程約45至60分鐘。

飛機

香港 < > 曼谷 ▼

香港每天都會有航班由香港國際機場直抵蘇凡納布機場(BKK)，機程約3小時。

航空公司		網址	查詢電話	
香港航空（HX）HONGKONG AIRLINES	HONGKONG AIRLINES 香港航空	www.hkairlines.com	852-3916-3666 0800-1853033	（香港）（台北）
國泰航空（CX）CATHAY PACIFIC	CATHAY PACIFIC	www.cathaypacific.com	852-2747-3333 886-2-2715-2333	（香港）（台北）
泰國航空（TG）Thai Airways	THAI	www.thaiairways.com	852-2179-7700 886-02-8772-5222	（香港）（台北）
香港快運 Hong Kong Express（UO）	HKexpress 香港快運	www.hkexpress.com	852-3702-7618	
亞洲航空（AK）airasia	airasia	www.airasia.com	852-3902-9000	
阿聯酋航空（EK）Emirates	Emirates	www.emirates.com/hk	852-2216-1088	（香港）

飛機

台北 < > 曼谷 ▼

台北出發的話可從桃園國際機場直抵蘇凡納布機場(BKK)，機程約3小時40分鐘。

航空公司		網址	查詢電話	
泰國航空（TG）Thai Airways	THAI	www.thaiairways.com	852-2179-7700 886-02-8772-5222	（香港）（台北）
中華航空（CI）CHINA AIRLINES	中華航空 CHINA AIRLINES	www.china-airlines.com	852-2769-8391 886-412-9000	（香港）（台北）
長榮航空（BR）EVA AIR	EVA AIR	www.evaair.com	852-2216-1088 886-2-25011999	（香港）（台北）
越捷航空（VJ）Vietjet Air	VietjetAir.com	www.vietjetair.com	886-0800-661-886	

手機 Call車

Grab

以往在泰國坐的士經常遇上言語不通、任意開價和拒載的司機，現在只要在手機下載call車app「Grab」就可以解決問題！用法與Uber差不多，同樣是點對點的接送服務，基本上只要在Google複製目的地的名字，貼上Grab搜尋即可。貼心的是大部分景點和餐廳都可以輕鬆找到，而遇到較寬敞的接送地點時，它還會提示用家哪個是較多人選舉的出入口。確認訂單後，地圖會顯示司機的位置和預計所需的到達時間，同時亦會顯示用家與接送地點的距離，就算遊客人生路不熟都可以跟GPS指示輕鬆到達接送點。

值得一提的是Grab用戶每消費16銖均可獲1點GrabRewards點數，累積的積分在3個月內會失效。積分兌換各式商品及現金折價券等，還可以捐款予不同的慈善團體，如果並非經常遊泰的自遊人，不妨在上機前將積分捐給自選的慈善團體。

註冊方法

下載app後，可以用本地電話註冊，收取簡訊驗證碼後依指示填寫姓名、電郵即可。註冊電話沒有地區限制，記者嘗試用香港地區電話登記，在泰國一樣正常運作。由於登記後要先透過簡訊收取驗證碼，強烈建議先在旅程前完成登記，到埗後連上網絡即可使用。

收費分類

車種主要分成的士和非的士類：

車種	收費
電單車	基本25銖 2.1-5KM 5銖/KM
的士	基本35銖 1-10KM 6.5銖/KM 10-20KM 7銖/KM
的士(6座位)	基本40銖 1-10KM 6.5銖/KM 10-20KM 7銖/KM
私家車	基本35銖 1-10KM 6.5銖/KM 10-20KM 7銖/KM
私家車(高級)	基本110銖 *最低收費110銖 >20KM 12銖/KM
Van	基本230銖 1-10KM 14銖/KM 10-20KM 13銖/KM

用家可以自行選擇只要「的士」，還是「Just Grab」一即是尋找最接近的的士或私家車，而女士更可選擇由女司機接單的「Grab Car for Ladies」。此外想包車的話更可選「Rent GrabCar」，費用以每小時計算，約500銖/2小時起，價錢會視乎當時的需求而定。

Wifi & 通訊

AIRSIM無國界上網卡

如果分頭行動，建議使用SIM卡，最近很受歡迎的AIRSIM漫遊儲值卡絕對值得推薦！泰國3日無限數據只需HK$45，5日無限數據都只需HK$60；兼送30分鐘漫遊通話，可打電話返香港地區，打去當地預訂餐廳及酒店又得，香港地區用戶飛線後更可接聽來電，非常方便！

上網
享受4G極速上網

通話
靠電話打電話

AIRSIM無國界上網卡

- 其他熱門地區低至HK$8/日，NT$30/日。
- 只需出發前到AIRSIM ROAM APP選購目的地數據套餐及選擇使用日數，到埗插卡，等3分鐘，便可上網。
- 覆蓋泰國/日本等100多個地區，下次旅行可循環使用。
- 每次購買數據套餐，均送30分鐘通話，可以打電話（目的地及本地，包括固網電話），香港地區用戶飛線後更可接聽來電。
- 於APP內以信用卡、PayPal、Apple Pay、Google Pay 直接付款，方便快捷。

AIRSIM

🏠 於香港全線7-Eleven、Circle K便利店、豐澤及領域有售

🌐 www.airsim.com.hk | www.airsim.com.tw
www.airsim.com.sg | www.airsim.com.my

租用Pocket WIFI

香港地區有多間公司提供Pocket WiFi租借服務，一日租金約港幣24元，可同時供多人使用，適合需要隨時隨地上網及打卡的自遊人。

- 按日收費
- 多人共享
- 隨時上網

CRAZAYEGG
🌐 www.crazyegg.com.hk

爽WiFi
🌐 www.songwifi.com.hk

*以上資料只供參考，實際價錢請參閱各電訊商的官方網頁。

True sim card

- 4G 泰國8日 279銖
- 除了可以在鴨寮街購買之外，還可以到達泰國機場購買
- 有不同的旅客Plan選擇，切合不同的需要

🌐 truemoveh.truecorp.co.th/package/prepaid?ln=en

免費WIFI打電話

有WIFI，裝Apps就可以免費打／聽電話，不必特別買SIM卡，激慳！

Line

skype

WhatsApp

FaceTime

電話撥打方法

*電訊公司字頭，視乎使用的電訊公司而有所不同，詳情可各公司查詢

0 0 1 | **6 6** | **2** | **1 2 3 4 5 6 7 8**

電訊公司字頭 | 韓國號碼 | 區域碼 | 電話號碼

從香港地區致電曼谷

0 2 | **1 2 3 4 5 6 7 8**

區域碼 | 電話號碼

從曼谷致電當地

通訊大比拼

	優點	缺點
免費Wifi	・免費 ・很多商場、車站、便利店都有供應	・需要定點使用 ・網速不穩定 ・下載App或事先登記才能使用
3G/4G Sim卡	・提供多款彈性數據套餐，價錢相宜 ・一人一卡，走散了也不怕失聯 ・附送的30分鐘 AIRTALK 可致電本地及目的地，包括固網號碼	・不支援SMS ・要安裝AIRTALK APP後才能打出及接聽電話
Wifi蛋	・一個Wifi蛋可多人使用	・Wifi蛋需要充電，要留意剩餘電量 ・分開行就無法使用
國際漫遊	申請快捷方便	・費用最貴

救急錦囊

遺失證件

為安全起見，請隨身攜帶護照及身份證之餘，也應準備一份護照及身份證的影印本，如有遺失憑影印本可加快補領時間。倘若在國外遺失金錢，護照或其他物品應先向當地警方報案，取失竊證明及時向中國大使館報告有關情況並請求協助。如有需要可聯絡特區政府入境事務處。

實用電話

泰國緊急救助電話：191

泰國旅遊熱線電話(英、法及德語)：1155

旅遊服務中心：1672 (時間:08:00至20:00)

觀光警察電話：曼谷1699/Suvanabhumi International Airport 0-2132-1155/清邁(53) 248130/布吉(76) 219878/蘇梅島(77) 421281/芭堤雅(38)429371/羅勇(包括華欣及沙美)(38)651669

消防電話：199

救護車電話：2460199

曼谷旅客協助中心電話：2281-5051、2282-8129、1155

泰國政府旅遊總局電話：6941442

曼谷電話號碼查詢：13

中國駐泰國領事館電話：245-7043-4

英國駐泰國領事館電話：305-8333

台北駐泰國經貿辦事處電話：670-0228

入境處港人求助熱線：(852)1868 網址:www.immd.gov.hk

報失信用咭

若不幸遺失信用卡，可致電信用卡發卡銀行的24小時緊急聯絡熱線，報失信用卡。其後再前往就近警察局報案，領取失竊/遺失證明書，可於回港後到發卡銀行申請補發。

VISA：
(61)2-9251-9704、(0080)1-444-123 (24小時免費)

MASTER：
(001)800-11-887-0663(24小時免費)

AMERICAN EXPRESS：
(65)6535-2209

準備出發

氣候及衣物

夏季（3月至5月）▼
比香港地區的夏季熱得多，背心短褲是必備衣物。

 34-38℃

雨季（6月至10月）▼
適合穿下T-shirt和輕便衣服，必需帶備拖鞋雨具。

 29℃ 雨季

冬季（11月至2月）▼
日間天氣就像香港的夏季，但入夜後則稍涼，只需多帶一件薄外套即可。

 20-32℃

泰國天氣

曼谷全年氣溫及降雨量圖▼

網 bit.ly/3ljIpa9

泰國旅遊簽証

持有效特區護照均可免簽證到泰國旅遊，最多可逗留30日。持Doucment of Identity者則須往泰國駐港領事館辦理簽證。台北人前往泰國旅遊，需預先辦理觀光簽証手續，最多可逗留30天，有效期為3個月。另外，自遊人也可以考慮辦理落地簽証，逗留日子不可超過15天，申請人需出示在泰期間的生活費，個人需1萬泰銖，家庭需至少2萬。

泰國駐中國香港總領事館
地 中環紅棉道8號東昌大廈8樓
時休 申請及領件時間 09:30-12:30
休 星期六日及公眾假期
網 hongkong.thaiembassy.org
電 2521-6481

 逗留 30天

泰國貿易經濟辦事處資訊
地 台北市大安區市民大道三段206號1樓
時 申請時間 09:00-11:30、領件時間為申請隔日 16:00-17:00（以現場公告為主）
金 單次觀光簽證 新台幣1,200元、落地簽證 1,000銖
休 星期六日及公眾假期
電 (02)-2775-2211

旅遊保險

要注意旅遊保險的保障範圍，例如是否包括水上活動及攀山等活動。在泰國求診的費用不便宜，最重要是購買一份適合自己的保險，以備不時之需。如不幸遭竊盜時，緊記向警察申請竊盜證明書，如遇交通意外時也需申請交通意外證明書。

🏥 **藍十字保險**
網 www.bluecross.com.hk

豐隆保險
網 www.hl-insurance.com/

飛行里數

出門次數頻密的自遊人可考慮登記成為各航空公司的會員，以便儲飛行里數來換取免費機票。經濟客位來回香港地區至泰國約可賺取2,096里飛行里數，以下是儲飛行里數的兩大陣營：

亞洲萬里通 Asia Miles
網 www.asiamiles.com

全天候準備行李清單

明白收拾行李之難，WOW！特別為讀者準備了一份極詳細的行李清單，適用多種不同性質和目的之旅行，可到WOW！的網頁下載。

網 goo.gl/wVqkkf

全天候準備行李清單

輕鬆入境

入境程序

1.落機
依著指示牌的指示到達檢疫及入境櫃位。

2.檢疫
平時只會抽問乘客健康情況，但如果在疫症爆發期間便須提交健康申報表。

3.入國審查
檢查護照，通常需要提供打算入住的酒店及停留日期等資料。

4.領取行李
留意指示牌，到適當的行李輸送帶領回行李

6.海關檢查
如乘客攜帶的物品數量超過泰國政府免稅範圍，便要走紅色通道繳稅，否則走綠色通道即可。

7.完成入境審查
完成入境審查後，旅客可到入境大堂內的旅客中心查詢各項資料或兌換泰銖等。

5.動植物檢疫
乘客攜帶動、植物及指定物品，必須經過檢查或須提供証明。

實用小知識

國定假期

2月24日	萬佛節
4月13-16日	潑水節（及補假）
6月3日	皇后華誕節
6月21日	佛誕
7月28-29日	國王誕辰日（萬壽節及補假）
8月1日	三寶佛節
8月12日	皇太后誕辰（母親節）
10月13日	拉瑪九世皇逝世紀念日
10月23日	五世皇紀念日
12月5日	拉瑪九世誕辰日（父親節）
12月10-11日	憲法紀念日（及補假）
12月31日	元旦前夕

*宗教節日依泰曆而定，每年略有不同

小費
在泰國付小費是一種禮儀，讀者可應因應情況付小費，以下是建議數額：按摩的話可視按摩師的服務品質給予約50至100銖；行李小費的話可付20銖；計程車則不需付小費。

消費稅
在泰國購物需付相等於售價7%的銷售稅，部分百貨公司或店舖會為遊客提供退稅登記服務，消費時請隨時帶備護照。

泰國風俗習慣

1. 對泰國人來說，佛寺是十分神聖的地方，自遊人參觀佛寺的時要注意衣著，不要穿著短褲、短裙及暴露的衣服。
2. 泰國人覺得佛像十分神聖，所以千萬不要觸摸、攀爬，或對佛像做出不敬的行為。
3. 在泰國人心目中，泰皇的地位非常崇高，所以泰皇的肖像經常會出現在泰國的家居及店舖，自遊人千萬不要對泰皇的肖像做出不敬之舉。
4. 泰國人認為頭是身體最尊貴的部位，所以不應胡亂觸摸泰國人的頭部。
5. 泰國人認為左手及腳是不潔的部位，所以應用雙手傳遞或接受物件，更不應把腳板對著別人。
6. 大部份公眾場所，包括百貨公司、食肆及酒店都是禁煙，違者會被罰款2000泰銖。
5. 因政治因素，到泰國旅遊請盡量避免穿紅或黃色衣服。

在機場辦理退稅程序

到機場航空公司櫃位辦理登機手續

離境大堂增值稅退還辦公室
(VAT refund office)

出示發票、退稅表格及護照、繳付100銖的手續費。

辦理登機手續，進入機場移民局及海關，讓海關在退稅表格及退稅發票上蓋印。

完成手續

將已有海關蓋印的退稅表格及正本收據到候機大堂增值稅退還辦公室

減價月份

一般的商店及百貨公司會在每年六至七月減價。

7月　**6月**

衣服及鞋尺碼

女裝 ▼
泰國大部份本土品牌的女裝只有一個尺碼(Free size)，但由於泰國女士身形較為瘦削，尺碼一般較細。

女鞋 ▼
泰國一般店舖所售賣的女裝鞋子只去到38號，但百貨公司有售較大尺碼，部份品牌有41號。

男裝
男裝方面，泰國本土品牌以美國碼為標準，但由於泰國男士身形較為瘦削，就算是外國品牌也甚少輸入大碼。

男女服裝尺碼對照表

男裝衣服

日本	S	-	M	-	L	-	LL
美國	-	S	-	M	-	L	-
英國	32	34	36	-	38	40	42
歐洲	42	44	46	-	48	40	52

女裝衣服

日本	7	9(38)	11(40)	13(42)	15	17	19
美國	4	6	8	10	12	14	16
英國	8	10	12	14	16	18	20

男裝鞋

日本	24.5	25	25.5	26	26.5	27	27.5
美國	6.5	7	7.5	8	8.5	9	9.5
英國	6	6.5	7	7.5	8	8.5	9

女裝鞋

日本	22	22.5	23	23.5	24	24.5	25
美國	5	5.5	6	6.5	7	7.5	8
英國	3	3.5	4	4.5	5	5.5	6

小童衣服

尺碼	50	60	70	75	80	85	90	95	100	110	120	130	140
身高	50	60	70	75	80	85	90	95-100	95-105	105-115	115-125	125-135	135-145
參考月齡	新生	3個月	6個月	12個月	18個月	21個月	24個月	36個月	-	-	-	-	-

泰文教室

緊急求助篇

吹叻栗拍也盼	隔飽亂嘆蟹
ช่วยเรียกรถพยาบาล	กระเป๋าเดินทางหาย
請叫救護車	我找不到行李

冷史亂嘆蟹 / 拔 blak 查蠢
หนังสือเดินทางหาย/บัตรประชาชน
我遺失了護照/身份証明文件

隔飽實嘆蟹	吹叻dum粟	閉吓摸
กระเป๋าสตางค์หาย	ช่วยเรียกตำรวจ	ไปหาหมอ
我遺失了錢包	請代我報警	請找醫生

交通篇

luet 費花	luet 費 die 鍵	luet 踢斯	lur 雅
รถไฟฟ้า	รถไฟใต้ดิน	รถแท็กซี่	เรือ
空鐵 (BTS)	地鐵 (MRT)	的士	船

luet 篤篤	luet 翟架 yeun	luet twa	luet 費
รถตุ๊กตุ๊ก	รถจักรยาน	รถทัวร์	รถไฟ
篤篤	單車	長途巴士	火車

購物篇

偷泥	拖 kon ni 拉米	順略
ราคาเท่าไหร่	ถูกกว่านี้ได้ไหม	ส่วนลด
多少錢	可否便宜一點	折扣

khan 勒識	khan 勒 glan	khan 勒曳
ขนาดเล็ก	ขนาดกลาง	ขนาดใหญ่
細碼	中碼	大碼

士趴 pu 柴	士趴 pu 演	士趴溺
เสื้อผ้าผู้ชาย	เสื้อผ้าผู้หญิง	เสื้อผ้าเด็ก
男裝	女裝	童裝

kor 幣錫拉米	幣錫	康濫
ขอใบเสร็จได้ไหม	ใบเสร็จ	ห้องน้ำ
請給我收據	收據	洗手間

Spa篇

米十拜	十拜 D
ไม่สบายตัว	สบายดี
不舒服	很舒服

濫印閉	濫浪閉
น้ำเย็นไป	น้ำร้อนไป
水太凍	水太熱

摸 nude pool 猜	摸nude pool 演
หมอนวดผู้ชาย	หมอนวดผู้หญิง
男按摩師	女按摩師

廿溝康濫	nude 飽飽萊
อยากเข้าห้องน้ำ	นวดเบาๆหน่อย
我想去洗手間	輕力些

nude 靚靚萊	月幹
นวดแรงๆ หน่อย	หยุดก่อน
大力些	請停止

nude 濫問亞路媽	nude map 泰
นวดน้ำมันอโรม่า	นวดแบบไทย
香薰按摩	泰式按摩

飲食篇

mi menu 拍耍亞杰米	腎亞悶爛 nel 勇咪 die	診咪 die sin	吹賀 glak 班
มีเมนูภาษาอังกฤษไหม	สั่งอาหารนานแล้วยังไม่ได้	ฉันไม่ได้สั่ง	ช่วยห่อกลับบ้าน
請問有沒有英語menu	點的菜未到	我沒有點這個	請把這個打包

亞來	吽劈 ni 來	吽劈 mart	米劈	kor 濫 lui	check 便
อร่อย	เอาเผ็ดนิดหน่อย	เอาเผ็ดมาก	เอาไม่เผ็ด	ขอน้ำด้วย	เช็คบิล
好味	少辣	加辣	不要辣	請給我水	請結帳

bra	嘩	戀亞 get	公	mu	計	嫩 T	爽 T	省 T	是 T
ปลา	วัว	เนื้อแกะ	กุ้ง	หมู	ไก่	หนึ่งที่	สองที่	สามที่	สี่ที่
魚	牛	羊肉	蝦	豬	雞	一位	兩位	三位	四位

WOW! 達人天書系列

最強日本系列

亞洲地區系列

更多新書敬請期待…

誠徵作者

愛自遊行的您,何不將旅行的經歷、心得化成文字、圖片,把出書的夢想變為真實,請將簡歷、blog文章、電郵我們,或者從此你會成為一位旅遊作家呢!立即以電郵與我們聯絡。

wowmediabooks@yahoo.com

多謝您的貼士!

如本書有任何錯漏之處,或有旅遊新料提供,歡迎電郵至:wowmediabooks@yahoo.com你的「貼士」是我們加倍努力的原動力,叫我們每天都做得更好一點!!

wow.com.hk

Wow!Media編輯部致力搜集最新的資訊,惟旅遊景點、價格等,瞬息萬變,一切資料以當地的現況為準。如資料有誤而為讀者帶來不便,請見諒。本公司恕不承擔任何損失和責任,敬希垂注。

自遊達人系列4

曼谷達人天書

文、編	Wow!編輯部、旺旺
攝影	Wow!攝影組、旺旺
創作總監	Jackson Tse
編輯	Karen、旺旺、Wow!編輯部
美術設計	Can

出版者　Wow Media Limited
Flat 01C, 2/F, Block C,
Hong Kong Industrial Centre,
489-491Castle Peak Road,
Kowloon, Hong Kong.

廣告熱線
広告のお問い合わせ
(852)2749 9418
歡迎各類廣告 / 商業合作
wow.com.hk@gmail.com

網址　wow.com.hk
facebook.com/wow.com.hk
wow_flyers

電郵地址　wow.com.hk@gmail.com

發行　港澳地區 - 書局
香港聯合書刊物流有限公司
荃灣德士古道220-248號
荃灣工業中心16樓
查詢/補購熱線:
(852) 2150 2100

台灣地區
永盈出版行銷有限公司
231新北市新店區中正路
499號4樓
查詢/補購熱線:
(886)2 2218 0701
傳真:
(886)2 2218 0704

定價　港幣HK$108元　新台幣NT$499

23年最新120版　2023年7月

曼谷達人天書

WOW!

送 美食、購物、遊樂優惠券！
玩到邊、平到邊！

為多謝各位讀者對Wow的支持，我們在泰國特地為大家搜羅最新優惠情報，各位醒目自遊人帶這本書去以下店舖，可以有免費贈品或優惠！

歡迎商家提供優惠　wowmedia.japan@gmail.com
特典の提供は右のメールまでご連絡ください

WOW! 曼谷達人天書2024-25　　　　Bangkok

P103

Oasis Spa Bangkok Sukhumvit 31

優惠：憑券惠顧SPA療程滿3,000銖即可享1,000銖折扣優惠
地址：64 Soi Sawasdee, Sukhumvit 31 Road, Wattana
網址：www.oasisspa.net
電話：66(0)2262-2122
註　：敬請於最少一天前預約
有效期限：30th June 2024

฿**1,000**off

WOW! 曼谷達人天書2024-25　　　　Bangkok

Oasis Urban Spa Thonglo 20

優惠：憑券惠顧SPA療程滿3,000銖即可享1,000銖折扣優惠
地址：59 Soi Chamcharn, Wattana
網址：www.oasisspa.net
電話：66(0)2262-2122
註　：敬請於最少一天前預約
有效期限：30th June 2024

฿**1,000**off

WOW! 曼谷達人天書2024-25　　　　Pattaya

Oasis Spa Pattaya

優惠：憑券惠顧SPA療程滿3,000銖即可享1,000銖折扣優惠
地址：322 (Chateau Dale) Moo 12 Thappraya Road
網址：www.oasisspa.net
電話：66(0) 03-811-5888
註　：敬請於最少一天前預約
有效期限：30th June 2024

฿**1,000**off

曼谷達人天書2024-25
優惠條款

Terms and Conditions:
- Cannot be used in conjunction with other offers
- Wow is not responsible for any of the products/services
- All disputes are subject to the final decision of merchants companies
- One coupon for 1 person only
- This coupon could not be photocopied

曼谷達人天書2024-25
優惠條款

Terms and Conditions:
- Cannot be used in conjunction with other offers
- Wow is not responsible for any of the products/services
- All disputes are subject to the final decision of merchants companies
- One coupon for 1 person only
- This coupon could not be photocopied

曼谷達人天書2024-25
優惠條款

Terms and Conditions:
- Cannot be used in conjunction with other offers
- Wow is not responsible for any of the products/services
- All disputes are subject to the final decision of merchants companies
- One coupon for 1 person only
- This coupon could not be photocopied